U0691231

名师名校名校长

凝聚名师共识
回应名师关怀
打造名师品牌
培育名师群体

牧式教育：

学生创新素养提升路径研究

贺秀红
于东涛 ⊙ 主编
刘秀红

中国文联出版社

图书在版编目（CIP）数据

牧式教育：学生创新素养提升路径研究 / 贺秀红,
于东涛, 刘秀红主编. -- 北京：中国文联出版社,
2025. 3. -- ISBN 978-7-5190-5829-6

Ⅰ . G632.0

中国国家版本馆CIP数据核字第20254Q6F43号

主　　编	贺秀红　于东涛　刘秀红
责任编辑	刘　旭
责任校对	秀点校对
装帧设计	刘贝贝　方　方

出版发行　中国文联出版社有限公司

社　　址　北京市朝阳区农展馆南里10号　　邮编　100125

电　　话　010-85923025（发行部）　　010-85923091（总编室）

经　　销　全国新华书店等

印　　刷　三河市龙大印装有限公司

开　　本　710毫米×1000毫米　　1/16

印　　张　21.25

字　　数　401千字

版　　次　2025年3月第1版第1次印刷

定　　价　58.00元

版权所有·侵权必究

如有印装质量问题，请与本社发行部联系调换

编 委 会

主　编：贺秀红　　于东涛　　刘秀红

副主编：吴长征　　于新佳　　李双金

编　委：韩国英　　宋雪芹　　董子海　　徐淑娟　　李晓倩　　刘艳敏

　　　　王汉斌　　曲春晓　　孟雪　　　刘军英　　徐德亮　　陈红梅

　　　　郭宁　　　陈亚琪　　付超　　　王秀芬　　于书敬　　谢玉梅

　　　　李玉英　　刘敏　　　贺彦　　　房岩岩　　李悦　　　房莹

　　　　付雅琦　　程晓松　　俎军　　　孙立英　　朱春英　　孙廷广

　　　　牛爱秀　　张万峰　　王书跃

核心编者简介

▊ 贺秀红

山东省武城县第一中学正高级教师，山东省特级教师，全国优秀语文教师，德州市名师工作室领航人，主持参与省市级课题6项，发表论文课例数十篇，出版个人专著1部。

▊ 于东涛

山东省武城县特殊教育中心高级教师，德州市教育教学工作突出贡献个人，获山东省优质课评选二等奖，在省级报刊发表论文、课例数篇。

▊ 刘秀红

山东省武城县第七实验小学高级教师、副校长，山东省特级教师，山东省优秀教师，齐鲁名师建设工程人选，德州市名师工作室领航人，主持参与省市级课题4项，多篇论文在期刊发表，参编的《小学生心语滚动作文》一书获山东省特色课程一等奖。

▊ 宋雪芹

山东省宁津县第二实验中学高级教师，山东省特级教师，市名师工作室领航人，主持参与省市级课题3项，发表论文课例多篇。

▊ 李玉英

山东省夏津第五中学正高级教师，德州市优秀教师，德州市中小学优秀德育工作者，德州市乡村之星，获评2023年山东省"优课"，主持2项省级课题并结题，多篇论文获奖并发表。

▊ 吴长征

山东省武城县第一中学高级教师，德州市教育教学突出贡献个人，武城县优秀班主任、优秀教师，数篇论文在各级刊物发表，多次在各类教学比赛中获奖。

■ 于新佳

山东省夏津县后屯中心小学校长，生态旅游区学区主任，高级教师，德州市教育教学工作表现突出个人，主持省级课题1项。

■ 李双金

山东省武城县第一中学高级教师，德州市教学能手，德州市教育教学工作突出贡献个人，获德州市优质课比赛一等奖，德州市初中班主任工作教学成果奖，3次参与省市级课题研究并结题，在各级刊物发表多篇论文。

■ 刘艳敏

山东省武城县第一中学一级教师，德州市教育教学工作突出贡献个人，德州市优质课一等奖获得者，山东省优秀乡村青年教师培养计划人选，主持参与市级课题4项。

■ 韩国英

山东省武城县老城镇中心小学高级教师，校长，承担多项省市级课题，荣获德州市个人突出贡献奖。

■ 朱春英

山东省武城县老城镇中心小学高级教师，山东省农村特级教师，德州市优秀教师，德州市乡村之星，德州市优质课一等奖获得者。

■ 谢玉梅

山东省东营市胜利花苑中学高级教师，东营市教学能手，东营市优秀教育工作者，东营市优质课竞赛一等奖获得者，承担多项课题并结题，多篇论文在刊物发表。

■ 付　超

山东省武城县第六中学高级教师，第二届"中国好老师"，诗意语文工作室"光影流年"栏目负责人、执行主编。出版多部个人专著，在报刊发表文章近40篇。

■ 徐淑娟

山东省武城县第二实验小学高级教师，德州市教育教学工作突出贡献个人，德州市教学成果一等奖，市优质课比赛二等奖，主持参与2项省市级课题并结题，在各级刊物发表论文多篇。

■ 李晓倩

山东省武城县第一中学一级教师，多次参加市县优质课比赛取得优异成绩，获"武城县突出班主任""乡村优秀青年教师""师德建设百面旗帜"等称号，主持参与4项课题均已结题。

■ 孟 雪

山东省武城县实验小学一级教师，武城县教学能手，武城县优秀班主任，武城县优秀乡村教师，市优质课二等奖，获评德州市线上教学优秀课例。

■ 于书敬

山东省夏津第一中学高级教师，德州市优秀教师，德州市教学成果优秀个人，夏津县百佳教师。

■ 刘军英

山东省武城县实验中学一级教师，德州市教学能手，武城县师德标兵、优秀教师，多次辅导学生在各类比赛中获奖。

■ 郭 宁

山东省武城县老城镇中心小学一级教师，武城县优秀教师，武城县乡村优秀教师，武城县教育教学工作突出贡献个人，主持市级课题并结题，多次参加各类教学活动并获奖。

■ 王秀芬

山东省武城县第五中学高级教师，武城县教学能手、优秀教师，多次执教市、县级公开课，两次参与省市级课题并结题。

■ 孙立英

山东省武城县第四中学高级教师，武城县优秀教师、师德标兵，获德州市优质课一等奖，主持参与十多项各级课题并结题，多篇论文、课例在各级刊物发表。

■ 董子海

山东省武城县第一中学高级教师，德州市名师引航刘光锐工作室成员，武城县优秀教师，武城县教育工作突出贡献个人，获山东省优质课三等奖，参与市级课题研究并结题。

■ 曲春晓

山东省武城县第一中学一级教师，武城县优秀乡村教师，德州市语文教研团队主要成员，2次参与市县级课题研究并结题，曾执教各级公开课，在报刊发表文章数篇。

■ 陈亚琪

山东省武城县老城镇中心小学一级教师，武城县优秀班主任，武城县乡村优秀青年教师，获评德州市线上教学创新应用课例展评活动优秀课例。

■ 陈红梅

山东省武城县第一中学一级教师，武城县教学能手，武城县优质课一等奖，在报刊发表文章数篇。

■ 王汉斌

山东省武城县实验中学二级教师，执教县级公开课，参与市级课题研究并结题，在国家级期刊发表专业论文。

■ 房岩岩

山东省夏津第五中学初级教师，夏津县教科研先进个人，德州市"一师一优课，一课一名师"一等奖，夏津县优质课二等奖，在教育报刊发表文章。

■ 俎　军

山东省宁津县第二实验中学初级教师，宁津县基本功比武一等奖获得者，曾执教市级公开课，在报刊发表文章数篇。

■ 贺　彦

山东省夏津第五中学一级教师，获德州市优秀案例一等奖，执教夏津县优质课，在教育期刊发表论文。

■ 徐德亮

山东省武城县第一中学一级教师，获县优质课一等奖，在报刊发表教育论文。

■ 刘　敏

山东省武城县明智中学一级教师，执教县级公开课，在报刊发表文章数篇。

■ 付雅琦

山东省武城县第二中学二级教师，参与市级课题研究结题，在报刊发表文章数篇。

■ 张万峰

山东省武城县武城镇希望小学高级教师，武城县优秀教师，武城县教育教学突出贡献个人，武城县公开课二等奖获得者，在报刊发表教学论文。

■ 房　莹

山东省夏津县第二中学初级教师，夏津县优秀党务工作者，多次荣获"优秀教师"称号，在期刊发表文章2篇。

■ 牛爱秀

山东省武城县第一中学一级教师，武城县优质课一等奖，在国家级期刊发表专业论文。

■ 程晓松

山东省武城县第一中学二级教师，德州市学科教研基地主要成员，获省级书香阅读优秀指导教师奖。

序 言

做生命的牧者

一

徜徉书中，耳际不觉萦绕一曲《原野牧歌》——

> 辽阔草原，美丽山岗，群群的牛羊；

> 白云悠悠，彩虹灿烂，挂在蓝天上；

> 有个少年，手拿皮鞭，站在草原上；

> 轻轻哼着，草原牧歌，看护着牛和羊……

关于牧式教育，在教学实践中，老师们简说漫谈，真知灼见如草原、似山岗，精彩无限；在灵动课堂上，学生们思维天马行空，文心飞扬，流年诗梦如白云、似彩虹，色彩斑斓；老师倾情于创新素养培育，立足于全学科融合育人，跨越融通，犹如牧羊人放养诗意，看护本真；学生醉心于纸与笔的静谧之旅，痴迷于文字树人以德，独舒性灵，犹如牛羊于草原之上，尽情放歌，其实教育就应如这样一曲牧歌，曲调舒缓悠扬、感觉惬意舒畅。作为教师，"未成曲调先有情"，扮演一个守望者的角色，七分牧养，三分守护，让学生释放天性，勇于创新。在这样的教育生态之下缓缓施加影响，慢慢滋养天性，引导学生养成一种生命自觉——成为自己。

这便是牧式教育所期望的教育"愿景"。

二

徜徉于牧式课堂，感受朝气蓬勃的生命律动，体验个性分明的激情飞扬；"孤独的牧羊人"不再出现，取而代之的是尽显智慧、阳光、灵动、和谐的人文课堂。

温情洋溢的课堂上，教师用"一石激起千层浪"的运筹帷幄能力，点燃学生青春飞扬的火花。作为一名"牧者"，教师化身为推动者、开发者、赏识者，营造片片生态牧场；学生一个个跃跃欲试，主动"寻山觅泉"，或自主探索，或同舟共济，或踊跃争先，或纵马奔驰，在协作中共赢，在快乐中成长。曾经课本是学生的世界，现在世界成了学生的课本。牧式课堂激活了每一个学生的热情，打开了每一个学生丰盈的内心，唤醒了每一个学生生命的活力。

上课不止于课堂，还能移步室外，奔向广阔的自然天地？这好像完全有悖于以往的教学理论。但让我们一起来领略这一道道亮丽的风景吧！伴随着清灵飘逸的音乐，饕餮盛宴近在眼前。学生在行走的课堂里研学，有的激扬高歌，有的翩翩起舞，有的泼墨挥毫，有的行吟于野……"读万卷书"与"行万里路"相融合，营造了一片绿意葱茏的"牧场"，那一颗颗跃动的心，诠释了最美的青春，收获了满满的幸福。"海阔凭鱼跃，天高任鸟飞。"或许这正是牧式教育所追求的极致目标吧！

深深思索中，忽然听到远处传来悠扬的歌声。

我们的理想，在希望的田野上，禾苗在农民的汗水里抽穗，牛羊在牧人的笛声中成长……

三

一个牧者，有着与生俱来的梦想，如同泥土之下深埋着的一粒种子，初时可能看不到光，忽有一日破土而出，推开了一个新的世界。于是梦和远方，成为心的方向。那里有一片心灵的"牧场"，让思想之翼自由自在地飞翔，在天地之间自由涌动。

这个梦想，就是牧式教育。我理解的牧式教育，是遵从生命个体的天性和自然的环境，以经验、感触为基础，重视生活与自我的融合，为学生创造一个契合心性的生态场域，开放学生的学习时空，让学生在这个场域里自然生长、自主发展，充分发挥生命的潜能，习得良好的人文素养。

从"童心"出发，凭"童眼"观照，用"童耳"倾听，牧式教育尊重每个生命的特殊性，关注每一个学生的生命成长，凸显课堂的诗意和开放，还原学习的真实状态，以契合的方式顺应学生的思维及精神成长，帮助他们实现未来发展的多样性、广阔性以及无限可能，为塑造个性化的教育环境提供了无限可能，使特殊儿童也迎来了属于自己的春天。

一切都是自然而然，这里，有着世间最盎然的诗意，最开放的天地，最唯美的意境，最真挚的情感，最纯粹的思想，最聪慧的心灵，最自由的梦想。总之，只要你能想到的美好，在这里都能找到。牧式教育，让人感受到在天地之间所需完成的责任担当与神圣使命。

四

每一位教育人心中都有一个美丽的教育梦，那里是呵护童真童趣，充满爱心与智慧的理想国，是开放有序、自然和谐的生态场，是品赏生命、顺悦天性的四季牧歌，那也是我心目中体现人文关怀的牧式教育。

"开放的教室""互动的课堂""丰实的活动""沉浸式体验"深深地吸引我驻足，守望，追随，践行。徜徉在校园中，注视着一个个健康阳光的学生；流连在课堂里，倾听着闪烁智慧火花的对话；漫步在时光中，欣赏着生命自然拔节生长的昂扬姿态……油然而生的是一种幸福与自豪，任由时光如何流逝，它总萦回在我的心间，牵动我的心弦。

每一个学生都是一颗独特的种子，在爱心与耐心的滋养、培育下，一旦扎下了根，吐出了芽，便会以燎原之势漫卷整个春天，一起生花。让花成花，让树成树，不仅是牧式教育的育人方略，更是我们的教育信仰。引导而非驱赶，激发而非灌输，唤醒而非塑造，用心去引领每一个学生。

每个学生都是一个独特的音符，我们要做的，就是让他们演绎出与众不同的旋律。

五

一个人可以走得很快，但一群人可以走得更远。

她心中有梦，领着很多同路人一起去远方追梦，就这样，越来越多志同道合的"牧者"走到了一起。她尽情挥洒出的别样课堂，闪烁着创新思维的光芒；她倾情引领下的牧式团队，正演绎着属于自己的精彩。她，就是贺秀红老师。毋庸置疑，牧式团队所探寻的创意路径，让游牧之旅开始草长莺飞，花香满路。

犹记2021年冬的一天，严寒的天气，阻挡不住团队成员的求知热情——共研共享，交流碰撞，我开始惊叹于牧式教育的与众不同，感悟到生命教育的真谛，心头燃起簇簇创新的火焰。牧式教育没有任何浮于表面的形式，没有任何华丽空洞的口号。课堂，一天天充满创意与惊喜；心灵，一天天渐趋丰盈与饱满。

以广阔天地为教室，以自然万物为友邻，一草一木皆可成诗。从快乐随笔到牧式即录，把学生牧养在语言文字的青葱牧场中。孩子们随心所语，漫写诗文，沉醉于心灵之湖的激滟波光。一路歌吟，牧韵声声，诵读的声音起起落落，一如初春的纷纷鸟啼。那是花开绽放的声音。

"删繁就简三秋树，领异标新二月花。"从曾经的畏难不前，到今日的且行且歌，我亲身体悟到牧式教育所彰显出的无与伦比的魅力。我庆幸自己当初踏足了牧场之旅，并将坚守初心且吟且行，坚信：积跬步，方能至千里。

愿做生命的牧者，信马由缰，纵情放歌，游牧在草碧风轻的原野，向着诗和远方纵情驰骋。

六

有时候我们走得太过遥远，却忘记了当初为什么出发。那么，就来一次灵魂的转向吧！

空山新雨，远岫出云。几声清韵，一笛西风。归于美好自然，行吟青青牧场，于悠悠天地之间，观草木万物生长，见日月山川变幻，春觉欣悦，夏听蝉鸣，秋叶有梦，雪落是诗。在长天碧野之间，水草丰盈之处，一剪春色，遍地芬芳，简单如许，而游牧一族的眼中、心里、笔尖，开始跃动起来、绽放开来。少年情怀，激扬文字，于是生命开始欢歌，挥洒出与天地共情的生命意境，气韵缭绕，波光流长。梦和远方，就在这生命意境之中静水流深。

寻梦？青山碧水之间，璀璨星空之下，是满载一船星辉回家的路，饱含着意气风发的豪气，万水千山的深情，星辰大海的声声召唤。

啊！原来你一直就在这里，深藏于内心，根植于灵魂。岁月不居，时光静静不语。你就住在游牧者的梦里——心灵的青青牧场，与生俱来，孕育无疆。一切都可以变得如此简单。梦，并不一定非在远方，它就在你的心田里潺潺流淌，那是沉淀在骨子里的发自心灵深处的情韵波光。

舍近求远的人呀，归来！有梦的地方，就有远方……

（序言六个部分的作者依次为：宋雪芹，山东省宁津县第二实验中学；李玉英，山东省夏津第五中学；于东涛，山东省武城县特殊教育中心；刘秀红，山东省武城县第七实验小学；孙立英，山东省武城县第四中学；贺秀红，山东省武城县第一中学。）

目　录

牧之论：简说漫谈

基于学生创新素养培育的教师胜任力问卷调研分析 / 贺秀红 …………… 2

动态　开放　诗意　和谐

　　——牧式教育理念下创新课堂的四个关键词 / 贺秀红 ………… 6

教师创新胜任力的核心要素及其培育路径 / 吴长征 ………………… 10

学生思维品质与创新素养的提升之道 / 徐淑娟 …………………… 13

"基于学生创新素养培育的教师胜任力"之原力 / 王汉斌 ………… 16

中小学教师创新教学胜任力模型构建与应用 / 于东涛 …………… 19

教师创新胜任力模型中的态度要素 / 李双金 …………………… 22

创新型读写结合教学模式初探

　　——碎片化读写 / 宋雪芹 ……………………………… 25

插上创新的双翼

　　——让读写结合之花灿然绽放 / 于东涛 ………………… 28

精细·创意·个性

　　——培智学校阅读与写作创新路径探究 / 于东涛 ………… 31

基于"教—学—评"一体化的写作教学创新策略 / 刘秀红 ……… 34

核心素养视域下创意写作模型构建 / 刘秀红 …………………… 38

学而知　习而行　悟而明

　　——牧式教学写作创新的"三个层次" / 韩国英 ………… 42

情境相融，语出随心

　　——浅谈情境式写作教学的创新策略 / 李晓倩 ………… 45

初小语文课程衔接的创新策略 / 于东涛 ·············· 48

牧养心灵　静听花开

　　——基于学生文学素养培育的校园文学社建设创新路径 / 贺秀红 ·········· 51

牧之思：跨越融通

基于牧式理念的全学科育人范式探索 / 刘秀红 ·············· 56

"育"润总角，水过留痕

　　——拓宽孩子生命的广度 / 于新佳 ·············· 60

数字时代跨学科教学的创新方法 / 陈红梅 ·············· 63

新媒体赋能自主创新课堂

　　——如何让教学走向多元化、个性化 / 徐德亮 ·············· 66

基于学生创新素养培育的话题式教学实践 / 李双金 ·············· 69

以融促跨　以做促创

　　——新课标背景下初中语文"跨学科学习"创新策略例谈 / 宋雪芹 ········· 72

单元整体教学的创新原则和案例分析

　　——以小学语文为例 / 刘秀红 ·············· 76

构建培智学校语文教学生活化的创新课堂 / 于东涛 ·············· 79

初中数学跨学科教学创新策略探究

　　——以融入语文元素为例 / 董子海 ·············· 82

数学与语文跨学科教学的整合与创新 / 贺彦 ·············· 85

诗歌与数学教学的跨界创新 / 张万峰 ·············· 88

跨学科教学的创新实践与应用

　　——以数学融合语文课程为例 / 吴长征 ·············· 91

数学与语文融通教学创新案例研究 / 董子海 ·············· 94

"数"助健美，"体"悟数学

　　——数学与体育跨学科创新教学探究 / 徐淑娟 ·············· 97

体育与英语跨学科教学创新案例研究 / 于新佳 ·············· 100

双语口语教学创新课堂案例研究 / 牛爱秀 ·············· 103

中华文化与物理教学的美丽邂逅

　　——浅探架构物理创新教学与育人目标的桥梁 / 王汉斌 …………… 106

指向创新思维培养的跨学科教学策略研究

　　——物理与语文学科的碰撞与融通 / 于书敬 ………………………… 109

牧之韵：灵动文心

不失其华　不减其辉

　　——基于牧式教育的"简阅读"创新理念 / 贺秀红 …………………… 114

春风悠然　润物无声

　　——基于中学生创新素养培育的阅读策略初探 / 房莹 ……………… 118

追　光

　　——《灯笼》教学实录 / 刘艳敏 ……………………………………… 121

勇敢的人先享受世界

　　——《我看》教学实录 / 俎军 ………………………………………… 127

一帆引航　数石激波

　　——《孤独之旅》教学实录 / 贺秀红 ………………………………… 131

一花一鸟总关情

　　——《白鹭》教学实录 / 谢玉梅 ……………………………………… 136

去看梦中花开　冲破夜的黑暗

　　——《好的故事》教学实录 / 陈亚琪 ………………………………… 141

在心中画一个春天

　　——《寻找春天》教学实录 / 于东涛 ………………………………… 144

小荷才露尖尖角

　　——《荷叶圆圆》教学实录 / 于东涛 ………………………………… 150

入情读古文，此中有深意

　　——《铁杵成针》教学实录 / 刘秀红 ………………………………… 154

大雁大雁飞呀飞

　　——《秋天》教学实录 / 于东涛 ……………………………………… 159

从生活中觅寻诗意
　　——《致老鼠》《爸爸的鼾声》教学实录 / 朱春英 ················· 164

追月光的人
　　——《记承天寺夜游》教学实录 / 于东涛 ····················· 170

鸭蛋沁黄，岁月留珠
　　——《端午的鸭蛋》教学实录 / 刘军英 ····················· 174

做一个行者
　　——《从石猴到齐天大圣》教学实录 / 贺秀红 ················· 178

牧之歌：流年诗梦

新草漫生天际绿
　　——基于学生创新素养培育的"漫写作"范式研究 / 贺秀红 ····· 184

牧野漫吟行且歌
　　——基于牧式理念的"诗遇上歌"创新写作实践 / 贺秀红 ····· 190

把春天写成诗
　　——诗遇上歌之"春语"篇 / 刘艳敏 ····················· 194

忆夏日芬芳
　　——诗遇上歌之"夏花"篇 / 曲春晓 ····················· 198

与一片叶子相遇
　　——诗遇上歌之"秋叶"篇 / 贺秀红 ····················· 202

冬天是首歌
　　——诗遇上歌之"冬韵"篇 / 贺秀红 ····················· 208

轻轻地我走了
　　——诗遇上歌之"芳草"篇 / 韩国英 ····················· 212

我的暖，一寸长
　　——诗遇上歌之"风铃"篇 / 于东涛 ····················· 216

馨香一缕，庭院自芬芳

　　——诗遇上歌之"荷风"篇 / 李晓倩 ……………… 219

芃芃其草，灼灼其华

　　——诗遇上歌之"飞花"篇 / 贺秀红 ……………… 222

牧之道：曲径通幽

牧养润心，行将致远

　　——"五育融合"视域下全学科育人创新路径初探 / 贺秀红 ……… 228

立体多元，共融共创

　　——全学科习作创新案例研究与思考 / 刘秀红 ……………… 232

基于人，归于人

　　——《与你为邻》牧式教学创新案例 / 贺秀红 ……………… 237

追寻科技之光

　　——《海底两万里》整本书阅读教学案例 / 王汉斌　孙立英 ……… 248

读经典故事　扬追梦青春

　　——《西游记》整本书阅读教学案例 / 房岩岩 …………… 252

导之有趣，读之有法

　　——《中国古代寓言》整本书阅读教学案例 / 李悦 ………… 257

徜徉诗海，泼墨纸生香

　　——"爱与远方"主题单元教学案例 / 付雅琦 …………… 262

穿越时空，对话人物

　　——"走近鲁迅"主题单元教学案例 / 孟雪 ……………… 267

天地英雄气，千秋尚凛然

　　——"走近词中之龙"主题单元教学案例 / 王书跃 ………… 271

古风扬雅意，笔墨寓真情

　　——"风"之意象主题单元教学案例 / 程晓松 …………… 275

牧之魂：树人以德

诗意行走　一路歌吟
　　——牧式理念下鲁迅作品创意教学方法初探 / 贺秀红 ……………… 280
以思索之态描摹丰富之世情
　　——浅谈如何进行鲁迅教学 / 付超 ……………………………… 285
唱给童年的骊歌
　　——《少年闰土》文本解读 / 刘秀红 ……………………………… 288
怎一个"变"字了得
　　——从"少年闰土"到"成年闰土"形象解读 / 孙廷广 …………… 291
"好的故事"中或许"没有故事"
　　——《好的故事》文本解读 / 于东涛 …………………………… 294
鲁迅散文的文本解读策略初探
　　——以《阿长与〈山海经〉》为例 / 郭宁 ……………………… 297
发掘文字背后的文化密码
　　——《阿长与〈山海经〉》的思想内涵与艺术特色 / 王秀芬 …… 300
曲笔呈现状，直言谢恩师
　　——《藤野先生》直笔与曲笔的艺术张力 / 刘敏 ……………… 303
鲁迅小说作品文本解读方法初探
　　——以《故乡》为例 / 曲春晓 ………………………………… 306
俯首回眸　路在何方
　　——探寻《故乡》之"变" / 孙立英 …………………………… 309
阿Q，你是谁！
　　——诗意化解读《阿Q正传》 / 贺秀红 ……………………… 313

后　记 ………………………………………………………………… 317

牧之论：
简 说 漫 谈

终日乾乾，与时偕行。

——《周易·乾·文言》

基于学生创新素养培育的
教师胜任力问卷调研分析

山东省武城县第一中学　贺秀红

创新，是学生核心素养的集中体现。教师自身具备创新素养，方能真正提高学生的创新素养。从调查问卷来看，当前不少教师表现出创新素养的缺失，同时100%的教师具有创新的愿望，特别希望成为一个创新型教师。由此可见，教师内心创新的愿望与缺失的教学创新之间形成了矛盾。心动与行动的距离还有多远？教师不能进行教学创新的原因有哪些？本文旨在调查分析基础教育学段教师创新教学胜任能力现状及面临的问题，找到有效解决问题的办法与途径，提升师生的创新素养，提高教育教学质量。

一、原因分析

（一）理念滞后，缺乏创新意识

调查显示，曾经进行创新教学研究实践的教师在所有教师中的占比仅有52.9%。由于深受"应试教育"的影响，很多教师思维固化，这种应试化思维影响着教师的教学思想和教学方式。教师只是按部就班备课、上课，教学理念落后，教学方式僵化单一，不能根据学生个性和学习过程对其进行评价。其为了追求高分数，让学生进行大量的习题练习，追求统一标准答案，忽视教学的实践性、活动性和创新性，这些都阻碍了对学生创新素质的培养，扼杀了学生的奇思妙想，使师生形成了某种程度的思维定式。教师思维固化，从内心缺乏创新授课的动机，这种思维定式会限制人的创造性思考，常常使人表现出精神的惰性，对于一个人创造力的发挥，是一个很大的障碍。

（二）从众效应，缺乏创新个性

现行的考试和评价制度，对学生创新品质的考查尚未充分体现出来。无论是学校、教师还是社会层面，注重的都是训练短期提升成绩的应试能力，对于创新则缺乏相应的鼓励、激励举措。具体说，教师创新精神的不足主要表现在以下几个方面：迷信权威，缺乏自己的独立见解，刻板依照教参和标准答案；求异思维能力欠缺，抵触教学创新，不能从变换思维的角度灵活提出解决问题的优化方案；墨守成规，缺乏质疑精神，缺乏对教学活动的反思意识和创新精神，不能推陈出新。教师产生从众效应，缺乏创新个性，不敢冒险，害怕失败，失去了创新的底气与信心。

（三）照本宣科，缺乏创新能力

在传统教育模式的束缚下，很多教师的专业水平有限，知识结构较为单一，专业技能不够。调查显示61.4%的教师教学理论不够深厚，教学经验不够丰富，他们不能对已有知识进行重新整合、加工和灵活运用，难以驾驭创新教学。38.6%的教师则认为自己没有人引领和指导，没有创新的方向与策略。

实践证明，创新教学源于知识整合以及重新组合后的再创造。教师缺乏必要的教学创新理论支撑，缺乏对教学内容、教学效果的探索与反思，往往难以突破常规，这成为束缚他们创新的主要障碍。他们不敢进行创新尝试，照本宣科，缺乏新意，这些都是制约教师创新的因素。教师的创新能力可以通过培训、学习加以改变、提升。

（四）任务繁重，缺乏创新氛围

调查显示，有71.4%的教师认为教学任务重，没有时间和精力创新。在应试教育理念下，教师在备课、批改作业等层面上的任务都比较繁重，同时实施的是题海战术，经常加班加点，创新教学的时间不能得到保证。

教师创新素质的缺失与教学管理评价制度的片面有直接关系。目前，应试教育仍没有退出历史舞台，没有相匹配的制度来保障教师实施创新教育，这导致教师评价制度的片面性。有的学校制定各种严格的规章制度，要求不同的教师统一思想、统一教案、统一作业，以达到整齐划一的效果。这些与创新理念背道而驰的管理模式，加重了教师的从众心理，抑制了教师的求异思维与教学个性。

以上原因，难以凭教师一己之力改变。

二、应对策略

（一）转变理念，增强行动力

转变管理理念，完善考试和评价制度，减轻教师负担，鼓励教师结合实际情况进行创造性的教学，搭建展示创新成果的平台和途径。对于敢于创新、勇于创新并有所创新的老师，通过制定相应的鼓励、激励制度给予相应激励，为创新教育的深入开展创设良好氛围。

科学的评价体系是创新素养教育得以实施的保障，对教师的教育活动具有一定的导向作用。构建师生创新素养评价体系，让创新教学成为学校的日常教学活动行为。同时，构建多元化评价体系，关注师生在教学过程中的创新表现和发展情况，使教师具有长远眼光，认识到素质教育和创新教育能够促进学生成才的道理，增强教师"为创新而教"的热情与信心，变心动为行动。

（二）加强培训，提升胜任力

教师要打破固有的思维定式，首先要拥有丰厚的知识储备。这就要求学校采取得力措施引导教师自我提升，在提高专业知识的同时，还要涉猎其他领域的知识，了解前沿教育理论和发展动态，扩大知识储备，使知识层次和结构保持领先，融会贯通，开阔视野，从而优化教学方法和教学手段，进行适合学生发展的创造性教学活动。

创新能力是教师创新素质的核心要素，想要提高教师的创新能力，专业的引领和指导尤其重要。学校层面应进一步完善教师培训体系，注重这方面的培训，让教师能够接受专业的教学创新指导，尤其是强化有关创造学、创新思维和教育创新等方面的培训，促使教师在不断学习和培训中，逐渐掌握创新的专业知识和专业技能，在教学中不断尝试创新，对自己的教学方式不断扬弃，从而找准创新的策略、方向，提升行动力，结合实际开发校本教材，通过有效的校本教研，促进创新教育落地生根，让创新之花开满校园。

（三）坚定信念，激发内驱力

教师创新素养的提升，最关键的因素是内驱力。教师具有爱岗、敬业、奉献的崇高精神，拥有影响和帮助学生的强烈信念，这种信念影响着教师对教学工作的关注和投入程度以及在遇到困难时的坚持程度，班杜拉称之为"教师效能感"。拥有教师效能感的教师对教育具有发自内心的执着与热爱，具有热爱学生、奉献教育的情怀。

一个教师创新的开始往往是源于责任心，当他们在创新教学中不断体会到自豪感和幸福感时，这种责任心将会化为自豪、神圣的使命感，最终升华为浓浓的人文情怀、教育情怀。如图1所示，居于核心的人文情怀犹如投入湖中的石子荡起涟漪，形成涟字效应，促进教师知识技能、创新思维的发展。而处于外围的这些因素又通过回旋激荡，不断促进教师创新素养、人文情怀的持续养成。在更深厚的人文情怀激励下，更多、更大的石子不断激起浪花朵朵，推动更多、更深、更广的创意波澜，源源不断地产生创新的内在驱动力。这是一种良性循环，师生一起构建动态生成、具有人文色彩的创新课堂，在创新的和谐氛围中享受幸福感，形成课堂、校园、社会一体的和谐氛围，促进教育的生态化和可持续发展，这正是理想的教育。

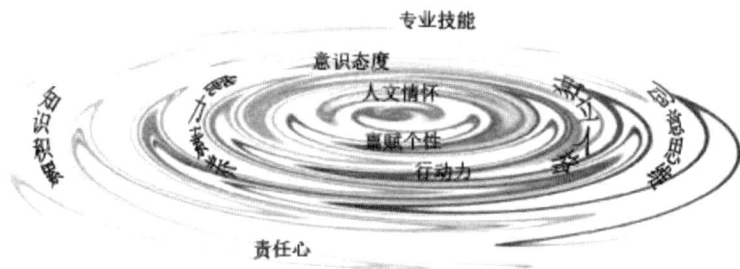

图1　洄字效应示意图

要把创新教育贯穿教育活动全过程，倡导营造"处处是创造之地，天天是创造之时，人人是创造之人"的教育氛围，鼓励学生善于奇思妙想并努力实践，以创新之教育培养创新之人才，以创新之人才造就创新之国家。创新人才的培养，要通过教师实施创新教育来实现，这是时代的要求和召唤。教师要与时俱进，跟上时代步伐，进行富有创造力的创新教学，让学生在轻松自主的求知环境里快乐探索，展现自我个性，形成创新精神与创新人格。相信师生的心灵深处都闪烁着创造的火花，一旦被点燃，创新的火焰必将簇簇燃烧起来。

动态　开放　诗意　和谐

——牧式教育理念下创新课堂的四个关键词

山东省武城县第一中学　贺秀红

"游牧"，原本是人们在干旱草原地区通过骑马移动放牧、分工协作的方式利用水草资源，以获取生活所需资料，并保持草场可持续利用的生活方式。游牧具有开阔、变化的特点，不局限于一地而居，而是不断地寻找水草丰美的宜居之所，与大自然和谐共生，一路前行一路歌吟，形成独特本真的游牧文化。语文教学同样是一个开放、动态的过程，同样不应局限于教材上的知识、狭窄的视野，同样要追寻自然和谐、丰盈精神、润泽生命的境界，从而使孩子们的心灵饱满、明亮起来。由此，笔者提出并践行"牧式语文"教学理念。

牧式语文教学，就是在教师引领下，师生一同徜徉于广阔的语文世界，在精彩篇章、情景游戏、自然风物、大千世界中游走奔驰，不断寻找、发现新奇美丽的风景，自主鸣出内心的感受，进行原野牧歌式的自由倾诉，从中获取精神的喜悦和满足，让心灵在这片广袤的天地里诗意栖居。牧式语文践行以读促写、读写一体的教学策略，这是一种绿色、生态的教学方式。"动态""开放""和谐""诗意"，即是牧式语文的四个关键词。

课堂的惊喜，不是来自预设的既定音调，而是来自淋漓尽致的情感抒发。牧式理念下的语文教学不是课堂的机械再现，而是充满惊喜的精彩生成。"动态生成"的观念要求教师不再用固定静止的眼光看待学生，而是着眼于学生作为"人"的成长和发展。站在生命的高度创设动态课堂，让学生在收获知识的同时，能用诗意的语言去表达，用审美的眼光去欣赏，用灵活的思维去创造，从而获得丰富而深刻的人生体验。

语文课堂，有着创意生成的广阔空间。这正与"游牧"状态下的自由游走、随时随地发现美丽风景的道理一致。教师不是机械地按既定思路进行教学，而是在课堂特定的生态环境下，因势利导，善于倾听，以即时出现的有价值、有创意的问题或观点为契机，合理调整或改变预先的教学设计，组织学生进行自主创新的教学活动，追求"精彩"的意外，挖掘学生的潜能，展现学生的个性，从而丰富教学内容，拓展教学目标，使学生的生命得到绽放，使教师的价值得以体现，使课堂呈现出生机勃勃、精彩纷呈的动态风格。

在师生互动的教学活动中，教学中的偶然事件、灵机一动甚至有价值的失误，都会为课堂教学带来全新的可能，教师要有足够的教学机制，能够及时捕捉并充分利用这些契机，将其转化成新的教学资源，不断生成教学亮点，激发学生内在言语生命的成长。这样，传统的静止课堂就会变幻出一个个鲜活生动、波澜起伏的精彩瞬间，流淌出生命的汩汩清泉。

大千世界皆有语，人生百态尽是文。语文课堂的动态性，决定了教学方式的开放，即充分利用教材和生活中的语文资源，构建一个包含课内外联系、校内外沟通、学科间融合的语文教育体系，引领学生在广阔的生活天地里学习语文、运用语文，开展体验化的个性实践活动，促进学生读写品质的成长。

"牧式语文"贯彻开放原则，引领学生向经典寻求，向自然寻求，向大千世界寻求。课堂上跃动着一个个悦耳动听的音符，引领学生演奏出层出不穷、美妙动人的乐章。

这里所说的"开放"，不仅是教学内容的开放，还是教学课堂、教学关系和教学评价的开放。部编教材打破了传统教材的封闭性，使语文学习从课内延伸到了课外，这就要求教师拓宽视野，开放眼光，以引领者和参与者的身份，构建丰富多彩、形式多样的语文课堂，使语文学习和实践活动、现实生活紧密结合起来，引发学生对自然、社会的关注与思考，触发学生对生命的体验和感悟，启迪学生在广阔的语文世界里发现美和诗意，引领言语人生、诗意人生。与此相应，牧式语文下的教学评价开放多元，力求个性化、多样化：不唯成绩，而是看重听说读写的表达；不只看结果，还注重发展性评价和过程性评价。评价主体不仅是教师，还可以是自己、家长、同学。多元评价，关注心灵，更有利于激发学生学习的信心和热情，在探求语文的历程中发出生命的歌吟，留下成长的印迹。

古今中外的经典诗文，包罗万象，风格各异，有的不事雕琢、质朴自然，有的字字珠玑、文采斐然，有的雄浑高亢、气势磅礴，有的低回婉约、回肠荡气，这些文质兼美的文学作品构成具有浓郁诗意的艺术之境。而学校、家园、美丽的大自然和广阔的大千世界，这些无字之书与上述有字之书一起，共同成为诗意化教学的一方沃野。

教师，是一方诗意沃野的守望者。作为语文教师，应该具备深厚的文化素养，要有一颗诗意的心，能用生动的语言描绘出优美动人的意境，唤起学生内心丰富的联想与想象，使学生兴致盎然，如沐春风，情不自禁发出生命的歌吟。一切都是自然的、抒情的、创造的。当课堂流动成一首首诗时，就具有了飘逸舒展、流转自如的美感效应。学生犹如充满张力的小小宇宙，这正是言语生命的激荡与张扬！

学生天生就是诗人，他们犹如牧野上一颗颗饱满圆实的种子，只是需要被唤醒与激发。牧式语文，顺应学生的自然天性，唤醒了学生固有的言语生命意识，激发了学生深埋的言语潜能，使他们的言语才能得到积极主动的发挥。这不是外在的嫁接和装饰，而是从每一个人鲜活自由的内在生命中生长、绽放出来的花朵。有了这一片沃野，诗意之花将会灿然绽放，孩子们将会以一颗诗心感知世界，并学会诗意地栖居在大地之上。有了"诗性"之光照耀，他们的人生就有了梦、有了爱、有了不灭的希望和信仰。

牧式课堂讲求流动之美，所谓流动就是"意脉贯通"之意，即学生的内心与外在世界意脉相连，构成一个和谐的有机整体。在这一过程中，"协作"贯穿学习过程的始终。协作学习的过程，就是对话的过程，这是师生与文本、自然、大千世界之间进行感情交流的过程，也是一种生命的对话。师生在和谐宽松的课堂里遨游、对话、分享，尽情欣赏、创造语文之美，在对话中实现生命精神的相遇相融，这正是具有和谐之美的理想课堂。

打造和谐课堂，关键是确立师生平等的教学理念，构建平等对话的平台。教师要俯下身子走到学生中间，自由、平等地与学生对话，鼓励学生独立思考、自由表达，尊重学生的不同见解和创新思维，真正形成师生学习共同体，使师生能在一个轻松自由的氛围中进行对话，一起沉浸在作品之中，一起漫游在大自然间，一起体悟生命的真谛。正是在平等话语权下，学生才会全身心地投入学习之中，思想不断碰撞，理想与信念不断生成，在轻松愉快的对话中有所发现、有所创造，达到流畅自如、内外合一的和谐境界。

和谐的语文课堂，是教师挥洒爱心与诗意的课堂，是学生感受快乐、体验生命的课堂，是师生思维碰撞、共同成长的课堂，也是简约高效、幸福满满的课堂。学生感受到洋溢于生命周围的点点温馨和诗意，思维会迸射出创造的火花，心灵也会变得柔软而温情。

卢梭认为，人生来是自由的、平等的，教育应该服从自然的法则，让人的身心自由发展，使孩子们像天然的花草树木一样成长。每一个生命都是一颗神奇的种子，蕴藏着尚不为人知的无限可能。牧式语文，正顺应了学生的自然天性，实现了语文教学"生命化"，自觉地将语文教学与生命教育有效地融合起来，使课堂具有了创意与温度，使学生的心灵变得柔软温情，以充满人性的关怀去温暖别的生命，并将爱与美内化为学生的精神血脉，实现终身教育的梦想。

参考文献

［1］潘新和.语文：表现与存在［M］.福州：福建人民出版社，2004.

［2］朱光潜.谈美书简［M］.南京：江苏凤凰文艺出版社，2019.

［3］潘新和.语文：回望与沉思［M］.上海：华东师范大学出版社，2019.

教师创新胜任力的核心要素及其培育路径

山东省武城县第一中学　吴长征

在新媒体时代背景下，教育面临着前所未有的挑战。传统的教学方式、教材内容和教育观念都经历了深刻的变革。在这一背景下，教师的角色定位和胜任力要求也发生了重大变化，创新胜任力成为教师不可或缺的品质。创新胜任力即教师在教育教学过程中，能够突破传统思维模式，勇于尝试创新方法，激发学生学习兴趣，提高教育教学质量的能力。创新胜任力在教育教学中具有重要意义，能够让教学跳出传统的框架，激发学生的学习兴趣，提高他们的综合素质和创造力，促进教育的持续发展，使之更具活力，更好地适应新媒体时代的需求。

一、教师创新胜任力的核心要素及其表现

创新胜任力作为教师不可或缺的品质，其核心要素主要包括教育观念、教学方法、师生关系和教师素养等。在这些要素中，教育观念的创新最为关键。教师应摒弃传统的教育观念，树立以学生为中心、培养学生创新精神和实践能力的全新理念，尊重学生的差异性，关注学生的个性化需求，引导学生主动进行探究，鼓励学生发表独到见解，将课堂教学从单一的知识传递转变为多元的智慧启迪。

（1）教学方法的创新是胜任力的核心要素。在新媒体时代背景下，教师应充分利用现代信息技术，探索多元化的创新教学手段。例如，运用微课、慕课、翻转课堂等教学方式，将课内与课外相联系，线上教学与线下教学相结合，丰富教学内容，提高教学质量。同时注重启发式教学，引导学生进行独立思考、多元思考，培养学生的批判性思维和创新意识。

（2）师生关系的改变是胜任力的关键因素。教师应打破传统的权威地位，与学生建立平等、亲密的关系，形成师生学习共同体。尊重学生的个性差异，关注学

生的心理健康，引导学生树立自信，使学生勇于表达自己的创意观点。在这种关系中，教师不仅要扮演知识的传授者，更要成为学生的成长导师和引路人。

（3）创新素养的养成是胜任力的重要因素。在新媒体时代，教师应该具备较高的信息素养和技术水平，能够熟练运用现代教育技术助力教学。同时，教师应具备较强的学习能力，不断更新自身知识体系，提高自身的教育教学创新能力。在此基础上，教师还应具备良好的职业道德和敬业精神，关爱每一个学生，使孩子们成长为创新型的人才。

在新媒体时代背景下，教师创新胜任力的核心要素及其表现不仅关系到教育质量和学生发展，更关乎我国教育事业的未来。因此，提升教师创新胜任力，助力教育事业蓬勃发展，已成为当下亟待解决的重要课题。

二、关于提升教师创新胜任力的几点建议

教师的态度不仅影响自我的教学实践，对学生的情感、社交和发展也会产生重要影响。因此，对教师态度的培养与提升是教师创新胜任力发展的关键所在。为了更好地发挥态度在教师创新胜任力中的作用，可以采取以下策略。

（1）实施教师专业发展培训。针对教师在教育教学过程中的需求，定期开展教育教学理念、方法和技术方面的培训，帮助教师更新知识体系，提高教育教学能力。同时，注重培养教师的团队协作精神和沟通能力，使其在教育教学中能够更好地发挥创新精神。

（2）建立表彰激励机制体系。制定相关评估和评价政策，对在教育教学中取得创新成果的教师给予表彰和奖励，满足他们的职业成就感。同时，建立健全教师创新支持体系，为教师提供创新教育教学所需的资源和技术支持。

（3）注重年轻教师选拔培养。年轻教师通常具备较高的教育热情和创新能力，他们的加入将为教师队伍注入新的活力。教育部门和学校应关注教师队伍的年龄结构，重视对年轻教师的选拔和培养。通过搭建青年教师成长平台，提供更多发展机会，促使他们快速成长为教育事业的创新之才。

（4）营造良好创新教育氛围。学校应树立以学生创新素养培育为核心的教育理念，尊重和支持教师的教育教学创新，关注教师心理健康，减轻教师工作压力，使他们能够专注于教育教学工作。在全社会范围内，鼓励教师勇于创新，倡导尊师重教的风气，使他们在教育事业中发挥更大的作用。

教师创新胜任力不仅关乎教育质量和学生发展，更关乎教育事业的未来。面向

未来的教师创新胜任力培养与发展，是教育事业发展的必然趋势。我们要认识到，提升教师创新胜任力是一个长期、渐进的过程，需要多方面的协同努力。教育部门、学校和社会各界都要积极参与，共同为教师创造良好的教育创新环境，通过建立激励机制、强化教师队伍建设等诸多措施，提升教师的创新胜任力，更好地适应时代发展的需求，为教育事业的繁荣和发展奠定坚实基础。

参考文献

［1］吴佳怡.“教师数字素养与胜任力提升”平行会议举行［EB/OL］.［2024-01-31］. http：//www.moe.gov.cn/jyb_xwfb/xw_zt/moe_357/2024/2024_zt02/pxhy/pxhy_jssy/pxhy_jssy_mtbd/202402/t20240201_1113857.html.

［2］冯婷婷，刘德建，黄璐璐，等.数字教育：应用、共享、创新——2024世界数字教育大会综述［J］.中国电化教育，2024（3）.

［3］张赟芳.数字素养与技能是教师立身之本——教师数字素养与胜任力提升平行会议观察［N］.中国教育报，2024-01-31（3）.

学生思维品质与创新素养的提升之道

山东省武城县第二实验小学　徐淑娟

在学生成长的道路上，小学阶段是至关重要的时期。在这个时期，学生的思维品质和创新素养对他们未来的发展具有深远影响。思维品质和创新素养的培养，既关乎个体发展，也关系到国家未来的竞争力。因此，如何提升学生的思维品质和创新素养，成为教育工作者关注的重要课题。

一、小学生思维品质和创新素养存在问题和思考

当前，小学生的思维品质和创新素养总体上呈现出良好的发展趋势，但仍存在一些问题。许多小学生习惯于接受式学习，缺乏独立思考和辩证分析的能力。在综合素养方面，学科知识碎片化现象严重，学生的团队协作和沟通能力有待提高。尤其是在创造性思维方面，学生在面对问题时，往往过于依赖既有的知识和经验，缺乏创新精神和探索能力。为了解决这些问题，我们积极探索提升小学生思维品质和综合素养的策略与方法，以下是我的几点想法。

（1）批判性思维培养是关键。教师应当在课堂教学中引导学生提问、质疑、辩论，培养他们独立思考、自主探究的能力，锻炼学生的逻辑思维能力，可通过设置逻辑推理环节，帮助学生形成严谨的思维习惯。

（2）创造性思维激发是难点。要突破这一难点，就要打破学生的思维定式。教师可以运用启发式教学、任务驱动等方式，鼓励学生勇于尝试、敢于创新，提高学生的创新素养。

（3）知识整合与拓展是途径。在提升初中学生综合素养方面，学科知识整合与拓展是重要途径。教师应关注知识体系的完整性，促进各学科之间的融合与交流，同时培养学生的跨文化交际能力。

（4）协作与沟通能力是重点。教师要关注学生的个性差异，鼓励他们积极参与集体活动，提高他们的协作与沟通能力，培养团队合作精神，助力孩子们迈向更高的人生舞台。

二、提升小学生思维品质和创新素养的策略与方法

（一）批判性思维是一种评估信息、提出疑问、分析论证和做出判断的能力

它对于小学生的综合素质培养和未来发展具有重要意义。为了培养学生的批判性思维，应从以下方面付出持续的努力。

（1）注重启发式教学。通过提出具有挑战性和启发性的问题，引导学生主动思考、积极探索，鼓励学生提问、质疑和辩论，让他们敢于表达自己的观点，培养其独立思考、分析问题的能力。在面对问题时，引导学生从不同角度进行思考，学会辩证地看待事物。

（2）构建良好的氛围。学生在一个宽松、自由、和谐的课堂环境中，更敢于表达自己的想法，提出有价值的疑问。教师要尊重学生的个性差异，关注每个学生的成长，让他们在课堂上有被重视、被关爱的感觉。

（3）开展多样化活动。教师通过组织演讲辩论、研学实践等活动，让学生在实践中运用批判性思维，提高他们的质疑能力和创新能力。这些活动有助于学生在真实情境中锻炼批判性思维，将其内化为自身的能力。

（二）创造性思维是一种超越传统框架，寻求新颖观念和解决方案的能力

在当今社会上，创新能力已成为学生未来发展的重要竞争力。

（1）鼓励学生勇于尝试。教师要摒弃传统的评价观念，尊重学生的创新精神，对学生的尝试给予积极反馈。当学生提出新颖的观点或方法时，教师应及时予以肯定，让他们感受到创新的价值。

（2）创设开放的教学环境。教师应减少对学生的束缚，给予他们自由发挥的空间。在宽松和谐的环境中，学生更容易产生创意灵感，更敢于尝试新的解决问题的方法。

（3）实施任务驱动策略。开展创新实践活动，通过设置具有挑战性和开放性的任务，引导学生主动探索、不断创新。任务驱动教学法有助于激发学生的内在动机，让学生在完成任务的过程中充分发挥创造性思维。

（4）跨学科融通与碰撞。不同学科之间的知识碰撞往往能激发学生的创造性思维。教师要关注知识体系的完整性，促进各学科之间的融合，以拓宽学生的视野和

思维空间，提高他们的创新能力和实践能力。

（三）在日常教学中，教师应关注知识体系的完整性，促进各学科之间的融合与交流，以拓宽学生的视野和思维空间

（1）树立跨学科观念。在教学过程中，注意将各学科知识有机地结合起来，让学生在学习和实践中形成完整知识体系。例如，在数学课上，教师可以融合物理、化学、文学、体育等学科，实现学科知识的整合与拓展。在一个完整、多元、跨学科的知识体系中学习，学生的综合素养将得到提升。

（2）开展主题式教学。通过设计主题式课程，将不同学科的知识融合在一起，让学生在探究主题的过程中，形成跨学科思维方式。例如，以"环境保护"为主题，引导学生从多个角度认识环境问题，在活动中拓宽视野，并提出解决方案。

（3）进行研究性学习。小学生具有探求的兴趣与愿望，教师可以引领学生开展形式多样的研究活动，指导学生选择感兴趣的课题，运用多学科知识进行研究，提高学生的自主学习能力，培养他们跨学科的思考能力。

（四）教师要了解每个学生的特点和需求，有针对性地进行指导，帮助他们克服沟通障碍，提高团队协作能力

（1）实施合作学习策略。组织小组讨论、团队合作等活动，让学生在实践中学会协作与沟通。合作学习有助于培养学生的团队精神，提高他们的沟通技巧。也要关注学生的个体差异，这有助于发掘学生的潜力，使他们在团队协作中发挥更大的作用。

（2）创设互动教学环境。应鼓励学生积极参与课堂讨论，分享自己的想法和观点。在这样的环境中，学生将更容易学会倾听、理解和尊重他人。还可以组织各种课堂活动，让学生在实际操作中锻炼团队协作与沟通能力。

（3）开展团队实践活动。组织社会实践活动，如科技竞赛、创新实验、志愿者服务等，让学生在真实情境中锻炼团队协作与沟通能力，使学生能更好地将理论知识应用于实际场景中，提高团队协作与沟通的效果。

通过以上策略，我们可以有效地激发小学生的创造性思维，培养他们的创新精神，并提升他们的综合素养。在不断的尝试、探索中，学生的创造性思维将得到锻炼和提升，他们将更好地适应社会发展的需求，迈向更加美好的未来。

"基于学生创新素养培育的
教师胜任力"之原力

山东省武城县实验中学　王汉斌

综合关于"胜任力个体特征"的研究，笔者认为，"胜任力"概念中所提出的各种个性特征中，态度、知识、技能是胜任力所要具备的主要要素，也是培育学生创新素养的原动力。针对教师这一职业的特性，想界定教师胜任能力的高低，不应只关注教师的个人素养，更应关注教师是否能培育出具有创新精神的人才。教师所面对的学生是一个个鲜活的个体，这就意味着教师的工作方式、方法，不能一成不变，而要不断创新。首先，教师本身必须具备创新能力，具备胜任力概念中与普通者区分开来的卓越的个体特征，才能拥有培育学生创新素养的胜任能力。基于此，借用《星球大战》系列作品中的核心概念"原力"（The Force，旧译为力、神力、大能或原动力，此文借用其"原动力"之意），谈谈"基于学生创新素养培育的教师胜任力"之原力——态度、知识与技能。

一、态度，决定教师胜任力高度的核心原力

把态度放在第一位，是因为有不少教师缺乏创新意识，选择了平庸与躺平。有的教师只想按部就班而不求脱离窠臼，有的教师只求安稳度日而不求有所突破，有的教师拘泥于传统教学而甘愿随波逐流，有的教师因缺乏自信和勇气而不敢锐意创新。追根究底，那些不愿创新的教师，或是认为自己无法胜任培育学生创新素养职责的教师，缺乏的是一种积极进取、勇于创造的态度。这部分教师可能也具有丰富广博的知识，甚至也有教学技能高超者，只是囿于传统教学模式的窠臼，日复一日地重复着单调枯燥的教学模式。这样的教师缺乏创新精神，自然不能培养出富有

创新精神的高素质学生。那么，教师应具备怎样的态度，才能适应新时代的教育形势？

最主要的，教师应该具备积极进取、勇于创新的态度，能够积极主动地学习各种关于创新的教育理论、教学方法及教学技能，提高自身的创新素养，假以时日，自然就具备了培养学生创新素养的胜任能力。教师不故步自封，便易于接受各种新型的教育方式，进而将自己的教学打造得灵动多彩、光芒四射，更有助于学生创新素养的提升。一个锐意进取、创意满满的教师，在工作中会乐此不疲，以激情带动学生学习、探究的热情。长此以往，教师的教与学生的学就会形成良性循环。可见，态度决定成败，教师对于创新的态度，是培育学生创新素养的教师胜任力的核心原动力，是提升教师胜任力的基石，这一点毋庸置疑。

二、知识，决定教师胜任力高度的内在原力

英国哲学家培根的"知识就是力量"的论断，放在很多行业，皆可奉为准则。而担负教育下一代任务的教师，更应该是这一格言的切切实实的践行者。知识不是一成不变的，而是不断更新的。这就要求教师应不断更新、完善自己的知识储备、知识结构。新课标实施以来，项目化学习、情境化任务、跨学科学习……各种新型的学习方式，给教师带来了新的挑战。教师依靠固有的知识，已不能适应当前教育形势下对教师的时代要求。只有与时俱进不断更新自己的知识，创新自己的教学方式，探寻新的课程实施方案，让自己的知识储备化为源头活水，方能提升自己的创新素养，进而激发学生的创新活力，助力学生成长。

一名创新型教师，首先要在自己的学科领域有一定深度的知识储备，这是教师创新必须具备的知识条件，是培育学生创新素养的教师胜任力的基础。在此基础上，教师还要广泛涉猎各科知识，使自己的知识储备有一定广度，一个博学多才的教师方能厚积薄发，在有限时间内最大程度激发出学生潜在的创造能力。新课标明确规定："设立跨学科主题学习活动，加强学科间相互关联，带动课程综合化实施，强化实践性要求。"可见，教师若想培养学生的综合能力、核心素养，必须有引自各方的"源头活水"。

富有创造力的人总是孜孜不倦地汲取知识，使自己变得学识渊博。一名学识渊博的教师，胸中自有丘壑，能够自如创新，进而培育学生的创新素养。可见，教师不断挖掘知识面的深度，拓宽知识面的广度，提升本身的内在知识储备、创新素养，架构新型的知识框架，是决定教师胜任力高度的不可或缺的内在原力。

三、技能，决定教师胜任力高度的外在原力

夯实了"态度"基石，搭建了"知识"框架，若仍不能胜任培育学生创新素养的教学任务，那就需要弥补"决定教师胜任力高度的外在原力——技能"这方面的不足了。

创新技能是指具体的教学实践创新能力，是胜任力的外在表现。如果说"知识"是硬件，那么"技能"就是软件。尼采认为：一切生命都在于成长，所以不要拘泥于结果，要在成长的过程中得到愉悦。教学实践中，若灵活运用各种技能，便能够在灵动的课堂、愉悦的学习氛围中，达成培育学生创新素养的目标，让学生开心求知、快乐成长。

技能，通常是教师经过教学实践以后总结出来的方法经验。采取富有创意的教学方法，巧妙解决教学过程中不断出现的各类问题，以及捕捉教学中的契机、应对教学中的突发情况，都是必备的教育技能。"态度"基石牢固，知识框架够"硬"，教育技能创"新"，这都是培育学生创新素养的教师胜任力的必备要素。

教师是否培育出具有创新精神的学生，可以作为界定教师胜任力高低的标准。而要培育学生的创新素养绝非易事，这需要教师具备锐意创新的态度、渊博深厚的知识以及科学新颖的技能。在此姑且把这三个要素称为"三原力"，以突出这三个要素在教师创新胜任力各要素中的重要性。当然，教师胜任力的构成不止这些元素，比如学习力、行动力、道德修养、奉献情怀等，这里不再一一论述。

中小学教师创新教学胜任力模型构建与应用

山东省武城县特殊教育中心　于东涛

在当前教育改革的大背景下，创新素养的培养不仅有助于提升学生的综合素质，更有助于激发他们的创造力和创新精神。因此，探究基于学生创新素养培育的教师胜任力模型显得尤为重要。教师胜任力是指教师在培养学生创新素养过程中所应具备的专业能力，其中包括扎实的语言功底，教育教学理念的更新，丰富的教学策略以及良好的师生沟通能力，等等。基于学生创新素养培育的教师胜任力模型构建应以教育心理学、课程论等理论为基础，围绕"创新意识、创新人格、创新思维、创新技能"这16字诀，充分考虑教师与学生之间的互动关系，关注教学过程中的动态变化。

一、模型要素：探讨胜任力模型中的关键要素

教师胜任力模型构建，应注重以下几个方面：明确目标，即提升学生创新素养和教师胜任力；分析要素，如教学策略、教师素质等，并探讨它们在培养学生创新素养中的作用；总结模型实施过程中取得的成果和面临的挑战，为后续教学改革提供参考。在基于学生创新素养培育的教师胜任力模型中，教学策略和教师素质等关键要素起着至关重要的作用。教学策略作为实现教育目标的重要手段，直接影响着学生的学习效果和创新素养的培养。教师素质则是教师在教育教学过程中所展现的专业能力和素养，对学生的学习动机和创新精神具有深远的影响。

（1）教学策略方面，教师应注重多样性、个性化和实效性。多样性体现在教学手段、教学内容和教学评价的多元化，以满足不同学生的学习需求和兴趣。个性化则是根据学生的认知水平、兴趣和特长进行有针对性的教学设计，激发学生的创新潜能。实效性则要求教学活动要注重培养学生的实践能力和创新精神，将理论知识

与实际应用相结合，提高学生的综合素质。

（2）教师素质方面，教师应具备扎实的学科知识、教育教学理念的更新能力、良好的师生沟通能力和团队协作精神。学科知识是教师开展教学活动的基础，教师要不断充实自己的知识体系，提高自身专业素养。教育教学理念的更新则是要求教师紧跟时代发展的步伐，以学生为中心，注重培养学生的创新素养。良好的师生沟通能力和团队协作精神则有助于教师与学生、同事、家长建立良好的关系，营造和谐的教育教学氛围。

（3）师生角色方面，教师应尊重学生的主体地位，使学生勇于表达、敢于质疑，培养他们的独立思考能力和批判性思维。在教学过程中，教师需关注学生的情感需求，创设和谐、愉悦的学习环境，激发学生的学习兴趣和积极性。同时，还需注重培养学生的团队合作精神，通过小组讨论、合作项目等形式，让学生在互动中相互学习、共同成长。

综上所述，在基于学生创新素养培育的教师胜任力模型中，教学策略和教师素质等关键要素相互交织，共同推动学生创新素养的培养。通过优化教学策略和提升教师素质，我们将更好地激发学生的创新潜能，培养他们的综合素质，进而培养出更多具有创新精神和创造力的人才。

二、应用与实践：如何在实际教学中进行运用

在实际教学中，运用基于学生创新素养培育的教师胜任力模型具有重要意义。教师可以运用这一模型进行教学设计，如采用多样化的教学手段激发学生的学习兴趣，创设有利于创新思维培养的学习环境，注重学生间的小组合作与交流等。教师还应关注自身素质的提升，不断更新教育观念，提高自身教育教学水平。此模型可为教师提供清晰的指导，帮助教师更好地关注学生的创新素养培养，提升自身胜任力。以下是模型在实际教学中的应用与实践策略。

（1）根据教学策略要素进行设计。教师要结合学生的认知发展水平、兴趣和特长，制订多样化的教学方案。在教学过程中，使用启发式教学、探究式学习和项目制学习等方法，引导学生主动参与、独立思考，培养他们的创新思维和实践能力。值得一提的是，教师需关注学生的情感需求，创设轻松、愉悦的学习环境，激发学生的学习兴趣和积极性。

（2）关注教师自身素质发展提升。教师要努力提高自身教育教学水平，通过不断学习、参加培训等方式，充实自己的学科知识，更新教育教学理念。在教学过

程中，关注学生的个体差异，尊重他们的兴趣和特长，以真诚的态度与他们沟通交流，帮助他们解决问题。同时，注重培养自己的沟通能力和团队协作精神，为学生的成长营造良好的教育氛围。

（3）组织各种丰富多彩的课外活动。通过专家讲座、社会实践、创新竞赛等活动，为学生提供丰富多样的学习资源和实践平台。这些活动有助于拓宽学生的视野，培养他们的团队合作精神，提高其创新素养。在此过程中，教师要充分发挥引导者、组织者和辅导员的角色，确保活动的顺利进行，为学生提供充分的支持和指导。

（4）关注教育评价方式创新改革。不能以单一的考试成绩评价为准，应通过对学生在课堂表现、实践活动、创新能力等方面的综合评价，采用多元化、过程性的评价方式，更好地了解学生的成长与发展，为他们的个性化发展提供有针对性的指导。教师还需关注对教育数据的收集与分析，以数据为依据，不断调整教学创新策略，优化教学效果。

在此需要指出的是，学生创新素养的内涵是丰富多样的，包括独立思考能力、批判性思维、解决问题能力、团队合作精神、勇于探索和实践的精神等诸多方面。这些素养并非孤立存在，而是相互关联、相互融通、相互促进的。这就需要教师通过创新教学方法和手段，引导学生自主学习，培养他们的创新思维和审美情趣。教师应充分发挥基于学生创新素养培育的教师胜任力模型的指导作用，关注学生的全面发展，提升自身教育教学水平，培育和造就能够为国担当的创新型人才。

教师创新胜任力模型中的态度要素

山东省武城县第一中学　李双全

教师创新胜任力模型构建研究是一个涉及教师教育教学能力、创新能力和个人素质等多方面的综合研究。其中，态度因素是重中之重。一个具有积极教学态度的教师，就会用心教书育人，努力提高自身的综合素质和教育教学水平，提高教育教学的效果，进而提升教育教学质量。因而，在我们所建构的教师创新胜任力模型中，教师态度居于首要位置，它决定了一个教师的站位与高度。

一、教师创新胜任力模型研究的理论与实践依据

我们明确了态度对于教师进行创新教学的作用，在构建一个基于学生创新素养培育的教师胜任力模型时，其构建有着坚实的理论与实践依据。

（1）从理论层面来看，教育心理学、课程论、教学论等学科为我们的模型构建提供了丰富的理论资源。这些理论资源不仅为我们理解学生的认知发展规律、教学活动的实施方式以及课程的编制与实施提供了理论指导，同时也为我们认识教师在培养学生创新素养过程中扮演的角色与起到的作用提供了理论依据。

（2）从实践层面来看，多年的教育改革与实践为我们的模型构建提供了宝贵的经验。例如，新课程改革提出的"以学生为本""教师是引导者与参与者""师生学习共同体"等教育理念，以及在此背景下涌现的许多创新教学实践，都为我们的模型构建提供了实践基础。

（3）国家教育政策为模型构建提供了有力的支持。《国家中长期教育改革和发展规划纲要（2010—2020年）》明确提出，要将创新素养的培养作为教育改革的重要任务，并要求教师提高教育教学水平，创新教学方法，以更好地培育学生的创新素养。2022年版新课程标准，对此也有着明确要求。

二、态度作为教师创新胜任力核心动力的关键点

（1）积极热忱的态度：当教师对教学内容和教学过程持有积极主动的态度时，教师在教学过程中就会热情洋溢、全力以赴，不断激活学生的创新思维，学生也更容易受到激励和鼓舞，从而更加热情地投入学习中去。教师的积极性能够激发学生的学习热情，从而创造一个鼓励探索和创新的"牧场"环境。

（2）尊重和关怀：雅斯贝斯说过，教育本身就意味着一棵树摇动另一棵树，一朵云推动另一朵云，一个灵魂唤醒另一个灵魂。教育是师生的互动交流，是心灵与心灵之间的对话。教师对学生的尊重和关怀能够建立起轻松和谐的师生关系，这对于学生的个人成长和学习动力的激发至关重要。

（3）开放性与多元性：开放的教师态度意味着教师愿意接受新的想法和方法，能够根据不同学生的需求和学习风格调整教学策略，鼓励学生表达自己的观点。这种适应性和灵活性是教师胜任力的重要体现，能够促进批判性思维的发展，碰撞出创新的火花。

（4）持续学习和自我提升：教师要与时俱进，通过不断学习和适应新的教学方法，引领学生到知识的海洋中去尽情畅游，更有效地指导学生创新。教师这种终身学习的态度能够激励学生，使学生认识到学习是一个持续、动态的过程。

（5）反思和自我评估：评估+反思=成长，这个公式表明了教师在教育教学过程中所经历的发展历程。教贵有疑，疑贵有思。教师进行教学反思是进行有效教学和积极创新的必然路径，具备了自我反思能力，方能使他们从教学经验中不断学习，不断创新教学方法。

（6）沟通和合作：沟通是指教师在教学中为了达成教育目标，通过言行、文字等方式与他人交流观念、感情、思想等信息，进行交流、共享、思辨、创造。良好的沟通技巧和团队合作精神对于教师来说至关重要，有助于建立和谐的师生关系、同事关系，共同提升教育质量。

三、评估是提升教师创新胜任力的必备环节

教师的创新态度主要包括三个要素：创新意识、创新动力和创新情感。基于上述核心要素，构建以下评估指标来衡量教师的创新态度。

（1）对新教学方法和技术的接受程度：教师可以通过问卷调查、自我评估等方式表达对新教学方法和技术的接受程度。例如，教师可以评估自己是否愿意尝试翻

转课堂、在线课程等新型教学方式。

（2）参与教育改革的积极性：教师可以通过参与教育改革项目、发表教育改革论文等方式展示自己的改革积极性。这些活动能够体现教师对教育改革的关注和参与程度。

（3）对学生创新能力的培养的关注程度：教师可以通过观察学生的创新能力表现、与其他学生的交流等方式了解学生的创新能力发展情况，并反思自己的教学方法是否有助于培养学生的创新能力。

（4）创新思维和创新能力的自我评估：教师可以通过自我评估的方式了解自己在创新思维和创新能力方面的优势和不足，从而制订有针对性的提升计划。

教师的创新态度是评估其创新教学能力的重要指标之一。通过评估教师的创新态度，可以了解教师在教学过程中的创新动力和创新行为，为提升教育教学质量提供有力支持。从评估结果可知，不同教师在创新态度上可能存在差异，由此可以制订个性化的培训和发展计划，促进教师整体创新能力的提升。

参考文献

［1］张赟芳.数字素养与技能是教师立身之本——教师数字素养与胜任力提升平行会议观察［N］.中国教育报，2024-01-31（3）.

［2］李杰兰.以创新人才培养为导向城乡结合部小学教师胜任力研究［J］.精品生活，2022（17）.

创新型读写结合教学模式初探

——碎片化读写

山东省宁津县第二实验中学　宋雪芹

随着互联网技术的飞速发展，人们利用零零碎碎、边角余料的时间去阅读、去购物、去娱乐、去社交，解决了生活中的很多问题。语文教师何不与时俱进，将"碎片化"与读写结合联系起来，解决学生在作文上"没兴趣，没内容，没方法，没思路"的难题。我在教学中进行了尝试，把作文训练化整为零，进行碎片化训练，充分发掘源于教材中的可利用的点，并延伸到写作，也可以随机选择学生熟悉、喜欢的领域或内容，引导学生写作，目的是消除学生畏难情绪，激发兴趣，循序渐进。"碎片化读写"可采用三步走策略。

一、零碎写——百字以内的小零碎

（一）一种修辞造句

七年级上册第一单元中《春》一课，课后的知识补给站给出了"比喻"修辞的相关知识，结合课文内容引领学生揣摩体会"比喻"生动形象的作用。

如"春天像小姑娘，花枝招展的，笑着，走着"一句，生动形象地写出了春天的朝气与活力，"花枝招展的，笑着，走着"则写出了春天百花齐放的美丽，以及春天一步步向我们走来的勃勃生机之感。赏析"比喻"的妙用，学而习之，随堂或者课下让学生运用比喻造句，要求生动形象、有美感，三五十字，百八十字均可。不拘泥于形式，激发鼓励学生细心观察，运用联想与想象表达眼前事物的美。

（二）一个技法训练

七年级上册第二单元中《散步》一课，文中对景物描写着墨不多，仅有两处，两段文字加起来也不过70余字，但这短短几十字，为常见的散步提供了一个美妙背

25

景，字里行间透露出对生命的珍爱，衬托出一家人散步时的愉悦心情，叙述结合描写的美妙就在于此。

景物描写看似简短，实则蕴含着美妙的意境和深刻的内涵。据此训练学生体会"一切景语皆情语"的技法，并尝试用景物描写来表达情感，百八十字也可，一二百字也行，写完同学之间互评。学生会乐此不疲，兴味盎然。

（三）一句诗文延展

朱自清《春》中有"成千成百的蜜蜂嗡嗡地闹着"，鲁迅《雪》中有"有许多蜜蜂们忙碌地飞着，也听得他们嗡嗡地闹着"，这两处都化用了北宋诗人宋祁的《玉楼春·春景》中的"红杏枝头春意闹"。以此为例，训练学生借用或化用诗文来进行创新性写作。

学生作品，如那"润如油酥的天街小雨"啊，"润物无声"，不知不觉中，可曾冲淡了"花重锦官城"的浓艳？掬一捧陶渊明"东篱下"的菊花入茶，听李商隐弹奏一曲"巴山夜雨"，可曾氤氲起"乡书何处达"的无奈？

二、写片段——二百字左右的小片段

（一）一个情境

学生参加完中考体育测试后，一大堆完好无损的钉鞋、跳绳、运动短裤被弃掷在操场上，无人认领。就此现象，我设计了一道写作题："假如你是一位辛苦勤俭的母亲，面对此情此景，你心里会怎么想？大家试着揣摩此刻母亲的心理活动，写下来。"课堂上，学生联系自己的生活实际，回想起自己的行为，通过写作进行了自我反思、自我教育。

再比如，"下雨了""灯突然亮了""你来啦"等，都可以给学生们设置成情境作文，然后让他们自由发挥，内容不限，可以是心情、可以是环境、可以是故事，字数有底线，不得少于150字，多多益善。

（二）一个故事

让学生试着改写一个故事，要求发挥想象，不脱离实际，有人物语言、动作等描写，不少于200字。某同学根据曹植的《七步诗》进行了改写：

曹丕说："一步！"曹植咬着嘴唇没作声，当曹丕喊"两步！"时，曹植终于开口了，吟："煮豆持作羹。"这时两颗伤心的泪珠滴落在晶莹的汉白玉地面上，汉白玉变得不再晶莹。"三步！""漉菽以为汁。"曹丕冷冷地斜了曹植一眼，说："四步！"曹植无可奈何地仰望天穹，两行泪挂在他脸上，心如刀割，声音颤抖地答："其在釜下燃。""五步！""豆在釜中泣。""六步！""本是同根生。"曹丕把头扭向一边说："七步！"曹植叹道："相煎何太急！"曹丕一愣神，望着大理石柱，不禁潸然泪下。

（三）一件物品

引物入文是一种很好的曲笔表达作者心志的方法，教材中有大量的引物入文的例子。古代作品有《水调歌头·明月几时有》《卜算子·咏梅》等，现当代作品有宗璞的《紫藤萝瀑布》、冰心的《荷叶·母亲》，等等。其中的明月、梅花、紫藤萝花、荷叶等都是被作者引入文中的物象，作者利用这些物象进行抒情、说理、言志，委婉地表达自己的心志。据此，可让学生进行文章立意的训练，因为"千古文章意为先"。课堂上用图片展示身边最常见的事物：仙人掌、毛竹、冬青，让学生们练习立意。学生经过小组筛选，拿出佳作展示。

一花一世界，一叶一菩提。我的书包、布娃娃，爸爸的手，奶奶的眼镜，家里的自行车、电视机，往往更是不寻常的一幅画面、一段过往、一份情谊、一个期待，写出来对自己是一份记忆，对别人是一份欣赏或是一种思考。这些做法尝试可以训练学生认真观察、勤于思考、善于总结的能力，而以上能力正是写好作文必备的。

三、分而合——修改完善，连缀成篇

以上的训练内容既可以提前设计又可以随机选择其关联性强的一二内容，让学生进行再次调整，确立一个主题，尝试拼接连缀，添枝加叶，设计好开头结尾，连缀成篇，就是一篇好作文。然后，学生互批互改，取长补短，评选出好作文，教师再进行修改，优中选优，推荐给全班同学欣赏，这对于同学们来说，是一份莫大的荣耀。当然，这是一个连续的过程，这一过程需要教师的精心设计、诚心鼓励、精心指导、耐心坚持，方能守得云开见月明。

在以上环节的设计上多利用教材中涉及的知识点或其他相关的内容，叶圣陶说"教材无非就是一个例子"，有了例子就能随文学习，操作起来可行性就强；学以致用，内化为学生的写作兴趣和能力，让他们的触角伸展到教材之外、课堂之外，既是知识点的巩固，又是教材内容的延伸拓展，也符合"大语文"的理念，这也就是于漪老师说的"教材不仅仅是个例子"。

插上创新的双翼

——让读写结合之花灿然绽放

山东省武城县特殊教育中心　于东涛

《义务教育语文课程标准（2022年版）》明确要求："重视写作教学与阅读教学之间的联系，善于将读与写有机整合，相互促进。"可见，"读写整合"是提高写作能力的必由之路。以读促写、以写导读，是阅读教学与写作教学的完美融合，它符合学生的认知过程。在教学中运用读写整合的教学方式，能使学生在阅读中积累语言，并逐渐转化为自身的语言，进而运用到写作中去，对学生语文综合能力的提高具有非常重要的意义。"读写整合"，就是通过读写训练，以读促写、以写导读，提高学生的语言感悟能力和表达能力。那么，如何开展读写整合教学呢?

一、品读课文做批注

所谓批注，就是指学生在阅读过程中，把自己的所感、所思、所想、所疑以批语和注解的形式，写在书上。"批注式阅读教学"的终极目标是"学生自能读书，不待老师讲"（叶圣陶语）。

批注方法分"注"与"批"。"注"是画、圈、点、勾画、注写等。批注是把自己对文本独特的体验和感悟，用富含情感性的语言表达出来的读书方法。学生课前预习的小批注是让学生自行阅读，自己注解，自我圈评；有疑而注，有感而发，有得而写，直接在阅读材料上画上思索的轨迹，打上认知的烙印，逐步提高学生理解、感悟、欣赏、评价的能力。它是一种表达对文本独特体验的亦批亦注式学习方式，是学生个性化阅读的具体体现，是在教师指导下学生自主阅读的深化，是以书面形式表达阅读体验的阅读实践活动。在教学中，教师要引导学生抓住文中的语言精妙处或关键词句，对其进行赏析、品味，让学生从中体会、感悟作者遣词造句的精妙，通过反复的诵读、品读，入情入境，揣摩品味，才能体会到它们的妙处，才能谈得上运用。

二、活用技法出精彩

读写整合的内涵就是要在"读中学写""读后练写"。教师要让学生明白想写好作文，就必须进行大量的阅读，在阅读的过程中去领悟好的写作方法。唐代大诗人杜甫有一句名言："读书破万卷，下笔如有神。"说的就是这个道理。

新课标中明确指出，学生应该在广泛的课外阅读中积累语言知识，并在写作过程中进行应用。为了达到这一目标，完成学生语言积累的过程，教师要求学生在课外开展广泛的阅读活动，并将阅读过程中学习到的写作技巧记下来，时常进行阅读和翻看。在不断的复习中，学生会逐渐将这些语言进行记忆，并形成自己的语言，从而达到语言积累的目的，在写作时便可以将这些写作方式迁移到自己的写作中去，实现写作能力的提高。

三、结合体验做改写

就是在原文的基础上，结合生活体验，改变文章的体裁、结构或叙述方法等，充分发挥想象，对原文进行重组、加工的一种训练形式。如《范进中举》，我曾让学生改写：正当全部人都在为范进庆贺时，送报帖的差人又急匆匆赶回来了，并收回报帖说："错也，错也。此范进乃邻村范进。"请合理想象当时人们的心理、表现，然后改写接下来的故事。那堂课，学生兴致盎然，展示环节精彩纷呈。

我们提倡写真，真实的美来源于生活体验。"生活就如源泉，文章犹如溪水，泉源丰盈而不枯竭，溪水自然活泼地流个不歇。"叶圣陶先生的话，形象地说明了生活与作文的关系。作文和生活是不分家的，没有平时的悉心观察、体验，就写不出有真情实感和鲜活的、有灵性的文章。

四、创设情境巧补白

课文常因表述的需要而对某些内容有所省略或进行概括描写。补白，通常是针对文本的这些空白点或生发点，引导学生依据课文情节内容，结合生活体验，展开想象的翅膀去充盈、去丰富，合理地补上课文中言语的空白、情感的空白以及意境的空白。

在《皇帝的新装》里，我为学生设计了这样一个训练活动：作者对故事结局的描写，留给读者很大的想象和思考的空间。皇帝在游行大典完毕后回到宫里，他会怎么做呢？请展开想象的翅膀，为童话故事写一个别致的续篇。同样，在教学《孔乙己》《故乡》《社戏》等课文时，我都抓住了文中主人公的关键性语言，引导学生想象补白，巧妙利用每一篇课文的"空白"，挖掘训练"泉眼"，见缝插针地引导学生进行个性小练笔，把写作训练化整为零，化难为易，使学生轻松放飞写作的灵感，提高写作能力和水平。

五、抓兴奋点写感悟

在语文教学中，让学生阅读的同时，还要引导他们把读书笔记积累在一起，与随笔相结合，建立开放式的作文素材库，促使学生阅读和作文双丰收。要求他们在读完一篇好文章后，都要写读后感，通过写读后感，学习好的写作方法，使自己的写作水平得到提高。要达到读写的完美结合，关键在于教师要深度挖掘文章的精髓，找准读写训练点，抓住学生的兴奋点，捕捉学生的真切感受，拓展写的空间，让学生勤于动笔，乐于动笔。何谓兴奋点？即文本中的描写动情处、词句优美处、生动有趣处、思维创新处。这些兴奋点可以成为读写训练点。简而言之，即情动笔动，文从心来。

六、用好单元来习作

教师在安排每个单元的读写练习时，一定要有效地运用各个单元的这些训练，联系学生的实际生活，使学生想说就说，学会表达自己的观点和看法。

在学习的过程中，可以凭借教材，以阅读为基础，把握课文的文路，理解内容，领会课文中的写作方法。等到在单元训练中教师让学生写类似的文章时，他们就能很轻松地按照写作方法写出自己的习作。可见，以单元为块，训练学生的读写整合，是一种很好的训练方式。阅读是输入，提高语文能力；写作是输出，表现语文能力。阅读和写作是互为补充、互相促进的。我们的语文教学就是要让学生认识阅读和写作的关系，以读促写，以写促读，读写并重，方能全面提高学生的语文素养。

"读写整合"不仅是《义务教育语文课程标准（2022年版）》倡导的教学理念，也是提高学生语文实践能力的一种手段。因此，我们应拓展读写结合的形式，丰富读写结合的内容，为学生搭建语言实践的平台，让"读写整合"之花在语文课堂上绽放，让语文课堂成为提高学生语文素养的主阵地。

精细·创意·个性

——培智学校阅读与写作创新路径探究

山东省武城县特殊教育中心　于东涛

对于特殊教育学校的孩子来说，他们面临着不同于普通学生的一些困难与挑战，因而探寻阅读与写作创新路径对于特殊学生来说具有更加重要的意义。特殊学生的阅读与写作创新能力培养，需要教师在阅读与写作教学中实施更加精细化、个性化的教学策略。阅读与写作往往是同时发生、延展、成长的，因而教师要重视读写的"共生性"，营造一片广阔开放的"生态牧场"，读写联动，读写整合，最终实现言语生命的丰盈和充实。创意读写，能够丰富学生的内心世界，拓宽他们的视野，有助于学生表达自己的想法和情感，提高他们的学习效果和综合素质，增强他们的沟通能力和自我认知，为他们将来融入社会奠定一定的基础。

在我国特殊学校小学阶段，阅读与写作教学面临着诸多挑战。首先，由于特殊学生的认知、沟通和行为能力受限，他们在阅读与写作过程中容易产生畏惧感和挫败感。其次，特殊学校的师资力量相对薄弱一些，教师在阅读与写作教学方面缺乏有针对性的方法和策略。再次，教学资源和设施也相对匮乏，无法满足特殊学生的个性化需求。最后，学校、家庭和社会对特殊学生阅读与写作能力的培养重视程度不足，导致他们在这一领域的成长受限。针对以上分析，我们应注重学生个体差异，采用有针对性的教学创新策略，激发学生的写作兴趣，提高他们的写作能力，通过多元化的教学资源和创新手段，使特殊学生的阅读与写作能力得到有效提升。

一、培智学校阅读与写作教学创新策略探讨

特殊学生往往对细节非常敏感，教师在传授知识前应先与孩子们建立良好的情感联系，通过关心和爱护学生，帮助他们建立学习语文的情感基础。为提高特殊学

生的阅读与写作能力，教师需要深入生活，合理整合各类教学资源，为创新教学提供有力的支持。

在阅读与写作教学中，应该注重两者的相互融合：通过阅读优秀的作品，学生可以学习到不同的写作技巧和表达方式；通过写作实践，学生可以更深入地理解阅读材料中的内容和思想。在教学中，可以将阅读材料作为写作的素材、灵感来源，或者将写作任务与阅读材料相联系，创造轻松愉悦的教学环境，激发兴趣，指导方法，展示创意，开展评价，让语文读写有动力、有蹊径、有创意，鼓励学生表达自己的真实想法，增强学生自信心，促进师生及生生之间的互动，实现阅读与写作能力的相互促进，共同提高。教师在实施这些策略时，应充分考虑到学生的特殊需求和个体差异，尊重学生的个性，根据学生的接受能力和学习状态，灵活运用不同的教学方法，制订个性化的教学计划，发挥学生的主观能动性，提高教学的灵活性和有效性，以实现最佳的教学效果。

语文离不开现实生活，将语文教学与学生的生活实践紧密结合，通过实践活动让学生接触自然和社会，让学生在实际生活中应用所学知识，提高自身语文的实际应用能力，能增强学生的感知和实践能力。这些策略不仅有助于提高特殊学生的语文阅读与写作能力，还能促进他们的全面发展，帮助他们更好地适应社会。

二、阅读与写作教学资源的整合与应用

在阅读与写作创新教学中，优化教学资源的整合与应用至关重要。学校和教师需要为学生提供丰富多样的阅读材料，包括但不限于绘本、童话、寓言、视频等，以满足他们在阅读兴趣和认知水平上的需求。同时还应为特殊学生提供电子阅读设备，让他们能够便捷地获取网络资源，拓宽阅读渠道。

由此，教师应充分利用网络资源，为学生提供优秀的在线阅读平台和写作教程。这些平台和教程应具有互动性、趣味性和针对性，以激发特殊学生的学习兴趣，提高他们的阅读与写作能力。同时，教师还可以利用社交媒体、教育APP等工具，与学生、家长保持密切沟通，了解学生的学习进度和需求，为教学提供有力支持。

开发校外教育资源同样关键，教师可以邀请家长、社会爱心人士等参与到特殊学生的阅读与写作教学中去。例如，组织家长志愿者为孩子朗读、分享阅读心得，举办亲子阅读活动，促进家校共育。同时，与社会机构、公益组织合作，邀请专业人士为学生提供写作指导，或开展主题讲座、实践活动等，丰富特殊学生的阅读与写作体验。

尤为重要的是，教师还需关注特殊学生的心理健康，为他们提供心理支持和情感关怀，这包括关注学生在阅读与写作过程中的困惑、焦虑等情绪，及时给予其指导和鼓励，帮助他们建立自信心。还要注重培养学生的团队协作精神和人际沟通能力，让他们在合作中感受到阅读与写作的乐趣，提高他们的社会适应能力。

三、阅读与写作创新教学效果评估与反思

培智学校阅读与写作教学效果的评估与反思是提升教学质量的关键环节。评估应注重将过程性与终结性相结合，既要关注特殊学生在阅读与写作过程中的成长，也要关注他们在课程结束时的成果。具体而言，过程性评估可以采用课堂观察、学生自我评价、同伴评价等方式，终结性评估可以采用作品展示、测验、考试等手段。

在评估过程中，教师应充分关注特殊学生的个体差异，尊重他们的发展速度和路径，针对不同学生制定多元化评估标准，避免整齐划一。教师还需特别关注学生在阅读与写作过程中的情感态度，激发他们的学习兴趣和动力。

教学反思是创新教学中不可或缺的一环。反思的内容包括教学目标是否明确，教学方法是否有效，教学资源是否充分，学生需求是否得到满足等。教师应在教学实践中不断反思自己的教学方法、策略和资源整合情况，通过深入剖析自身教学，教师可以找出存在的问题，及时调整教学策略，提高特殊学生的阅读与写作能力，以提高教学实效。

总之，培智学校阅读与写作教学效果的评估与反思对于提升教学质量具有重要意义，通过关注学生个体差异，制定合适的评估标准，进行教学反思以及加强教师培训和交流，培智学校的阅读与写作教学质量将得到持续提升，这将为特殊学生提供更好的创新环境，助力他们的成长与发展。

基于"教—学—评"一体化的
写作教学创新策略

山东省武城县第七实验小学　刘秀红

在新媒体时代，语文写作教学面临着前所未有的挑战与机遇。挑战在于网络信息的爆炸式增长使得学生接触到海量信息，这使得写作的方式和载体发生了翻天覆地的变化，在教学过程中需引导学生正确运用新媒体语言和表达方式。机遇则在于新媒体为写作教学提供了丰富的教学资源和便捷的教学手段。教师应紧跟时代潮流，创新教学方法，实现"教—学—评"一体化，以提高写作教学质量。"教—学—评"一体化教学理念强调教学、评价和反馈三个环节的紧密结合，旨在实现教学目标的有效达成。在此教学理念下，教师需关注学生的写作过程，从选题、构思、写作到修改提升，对学生进行全方位的指导、评价和反馈，明确教学目标，创设多样化的写作情境，引导学生进行自我评价和多方评价，培养其主体意识和创新思维。

一、写作课堂"教—学—评"一体化的理论与实践

"教—学—评"一体化教学理念的内涵主要包括以下方面：以学生为主体，关注个体差异，尊重学生的兴趣和特长；强调师生互动，教师与学生共同参与教学过程，激发学生的主动性和创造性；重视写作实践，鼓励学生多写多练，不断提高写作能力；注重评价的多元性和综合性，既关注写作成果，也关注写作过程。

创新实践是实现"教—学—评"一体化的关键环节。在教学设计中，教师要关注学生的个性化需求，充分调动学生的积极性。具体实施步骤如下：引导学生进行素材积累和选题构思，培养学生的观察力和思维创新能力；组织课堂讨论，激发学

生的兴趣和思考，为写作提供素材和思路；写作实践，让学生在实践中摸索规律，提高写作技巧；评价与反馈，教师要针对学生的写作问题提出具体的修改建议，引导学生进行修改。

通过"教—学—评"一体化的创意实践，写作教学取得了明显效果。学生在写作兴趣、写作能力、创新思维等方面均得到了有效提升。然而，这一创新实践也面临着诸多挑战，例如建设教师队伍、整合教学资源、完善评价体系等，这是我们需要直面的一项重要课题。

二、写作课堂"教—学—评"一体化的创新策略

在新媒体时代，为了更好地适应时代发展，实现"教—学—评"一体化，教师需创新教学策略，激发学生的写作兴趣，提高其写作能力。具体方略如下。

（1）创设多样化情境，激活创造性思维。教师根据学生的实际情况和需求，设计富有挑战性和吸引力的写作题目，让学生在真实生动的情境中展开写作。同时通过组织各类写作活动，例如快乐随笔、诗文比赛、主题班会等，引领学生在生活实践中感受写作的乐趣，提高写作积极性。

（2）利用信息化手段，搭建互动式环境。鼓励学生利用网络资源进行素材积累和交流，拓宽写作视野，运用在线写作平台、微信公众号、QQ群等工具，与学生进行实时交流，开辟丰富多彩的展示平台，融入多元文化元素，拓宽写作视野，分享写作资源和创意技巧，激发学生的创作灵感，让学生分享写作的精彩与快乐。

（3）关注个性化需求，实施差异化教学。教师要充分了解学生的写作水平、兴趣和特长，制订有针对性的教学计划，实施个性创意方案。在写作指导过程中，注重培养学生的观察力、思维力和创造力，引导学生发挥个性优势，形成独特新颖的写作风格。

（4）强化过程性评价，进行全方位反思。教师要关注学生的写作过程，注重过程性评价和多元化评价，从选题、构思、写作到修改提升，全方位地对学生进行指导、评价和反馈。通过引导学生进行深度反思，激发他们的主体意识，培养其批判性思维和自我调整、提升能力。

（5）开展合作式教学，提升课堂参与度。组织学生进行小组讨论和合作写作，让学生在互动中取长补短，同时引导学生进行互评互改，让学生学会倾听、尊重他人的意见，提高评价的客观性和多元性。将团队合作融入教学活动中，激发学生的写作兴趣和竞争意识，提高写作水平，培养团队协作精神。

（6）提高专业化素养，践行教学新理念。教师只有自己具备了创新素质，才能培育出富有创新活力的学生。要想站好讲台，教师就要与时俱进，通过参加培训、教学研讨等活动，不断更新自己的教育观念，掌握先进的教学方法和手段，真正提高自己的教育教学能力。这将为有效实施"教—学—评"一体化提供有力的支持。

三、"教—学—评"一体化在写作教学中的实证研究与效果分析

"教—学—评"一体化在写作教学中的应用，旨在提高学生的写作水平和创新能力。为验证这一效果，我们进行了一系列实证研究。在研究中，我们选取了多个年级的学生作为实验对象，采用随机分组的方法，将他们分为实验组和对照组。实验组采用"教—学—评"一体化教学模式，而对照组则采用传统的写作教学模式。我们发现实验组学生在写作兴趣、写作能力、创意写作等方面均有明显提升，具体表现在以下几个方面。

（1）实验组表现出更高的写作积极性。在新媒体时代，学生接触到海量的信息，容易导致其注意力分散。而一教一学评一体化实践通过创设多样化的写作情境、组织有趣的写作活动等方式，激发了学生的写作兴趣，使他们更愿意投入写作过程中。

（2）实验组表现出更持久的内在驱动力。"教—学—评"一体化实践关注学生的个性化需求，鼓励他们在写作过程中发挥主动性，从而激发了学生的写作动机，使他们不再将写作视为一项负担，而是为了表达自己的想法、观点和情感，乐于与老师、同学和生活进行心灵的对话。

（3）实验组表现出更"亮"的言语创造力。"教—学—评"一体化实践注重学生的写作过程，鼓励创新，从选题、构思、写作到修改，全方位地进行指导、评价和反馈。这使得学生在写作过程中不断积累经验，掌握写作技巧，突破思维定式，从而提高了写作和创造能力。

（4）实验组表现出更强的表达自信心。通过实验组和对照组的对比分析，我们发现实验组学生在写作评价方面具有明显优势。"教—学—评"一体化实践强调评价的多元性和综合性，既关注写作成果，也关注写作过程。这使得学生更加关注自己的写作进步和成长，增强了言语表达的自信心。

写作"教—学—评"一体化取得了明显的实证研究效果，为提高写作教学质量提供了有力支持，但也存在着诸多不足，需不断对其进行探索、改进，以应对时代发展的挑战。《义务教育语文课程标准（2022年版）》强调以核心素养为导向，写

作"教—学—评"一体化不仅关注学生的知识积累，更关注学生的情感、态度和价值观，注重学生综合能力的培养和创新素养的养成。为了进一步提高写作教学的效果和质量，我们要紧跟时代发展，不断探索和创新教学方法，将创意写作更好地融入"教—学—评"一体化教学实践之中。

参考文献

［1］刘月.小学语文写作教学创新策略探究［J］.安徽教育科研，2023（28）.

［2］王银修.小学语文阅读写作一体化的教学研究［J］.文渊（小学版），2021（6）.

［3］刘玉铤.小学语文阅读写作教学一体化探究［J］.课外语文，2018（18）.

核心素养视域下创意写作模型构建

山东省武城县第七实验小学　刘秀红

在教育改革的大背景下，核心素养视域下的创新写作受到广泛关注。这里所谈的创意写作，主要体现在写作方式、创作思路、语言运用、评价方法的创新上，不仅能提升学生的语言表达能力，还能培养学生的审美情趣和人文素养，唤醒学生沉睡在心中的那位"创造大师"。然而，当前创新写作教学仍面临诸多挑战，一些教师对核心素养的认识不足，导致其写作教学过于注重技巧而忽视了学生创新素养培育。写作课程的设置过于单一，无法满足学生个性化的学习需求，忽视了写作过程的重要性与写作素养的提升。由此，击破传统写作教学的壁垒，构建核心素养视域下的创新写作模型，成为写作教学的必然。

一、创新写作面临的挑战

创新写作在实际教学过程中仍存在诸多挑战：很多教师在写作教学中追求短效，这在很大程度上限制了学生的思维发展，使他们难以在写作中展现个性和创新精神；整齐划一的命题要求和教学模式，使学生在面对不同写作任务时，难以发挥自己的优势和特长；评价体系过于强调分数的重要性，而忽视了写作过程的重要性与写作素养的提升。这种以结果为导向的评价方式，使学生在写作过程中缺乏持续的动力和信心。

随着互联网的普及和信息爆炸，学生在写作过程中容易受到网络信息的影响，导致其写作内容浅显、缺乏深度。快节奏的生活方式，使学生越来越依赖于碎片化阅读，这影响了他们的文字表达能力，导致写出来的文字索然无味，缺乏鲜活灵动之气。在这样的背景下，如何引导学生在写作中保持独特的见解和深刻的思考，成为亟待解决的问题。

学生在写作过程中的心理压力也不容忽视，这一点往往容易被教师忽略。面对单调的写作题目、有限的写作时间、沉重的写作任务，许多学生会感到焦虑和无助，担心自己的表达能力和创意灵感无法得到认可。这种心理压力可能导致他们对写作产生畏惧和抵触情绪，进而影响写作效果。因此，教师在教学过程中需要关注学生的心理需求，创设一个宽松、自由、开放的"牧式"写作环境，帮助他们释放自身潜能。在此基础上，探索核心素养视域下的创新写作模型构建，将为提高写作教学质量、培养具有创新精神的一代新人奠定坚实基础。

二、创新写作模型构建的理论依据

在创新写作模型的构建过程中，相应的理论指导至关重要。我们从教育心理学、认知心理学中寻到相关依据，为写作创新教学奠定了坚实基础。

（1）教育目标分类的理论。布卢姆的这一理论将教育目标分为知识、领会、运用、分析、综合和评估六个层次，明确了写作教学的目标层次，为写作创新教学提供了清晰的路径。由此，我们可以帮助学生明确写作方向，激发思维的火花，从而培养学生的创新意识和高阶思维，构建全新的自我评价体系。

（2）认知发展理论。皮亚杰的这一理论强调认知发展是一个不断建构、调整的过程，写作教学应遵循这一规律，引导学生逐步提升写作能力。借鉴皮亚杰的认知发展理论，我们可以引导学生进行阶梯式写作，让学生在不同认知发展阶段进行相应的写作实践，这为创新写作提供了有益启示。

（3）社会建构主义的理论。该理论强调个体在与他人互动、协作中建构知识，鼓励学生与他人开展合作与交流。建构理论在写作创新教学中的应用也不容忽视。在写作过程中，学生可以相互交流、分享，进行合作、探讨，从而打开思路，丰富写作的内容，提高写作质量。同时，社会建构主义理论强调多元智能的发展，鼓励学生发挥各自的优势和特长，为写作教学注入活力与生机。

（4）情境化学习相关理论。该理论认为，学习是在特定情境中进行的、发展的、变化的，写作教学应关注现实生活，引导学生从生活中挖掘写作素材。这是基于生活的生命教育，与牧式教育理念相融相通。通过创设情境，可以激发学生的灵感，使他们更容易全身心地投入写作实践中去。

在网络化时代背景下，信息技术在写作教学中的应用也成为一个重要部分。利用互联网资源，学生可以便捷地获取信息、拓展知识面。同时，信息技术可以为学生提供丰富的写作素材和创意灵感，激发他们的创新精神，使写作变得丰富多彩、活力四射。综上所述，核心素养视域下的创新写作模型构建有着坚实的理论依据。我们需要灵活运用这些理论，在写作教学中牧养学生心灵，从而培育他们的核心素养。

三、创新写作模型的构建策略

核心素养视域下的创新写作模型构建，旨在将核心素养融入写作教学，为学生提供更加个性化、多元化的写作路径，为培养具有创新精神、批判思维、人文情怀的新一代人才提供助力。为了实现这一目标，我们需要从以下几个方面实施构建策略。

（1）丰富课程内容，满足学生多元化的需求。在课程设置上，应涵盖各类文体的写作，例如童话、剧本、诗歌、评论等，同时融入跨学科的元素，例如科学幻想、数形画意、古韵新声、社会调查等。此外，还可以根据学生的兴趣和发展需求，开设诗歌鉴赏、戏剧创作等特色课程，激发学生的写作热情。

（2）强化写作过程，关注学生的探究与实践。在写作实践中，教师应引导学生进行深度阅读，培养他们的信息提取、分析与整合能力；关注学生的思维过程，启发他们从不同的角度审视问题，激活创新思维，同时鼓励学生进行自我修改、反馈、提升的循环过程，以提高写作质量。

（3）引导关注生活，挖掘现实中的写作素材。教师可以创设生活情境，引领学生走进大自然进行观察，组织学生参与各种研学活动，例如进行实地考察、名人访谈等，让学生深入了解社会现象和人性百态。这样的实践活动，不仅有助于学生积累写作素材，还能培养他们的社会责任感和批判性思维。

（4）改革评价体系，关注学生核心素养发展。评价指标应从单一的分数转向过程与结果并重，强调学生在写作过程中的努力与进步、创意与精彩。同时评价方式应多样化，既包括教师评价，也包括自我评价、学生互评等。这样的评价体系，有助于培养学生的主体意识和创新思维。

四、创新写作模型在实践中的应用与价值

在教育改革的大背景下，核心素养视域下的创新写作模型构建具有重要的实践应用价值。这一模型将核心素养融入写作教学，关注学生的个性化发展，培养他们的创新精神、批判性思维和人文素养。在实际教学过程中，这一模型展现出明显的教学效果。

（1）在课程设置方面，核心素养视域下的创新写作模型注重多元化、跨学科的课程内容，能满足学生不同的兴趣和发展需求。这种丰富多样的课程设置有助于激发学生的写作热情，培养他们的综合素质。

（2）在教学方法方面，这一模型强调对写作过程的教学，关注学生在写作中的思考、探究与实践。通过进行深度阅读、开展社会实践活动等途径，激发学生的创新思维、批判性思维，使其写作质量得到提升。

（3）在评价体系方面，创新写作模型关注学生言语生命的成长，实现了从单一分数向过程与结果并重的转变，这种评价方式有助于激发学生的写作热情，培养他们的主体意识和创意思维，使学生更加关注自身在写作过程中的成长与进步。

（4）在技术运用方面，新媒体技术为这一模型在实践中的应用提供了有力支持。通过网络平台等工具和大数据分析等手段，教师可以实现对学生写作过程的精准诊断和个性化指导，从而创新展示手段，及时反馈，提高写作教学的实效性。

核心素养视域下的创新写作模型构建是一项系统工程，涉及对学生写作创新能力培养的全面规划，需要不断对其进行探索和实践。通过实施具体的构建策略，我们为学生提供了一个更加开放、自主的写作环境，培育他们的创新精神和核心素养。尤其是在激发创意和情感融入方面，我们营造了一个写作"牧场"，鼓励学生从日常的生活中寻找灵感，发挥想象，表达真实情感，提升写作的表现力与感染力。当然，构建语文创新写作模型任重道远，需要教师、学生、家长和社会的共同努力。我们将通过不断的实践和反思，逐步对其进行完善和优化，以促进学生写作创新能力的有效提升。

参考文献

［1］陈笑棉.小学语文写作有效教学策略探析［J］.教育，2023（24）.

［2］陈美.小学创新作文教学实施策略研究［J］.新作文：教研，2020（2）.

学而知　习而行　悟而明

——牧式教学写作创新的"三个层次"

山东省武城县老城镇中心小学　韩国英

牧式语文下的写作教学立足学生本位，关注学生言语生命的成长过程，以"学得"为基础，以"习得"为台阶，以"悟得"为最高境界，用开放式、原生态的绿色写作来代替传统的写作教学，解放学生的大脑和心灵，引领他们独立思考、大胆想象。通过自由对话、沟通互动的方式，创设情境，激活课堂，增强内在驱动力，顺应学生的心灵需要，引领他们自悟、自得，悟出写作的真意，一步步到达更高的层次和境界。

可见，写作学习可分为三个层次：第一层次是写作概念和规律，这个阶段主要学习写作的基础知识，通常采用"学得"的方式；第二层次是写作知识的实践和运用，即把作文知识内化为表达能力和写作素养的过程，与之相应的学习策略就是"习得"；第三层次，即真正具有生长与发展意义的则是在真实的写作情境中心领意会、融会贯通，获得关于写作的个性经验，这是学生与文字碰撞时产生的"意义体系"，与之相应的学习境界是"悟得"。学得、习得、悟得，是写作教学的三个阶段，明确它们的各自特征和内在联系，便于我们认识写作教学的一般规律，进而采取相应的教学策略，使作文教学做到有的放矢，水到渠成地达成既定目标。

一、学得——知的层次

"学"的古字为"學"，上半部的"爻"，比喻天地万物运动变化、生生不息的规律。"爻"两边各加一"手"，有"手把手"的意思。具体到写作，可以理解为，通过"手把手"传授知识，让学生"学得"写作的基本概念和写作规律。与"学"相对应的是知识，"学而知之"作为作文学习的第一阶段，要指导学生掌握作文的基本概念和一般规律。

这一阶段主要立足于教材中的课文，引导学生从经典文本中学习写作的技巧，尤其倡导采用群文阅读的方式，进行阅读与写作的整合教学。例如，讲"景物描写"这一写作点时，可以结合《驿路梨花》《孤独之旅》等课文中的景物描写，引领学生体会景物描写的渲染、烘托作用，感知文中的抒情色彩和诗情画意，使学生懂得景物描写的表达效果。讲"托物言志"这一技法，可以整合《紫藤萝瀑布》《心田上的百合花》等文章，反复诵读，巧妙引导，使学生在一物一景中听见回荡的心声，发现字里行间闪烁着的哲理的火花。由此可见，教师不必一味地强化概念和理论，要善于激发学生的主观能动性，从现象走近规律，从阅读引向写作，以读促写，读写一体，促使学生不断获得新的知识、掌握新的本领。

二、习得——行的阶段

《说文解字》中对"习"的解释是："习，数飞也。"即小鸟反复试飞的意思。这里有两层含义：一是反复训练，二是运用践行。具体到写作教学，意为学生不能只靠写作概念和原理就学会写作，而是要把相关理论运用到实践中，亲自投入写作的情境中去，经过反复训练方能运用自如。这在本质上和小鸟试飞、鱼儿游泳一样，都是一种立足于实践的"体验性获得"。

对于"学得"而言，"习得"是更高一级的学习方式，其核心在于实践和体验，包括对技法的反复训练、对文字的用心品读、对作品的反复修改、对生活的真切体悟等。例如，学习朱自清的《背影》时，引导学生用"这是_____的背影"这一句式自由言说，组成排比句式，增强情感色彩；学习韩愈的《晚春》、刘禹锡的《秋词》，引导学生选取一年四季的特定景物构成意象，创作小诗表达心中之情，由此训练借景抒情的写作技法；学习描写景物，引导学生观察、倾听、嗅闻并触摸一片落叶，从多角度、多侧面进行描写，构成虚实相生、情境交融的意境。像这样浸润其中反复练习，从而不断丰富学生的生活体验，提升他们的写作技能，就是"习得"的教学策略，也是学生把写作知识转化为写作素养与能力的必经之路。一旦转化成功，学生就会形成稳定的写作能力和语文素养，为"悟得"奠定了良好基础。

三、悟得——明的境界

悟，本为"明心见性、发现自我"之意，这里有"觉醒、明白，内心获得深知"的意思。与"习得"相比，"悟得"是更高级的学习阶段。即学生全身心投入写作情境中，通过探究、研磨、感悟等方式去获取独特的个人体验，靠自己的本心获得写作的顿悟。这个过程隐含着写作的秘诀，用叶圣陶的话来说就是"鸣出内心的感受"。

古今中外的精彩篇章，无一不是作者"自悟自鸣"的结晶。牧式教学下的写作，创建了开放式写作教学体系，使写作面向生活，在内容、情感、思维、表达、文体、评价等方面全面开放，旨在因势利导，收放自如，引领学生达到"悟得"的境界，起到"不叩而自鸣"的效果。例如"写境言声"实验，把情境教学法应用到作文教学中，激发了学生的想象能力和创造能力。"随心所语"教学，从学生已有的认知经验和情感需要出发，使作文教学达到"易于动笔、乐于表达"的美好境界。"诗遇上歌"创作，绘画与音乐联手，诗意与哲理齐飞，更是自我的发现、内心的升腾、灵性的开启，给写作教学一个全新的注释，引导学生进入空灵纯净的"精神世界"。一个人处于"悟得"之境，往往会灵感迸发而出佳作，所谓妙手偶得，浑然天成，就是这个道理。"偶得"是写作所追寻的至高境界。《红楼梦》中，香菱写诗能够"梦中所得"，就是学诗成功的典例。

其实，教师的教同样也有三重境界。一名优秀的教师，不能只是引导学生在写作知识的表面滑行，更重要的是和学生一起回归到广阔的生活中去，回到师生共同创造的情境"场"中去，和学生一起体验、一起感悟、一起写作，把那些隐藏在写作中的智慧、哲思、诗意等生命的亮色一点点发掘出来。"风过自无痕，花开犹留香"。牧式教学下的写作，就是师生怀着创作的热情，一起游牧在绿草茵茵的原野之上，向着"悟得"的境界行进，在一个自由、开放、诗意的广阔空间里纵情歌吟。

情境相融，语出随心

——浅谈情境式写作教学的创新策略

山东省武城县第一中学　李晓倩

我们当下的语文读写课堂，学生的读写思维存在固化，思路打不开，写出来的文章缺失生机与活力。基于此，创设可以激发学生读写的情境，激发学生读写的内在驱动力就显得极为重要。情境式教学，就是一种有益尝试。教师根据课堂需要创设恰当的情境，使学生如见其人，如闻其声，如临其境，师生在这情境相融的课堂氛围中进行教学活动，实现学生自主探究，主动表达，达到快乐学习的目标。

一、阅读情境，让学生语出随心

语文读与写情境的创设其实就是语文文化环境的创造，这种情境要基于学情和教学内容，体现语文读和写的本质。教师创设开放而自由的思维空间，让学生能深入文本中去，仿佛自己置身其中，只有这样，学生才能入情入境地感受作者所处的环境，切身地体会人物的细微情感。这种情境的创设，会对学生的思想观、价值观产生持久而深远的影响。

《散步》一文，作者采用了以小见大的手法，将"散步"这个小事，放置在南方树芽初探、河冰消融的春天，这个大环境本身就很有意境。所以在教学时，我让学生抓住文中的景物描写部分，仔细品读，再辅之图片、视频和音乐，学生便写出了如诗的语句：金色的油菜花，整齐的桑树，咕咕的水泡，春的使者们，在阳光下闪耀。/天空中飘着几只风筝，孩童的嬉闹声，回荡在绿茵茵的草地上，生命之歌在奏响……

在创设情境时，一定要着眼教学目标，使情境与目标保持一致，情境应服务于目标，体现语文教学读写目标的落实。有效创设情境，才会让学习在课堂上真实发生。

二、写作情境，让学生语出随心

美国认知心理学家威林厄姆提出："我们不是天生的杰出思想者，除非认知环境符合一定的要求，否则我们会尽可能地避开思考。"这告诉我们，认知环境会直接影响学生思考，且至关重要。如何营造适合学生的认知环境呢？开放而有活力的读写情境必不可少。

在教材的编排上，编者更是把对学生读写的训练放到了重要位置，初中语文整篇的写作有96篇，活动·探究、单元小训练等处的写作训练有200篇之多，这就为教师提供了很好的写作训练点。教师要充分利用好这些抓手，创设恰当的情境，在情境中使学生产生一定的情感反应，让学生想说、想写，敢说、敢写。

例如，七年级上册第一单元写作主题是"热爱生活，热爱写作"，这一单元所选的文章语言优美，描绘了多姿多彩的四季之美，抒发了热爱生活、亲近自然的情怀。写作时，我们可以从选文出发，创设情境，由情境引到现实，引导学生说细节，谈感悟，写场景。

三、生活情境，让学生语出随心

爱因斯坦说："教育应当使所提供的东西，让学生作为一种宝贵的礼物来接受，而不是作为一种艰苦的任务去负担。"语文教学离不开生活，教师应通过创设生活情境，激发学生阅读与写作的欲望，这个情境要在了解学生认知水平的前提下联动学生的认知，不要让学生有陌生感。情境不是无意识地为了情境而设，而是为了让学生在情境中产生认知、感情和共鸣，只有这样才能实现高效读写，促进学生良好读写习惯的养成，助力学生成长。

作为一所乡村中学，我们的学生大部分住校，很少和父母交流。有的学生还是留守儿童，与父母的交流就更少了。结合学生的心理特点，我设计了一堂情境再现课——"家"。伴随着优美的旋律，一节课开始了，课堂上学生们走上讲台描述了自己家的样子（没了棱角的瓦，被烟熏得漆黑的房梁，黄中透白的墙，木栏窗，温暖的土炕，院中果子香，院后树成行……），讲述了家中发生的事情（我的妹妹是一个无敌小可爱，总是让你哭笑不得。我最怕她的"糖衣炮弹"，在这个"武器"面前我没有丝毫的抵抗力。小小的妹妹，小小的天使，她，萌化了我的心……），表达了对父母的感激（小时候，每次喝水妈妈都会习惯性地给我吹几下，虽然只是一个小小的动作，但这份情却远远重于一杯水……），抒发了对家人的思念（我常痴痴地凝望南方的夜空，想象他们在外打拼的情形，期待着下一次的相聚……），让学生在情境中体会生活百味，主动地去发现、去创新。我想，这才是语文最真实的模样。

四、日常情境，让学生语出随心

新课标提出："回归生活、感知生活、享用生活、发展生活。"语文的外延和生活的外延是相等的，真实的情境可以让学生的知识和能力外化，在运用、品悟中得到锤炼，从而进行新的知识建构，学生的能力也随之跃升。

生活处处都是语文。小日常即课堂，大树下是课堂，小草旁也可以是课堂；校园可以是课堂，田间也可以是课堂，这些真实的情境都可以被加以运用。可以让学生闻花的香，听风的响，可以看花草，也可以尝瓜果……总之，所有小小的日常都可以作为教学的课堂。在这样的课堂上，学生与自然融为一体，他们的眸子是亮的，他们的笑是由衷的，他们的话语是传神的，他们写出来的句段是有生命的。在他们眼里蒲公英是美丽的，寓意着自由和希望，朵朵黄色的花尽情绽放，像狂野的孩童一样。路边的野花也成了学生们笔下的常客，"他们尽情绽放自己的生命，淋漓尽致地放射生命的光芒，最终脱颖而出。人亦如花，人世间万物皆同理"。

总之，语文课堂情境的创设应是多样化的，学生应是轻松愉悦的，读与写应是积极主动的。语文课堂的视野不应该仅仅停留在文本和课堂上，还应该放眼生活中的点点滴滴，放眼社会，情系家国。只有这样才能更有效地创设恰当情境，提升学生的读写能力，提高学生的综合素养。

初小语文课程衔接的创新策略

山东省武城县特殊教育中心　于东涛

在当前教育改革大背景下的教学，不仅需要关注教学内容的传递，更要重视学生语文素养的全面提升。小学与初中的过渡衔接，正是这一教育理念转变的体现。良好的过渡衔接有助于学生在新媒体环境下实现学习的平稳过渡，为学生的终身发展奠定基础。因此，对小学与初中过渡衔接的研究，具有重要的现实意义。

在过渡过程中，应关注教学资源的整合与运用，注重知识体系的构建、能力的培养以及新媒体资源的利用，以实现教学效果的最优化。

一、小学语文与初中语文教学内容的过渡分析

小学语文教学方法以生动活泼、富有童趣为主，注重培养学生对字词句篇的基本认知和兴趣。而初中语文教学方法则更加注重知识体系的构建，强调对学生阅读、写作、口语等能力的培养。教师要善于利用新媒体手段，创设生动、有趣的教学情境，使学生在轻松愉快的氛围中实现语文学习的过渡。教学方法的过渡可从以下几个方面进行。

（1）注重激发学习兴趣。教师可以运用丰富的教学资源，创设生动、有趣的教学情境，使学生乐于参与到语文学习中。同时还可以通过组织各类活动，如讲故事、朗诵、戏剧表演等，让学生在实践中感受语文的魅力。

（2）引导开展自主学习。在小学高年级阶段，教师要多给予学生指导，使其养成良好的学习习惯。进入初中阶段后，教师要鼓励学生独立思考，培养他们的批判性思维，在这个过程中，要善于利用新媒体手段，如网络资源、在线讨论等，为学生提供自主学习的机会。

（3）关注学生个体差异。在教学方法过渡的过程中，教师要充分了解学生的学

习需求和特点，因材施教。对于学习困难的学生，教师要耐心引导，帮助他们树立自信心；对于学有余力的学生，教师要拓展教学内容，为其提供更具挑战性的学习任务。

二、学生的学习心理和习惯的过渡适应

学生在小学和初中阶段的语文学习，面临着心理和习惯的过渡适应。在这个过程中，教师要关注学生的心理需求，帮助他们顺利度过这个关键时期。

（1）关注学生的学习动机。在新媒体环境下，可通过网络、社交媒体等途径获取丰富的学习资源。教师要充分利用这些资源，激发学生的学习兴趣，使他们主动参与到语文学习中，并给予学生适当的表扬和鼓励，增强他们的学习自信心。

（2）培养学生的良好习惯。良好的学习习惯有助于学生更好地进行语文学习。在日常教学中，教师要引导学生养成良好的阅读习惯，例如定时阅读、深度阅读、批注阅读等。尤其是要关注学生的书写习惯，提醒他们保持正确的坐姿和书写姿势。

（3）提高学生的合作能力。在小组讨论、合作探究等活动中，教师要引导学生学会倾听、表达和交流。这样的合作学习方式有助于提高学生的语文素养，也有利于他们适应初中阶段的语文学习。

（4）培育学生的创新意识。教师要引导学生学会独立思考，培养他们的批判性思维。学生可利用丰富的网络资源进行自主学习，在这个过程中，教师要给予学生足够的自主空间，让他们在新媒体环境下积极探索、勇于创新。

三、小初语文衔接过渡教学中的创新策略

在小初语文衔接过渡教学中，教师扮演着举足轻重的角色。他们不仅是知识的传授者，更是学生学习过程中的引导者、组织者和辅导员。为了实现小学与初中语文教学的顺利过渡，可采取以下策略。

（1）明确过渡教学的目标。在新的时代背景下，教师需要深入了解小学和初中语文教学大纲的要求，明确各个阶段的教学目标。这样，教师才能在教学过程中有针对性地进行内容衔接，确保学生在新媒体环境下实现语文学习的平稳过渡。

（2）关注学生的个体差异。每个学生都有自己独特的学习特点和需求，教师要充分了解学生的学习状况，制订个性化的教学方案。针对不同学生，教师要采取适当的教学方法和策略，以便帮助他们更好地适应初中阶段的语文学习。

（3）运用创新的教学手段。在新媒体环境下，教师要善于利用丰富的教学资

源和技术手段，激发学生的学习兴趣。例如，教师可以运用多媒体课件、网络教学平台等，将抽象的知识具体化、形象化，激发学生的求知热情，培育他们的创新素养，提高教学效果。

（4）注重团队合作精神。在过渡教学过程中，教师要加强课堂管理，关注学生的学习态度和学习行为，确保教学秩序井然，尤其注重培养学生的团队合作精神和自主学习能力，为他们适应初中阶段的学习生活打下坚实基础。

（5）学会与他人沟通。教师要注重与其他学科教师的沟通与合作，与同事分享教学经验和心得，共同探讨语文过渡教学的有效策略。同时还应积极与家长沟通，了解学生的家庭背景和心理状况，提升家长的教育观念，一起关注孩子的学习心理和习惯，帮助孩子度过语文学习过渡期。

（6）构建过渡教学资源库。做好小初衔接过渡，构建系统化的教学资源库具有重要意义。资源库应包含各个阶段的教学大纲、教学目标和教学内容，涵盖各类教学资源，以便教师全面了解小学与初中语文教学的衔接要求。资源库应不断更新，纳入新的教学理念、创新方法和不断涌现的优质教学资源，紧跟时代发展，满足教师教学和学生学习的需求。

总之，教师在小初衔接过渡教学中扮演的角色至关重要。我们需要明确教学目标，关注学生个体差异，创新教学手段，使每个学生都能找到自己的位置，获得成长与进步。通过这些策略的实施，帮助学生实现小学与初中语文学习的顺利过渡，共同为学生的学习保驾护航。

参考文献

[1] 王红梅.七个打开："小—初"衔接教研的实践研究［EB/OL］.（2022-11-23）［2023-06-18］.北京教育家杂志社.

[2] 陶珺.中小学语文阅读教学衔接问题及对策研究［J］.文理导航（上旬），2020（2）.

牧养心灵　静听花开

——基于学生文学素养培育的校园文学社建设创新路径

山东省武城县第一中学　贺秀红

最新《义务教育语文课程标准（2022年版）》明确指出："自主组织文学活动，在办刊、演出、讨论等活动过程中，体验合作与成功的喜悦。"即意味着文学社团要组织丰富多彩的活动，拓宽空间，开阔视野，通过多种途径提升学生的文学素养，培养学生的团队合作精神，发展学生的个性与特长，增强他们的创作能力与鉴赏能力。

辅导员教师要善于做一个引领者，引领学生走进中华经典，亲近神奇的大自然，关注大千世界和社会热点，唱响一曲曲经典之韵，涵养颗颗诗意的心，尤其重要的一点就是牧养学生的心灵，因为"一生的果效，是由心发出"。游牧的心灵游到哪里，就会在哪里欢歌。因此，教师在指导社团活动时，要立足于"人"本身，引领学生在广阔的生活天地里自由徜徉，为他们提供展示自我、尽情放歌的舞台，让孩子们获得生命的体验与快乐，活出有朝气、有活力的生命。

一、触摸经典，传典雅之蕴

校园文学社团有着一项重要使命：弘扬中华民族优秀文化，激发学生的民族自豪感，增强文化自信，承担起传承民族文化的重任。为了达成这一目标，学校就要努力营造书香校园的文化气氛，通过举行"走进唐诗宋韵""中华经典诵读""古韵新声诗歌创作""争当国学小名士"等活动，让学生在品读、漫写中感受祖国语言文字的魅力，涵养书香气质，体会中华文化的博大精深，受到祖国优秀文化的熏陶。

在此主要谈一谈"古诗新韵"创作。《毛诗序》中对"诗"的定义是："在心为志，发言为诗。"用文字充分地表达出自然而真实的情志，这是中国诗学的传统，每一个写诗的人都应该遵循这一原则。写作古体诗时，并不是模仿古人的词句或代替古人抒情，而是借古韵发出心声，除了芳草、落花、鸿雁、昏鸦这些古典意象，"硬核"、"奥运"、"航天"、中国梦等现代事物皆可入诗。诗词是一个开放的意象空间，可以照亮我们平凡而诗意的人生。可见写诗不是为了点缀生活，而是生活本身就是一首首诗。引导学生用诗的姿态行走在成长之旅，用诗人的眼光观察世间万象，用诗的语言抒发自我心声，用诗的精神点亮自己的人生，使他们在紧张忙碌的学习生活中发现诗意与精彩。

为了让古典诗词真正走进学生的生活，我们设置了"古韵新声"活动课堂，把学生分成几个诗社，分别取以古雅的名称，尝试以仿写、联句、赛诗等活动形式，互相切磋，在合作竞争中共同演绎精彩。学生沉浸在古诗词的世界里，借古韵抒写心声，在音乐的旋律中尽情放歌。这里需要指出的是，写古体诗时，立意为先，讲求典雅灵动，对平仄、押韵等不必做硬性要求。因为自由，所以快乐。这激发了学生对古典诗词的热爱之情，增强了文化自信，是对中华文化的一种传承。

二、拥抱自然，读无字之书

苍茫的大地，美丽的星空，连绵的峰峦，潺潺的溪流，春语、夏花、秋风、冬韵……神奇的大自然以如此饱满多姿的面貌出现在我们面前，就是为了让我们沉浸其中，欣赏、描绘，尽情展现自然之美，抒发对生命的赞美与热爱之情。

学生都是大自然的孩子，天性亲近自然。不妨多举行一些采风活动，师生一起漫游到广阔的天地之中，投身自然的怀抱，享受田野的芬芳，自由呼吸新鲜的空气，探访自然的无穷奥秘，感受浓郁的乡土气息。例如，春夏时节，师生一起到郊外寻找野草、野花，用心观察，说出或查出名字，嗅一嗅，触摸一下，还可以品尝其味道，选取自己最喜欢的拍摄几张图片，或制作配乐小视频，以"遇见"为话题，把自己如何发现、如何选取角度拍照、如何感受自然花草生命之美的经过记录下来，这就是一篇精美的散文，也是一首野外采风的诗歌。优美自然的环境，为社团采风设置了最直观、最真切、最生动的写作情境，学生笔随心动，记录下寻找和发现的历程，自由写作，快乐分享，内心的成就感和喜悦感无法想象。

阅读自然这本无字之书，让学生沉浸在神奇的大自然中，通过一双慧眼看到外面的美丽世界，从他们的心灵深处就会涌出一道道清泉。这就如同树叶、花儿和果实从大树上的蓓蕾生出来一样自然，跃动着生命的旋律，演绎出诗意的精彩。

三、关注生命，把爱植于心

真正的写作是生命与生命之间的对话，记录着心灵的跃动，跳动着生命的热情。学生是一个个朝气蓬勃的生命，作为辅导员，应关注他们的精神成长，承担起对学生进行生命教育的责任。具体说来，写作教育应有生命意识，要善于创设真实的生活情境，打造精品课堂，让学生漫游在绿草茵茵的写作牧场里，放飞心灵，在此过程中真正地体验生命，产生热爱生命、敬畏生命的情怀，体验生命的快乐与幸福。

以具有浓郁牧式风格的《一片落叶撩起思绪》为例，让学生捡拾一片落叶到教室，引领学生凝望叶子，嗅闻叶的气息，与落叶对话，聆听叶之心语，引导孩子们把一片叶子写成一首首小诗……这一课充满诗意、哲理之美，引发学生对生命的关注与深切思考。值得一提的是，之所以在秋冬时节上这样一节写作课，一是秋冬之叶更能让孩子们体悟生命的轮回和沧桑之感，更重要的是秋冬时节是叶子自然飘落的时候。如果是春天或夏天，就不能布置让孩子们把叶子带到教室的任务（那样就会有孩子去直接摘取一片绿叶，以致伤害到植株，而漠视一片小小的叶子的生命，是一种对孩子心灵的伤害）。这时，我们会让孩子们采用拍照或绘画的方式与叶子对话。这一小小细节，让学生懂得叶子是与人平等的独一无二的生命，容不得伤害与践踏，我们应敬畏生命、尊重生命，有悲悯和爱的情怀。多少"爱护生命""呵护生命"的说教，也不如"润物细无声"的心灵熏染。学生的作品诗意盎然，蕴含着哲思与美，饱含着对一片叶子的敬意，让我们听到了言语生命拔节的声音。

四、融于社会，树担当之志

校园文学社团是常见于校园内的文化团体，既是写作教学的延伸，也是校园文化的重要组成部分，但它并不是象牙之塔，应该走出校园这片小天地，为构建和谐社会、美丽中国服务。如果把我们的和谐社会比作一片叠青泻翠的牧野，那么文学社团就是这片广阔原野上的朵朵小花。从这个角度来说，蓬勃兴起的校园文学社团，在辽阔的大地上茁壮成长、灿然绽放，彰显了社会的美丽和谐。

社会就是生活，是文学之本。由此可见，辅导员应引领学生投身社会，把文学与社会生活紧密联系起来，把学生的视角和思想引向整个社会，加强对学生协作意识、创新意识的培养，引领他们树立高远志向，涵养深厚的家国情怀。就文学本身而言，也离不开广阔的社会背景，引领学生到大千世界寻求写作的源泉，寻求生活的热情与喜悦，在满怀憧憬与希望中成长、成才，这不正是国家的教育导向吗？引导学生用文学书写和谐社会、美丽中国，一方面使学生寻到了写作之源，写出自己的才情；另一方面也为实现中国富强之梦摇旗呐喊，对构建和谐社会具有重要意义。

一个没有人文精神的文学社，不会是一个优秀的文学社团。教师要因势利导，悉心呵护，引领学生一起为我们这个伟大的时代创作。如此，我们的辅导才可以说"不辱使命"，因为我们带领学生用文字和激情弘扬中华文化，创建了我们共有的精神家园。

潘新和在《语文：表现与存在》一书中说过："真正的言说，是生命的歌吟。"漫写作，追求的就是这样一个师生共同成长、共享快乐人生的歌吟旅程。牧式写作，引领学生寻美求真，"鸣出自己的感受"，其宗旨就是要让精彩出在学生身上，让他们成为快乐的追梦人。从这一角度说，文学社的指导老师，首先应该是一个热爱文学、擅长写作的专业教师，这样才会有带动效应，引领学生创造无限的精彩。作为快乐的语文人，教师要引领言语人生、诗意人生，为学生的一生奠基，并给学生留下美好的成长记忆。

参考文献

[1] 李吉林.小学语文情境教学：李吉林与青年教师的谈话［M］.北京：人民教育出版社，2003.

[2] 潘新和.语文：表现与存在［M］.福州：福建人民出版社，2004.

[3] 彭小明，刘亭玉.论写作教学模式建构的策略［J］.语文建设，2015（35）.

牧之思：
跨越融通

妙在心通与理融，卓然有见是英雄。

——宋代·刘克庄

基于牧式理念的全学科育人范式探索

山东省武城县第七实验小学　刘秀红

全学科育人的理念，主张打破单一学科的局限，将各个学科相互融合，形成一个全方位、多层次的教育体系。这种体系旨在培养学生的综合素质，使他们具备跨学科的思考能力和创新精神。全学科育人强调教育不再是单一学科的知识传递，而是关注学生的全面发展，包括身心健康、社会适应能力、批判性思维等多方面的培养。学科交叉与融合能够为学生提供更加丰富、多元的学习资源，帮助他们建立跨学科的知识体系，这有助于学生更好地应对未来的挑战，成长为具有创新精神和竞争力的优秀人才。

一、全学科育人实践路径：开创多元融合的教育时代

全学科育人作为一种创新性的教育理念，旨在为学生提供更广阔的知识视野、更丰富的学习体验和更全面的成长空间。为了实现这一目标，基于全学科育人的实践路径需不断创新，以适应时代发展的需求。

（1）课程设置改革成为育人的关键环节。课程设置应增加跨学科课程，由不同学科的教师共同授课，让学生在课堂上体验到多元文化的碰撞，促进不同学科之间的知识融合。例如，设立跨学科的教学和研学项目，让学生在课堂和生活实践中体验不同领域的知识碰撞；设计综合性的课程，鼓励教师跨学科、跨专业合作，为学生提供多元化的学习体验。

（2）教师角色转变与能力提升至关重要。在全学科育人模式下，教师不再是知识的传递者，而是学生探索研究的引导者，师生形成学习共同体。教师需要不断提升自身专业素养，掌握跨学科教学方法，以适应全学科育人的教育模式，成为学生成长道路上的良师益友。不同学科的教师之间应加强合作与交流，共同探讨全学科

教学策略，为学生提供优质的、全新的教育资源。

（3）优化评价体系激发学生的创造潜力。传统的教学评价方式难以全面反映学生的综合素质。因此，应探索新的评价方法，关注学生在各个方面的成长。例如，采用过程性评价与终结性评价相结合的方式，设立多元化评价指标，包括考试成绩、创新能力、品质修养、社会责任感等，不唯分数，不唯成绩，全面评价学生的学习表现和效果，充分挖掘学生的创造潜力。

二、教育体制与课程设置的改革：构建全学科育人新格局

全学科育人的实现，离不开教育体制与课程设置的改革。在推进全学科育人过程中，需要加大教育体制的改革力度，注重课程设置的多元化、综合化。

（1）上下联动，协同推进。全学科育人任重道远，教育部门须给予学校具体及时的工作指导，与各级学校的沟通与协作，形成上下联动、协同推进的全学科育人格局。同时赋予学校更多自主权，鼓励学校根据自身特色和需求，制定符合全学科育人理念的校本课程，以满足学生多元化学习需求。

（2）课程改革，加强融合。课程设置的改革是全学科育人实践的关键，应以培养学生综合素质为核心，打破单一学科的限制，加强学科间的融合与交叉。例如，设置跨学科的生活课程，让学生在广泛涉猎知识的基础上，形成全面的知识体系，鼓励学校开展校际课程资源共享，吸纳丰富多彩的优质课程资源，为学生提供多元化的学习选择。

（3）关注差异，因材施教。教师可根据学生的兴趣、特长和发展需求，关注学生的个体差异，制订个性化的学习计划，实施差异化、分层化教学，引导学生自主学习、主动探究。在此基础上还需注重实践环节，通过实地研学、实验操作、社会活动等形式，让学生在生活实践中锻炼创新能力，提升综合素质。

三、教师角色的转变与能力提升：引领全学科育人新征程

在全学科育人背景下，教师角色发生了重大的变化，从传统的知识传授者，转变为引导学生探索研究的"牧者"，在全学科育人过程中肩负着引领责任。这不仅需要教师具备扎实的专业素养，还要具备跨学科教学能力和创新教育理念。教师应树立终身学习的理念，紧跟时代步伐，充实自己的知识储备，关注教育领域的新理念、新方法，不断丰富自己的教育教学手段，不断提升自身专业素养。同时，全学科育人强调学科间的融合与交叉，教师间的交流合作至关重要，教师之间可通过共

同备课、课题研究等方式，分享教学资源和创新经验，实现教学相长，以适应全学科育人的教育模式。

作为一个融通不同领域的"牧者"，教师将成为全学科育人实践的重要推动力，带领学生参与跨学科项目，培养学生的创新精神、责任感和竞争力，还要关注学生在身心健康、社会适应能力、批判性思维等方面的表现。通过多元化评价方式，全面评估学生的综合素质，为全学科育人提供有力的支持，引领学生迈向全面发展的新征程，培养出更多具备创新精神、责任感和竞争力的优秀人才。

四、评估与监测：全学科育人成效的方法与策略

全学科育人作为一种全新的教育理念，其成效评估与监测显得尤为重要。为了全面、客观地评估全学科育人的实施效果，需采用多种方法与策略，确保评估结果的科学性和准确性。这些评估与监测结果为全学科育人政策的完善和推广提供有力的支持。

（1）构建更完善的评估体系。这套指标体系应涵盖学生综合素质的各个方面，如创新能力、身心健康、社会责任感等。通过这些指标，可以全面评估全学科育人政策对学生发展的影响。

（2）采用多元化的评估方法。除了传统的问卷调查、访谈等方法外，还可以利用大数据、人工智能等先进技术手段，对全学科育人成效进行实时、动态的监测，还可以通过学生作品、实践活动、竞赛成绩等形式，间接反映全学科育人政策的实施效果。

（3）发挥育人者的重要作用。教师作为教育教学的第一线工作者，对全学科育人的实施有着深刻的体会。应加强教师在全学科育人成效评估中的作用，鼓励教师积极参与评估过程，听取他们的意见和建议，以确保评估结果的客观性和有效性。

（4）加强评估性结果的反馈。教育部门和学校要充分利用评估结果，对全学科育人教学进行不断完善和优化。同时，要将评估结果反馈给教师、学生和家长，让他们了解自身在全学科育人过程中的优势和不足，以便更好地对其进行完善优化，提升教育教学质量。

全学科育人作为一种全新的教育理念，旨在培养学生具备全面的素质和能力，为人才培养揭开新的篇章。我们围绕实践路径、课程设置、教师角色的转变与能力提升、评估与监测全学科育人成效的方法策略等方面，在全学科育人领域进行了积极的探索与尝试，确认这是一种行之有效的创新育人模式。在未来的教育改革中，

全学科育人的路径将不断创新，更好地为培养具有创新精神、责任感和竞争力的未来人才助力。

参考文献

［1］张勇杰.新时代高素质创新型教师成长路径建议［N］.教师报，2023-08-13（1）.

［2］苏江悦.试论新时期小学语文教师角色定位［J］.文渊（高中版），2019（9）.

［3］周以火.新时代下语文教师角色的定位［J］.作文成功之路（教育教学研究），2018（4）.

"育"润总角，水过留痕

——拓宽孩子生命的广度

山东省夏津县后屯中心小学　于新佳

教育部启动"三全育人"综合改革，聚焦实现全员育人、全程育人、全方位育人的教育愿景，大力推进教育改革和实践探索。可见，教育改革势在必行，全学科树人将成为今后教育发展的终极目标。基于此，学校掀起了教育改革的热潮，从教学理念的更新到教学课程的建设，从教学方法的创新到教学评价的多元，学校教育呈现出新气象、新格局，教育态势呈现出蓬勃向好的趋势。

一、背景：立德树人是时代的必然要求

"上善若水，厚德载物。"教育，应以德为先。德育教育工作，播种的是美好向善的种子，结下的是和谐文明之果，可以使孩子们终身受益。

西周时期，我国就有"六艺"之说，其中的"礼"代表的就是"德"。1860年，英国教育家赫伯特·斯宾塞在《教育论》中指出：一个完整的教育体系应该分为智育、德育和体育。1912年，蔡元培发表了《对于教育方针之意见》一文。在这篇论著中，他认为教育宗旨是为"养成共和国健全之人格"，提出了军国民教育、实利主义教育、公民道德教育、世界观教育和美育"五育"并举的教育方针。从"五育"并举到三全育人，我国的教育一直贯穿"以德树人"的宗旨。在当今背景下，德育教育是素质教育的灵魂和方向，占据着教育的核心地位。

从学校层面而言，很多农村学校的德育教育执行力不够，部分教师将"教书""育人"分割开来，其德育方式仍以说服和灌输为主，与学生的实际生活相脱节，德育实践活动极少。长此以往，成绩和分数成为师生关注的核心，导致真正的德育教育的缺失。"触动心灵的教育才是最成功的教育。"中小学阶段正是孩子们

人生的"拔节孕穗期"，我们要给学生心灵播下真善美的种子，春风化雨，润物无声，引导学生扣好人生的第一粒扣子。

二、策略：在各科融合中进行整体设计与实施

本着立德树人这一目标，我们构建五育并举的全学科育人体系，从"五育融合"的视角和眼光挖掘教材和生活中蕴含的育人之点，打破学科逻辑和领域界限，实现"一育引领，诸育融合"，从而达成"五育"的全面渗透和贯通。

（一）以"德"为先，进行浑然天成的跨学科教育

课堂教学应关注对学生道德素养的培养，课堂是德育教育的主阵地，教师要进行智慧教育，结合自己所教学科，找准德育切入点，将学科教育与德育教育相融合，将德育融入文本解读、课堂讨论、诵读声声等环节，引导学生树立正确的世界观、人生观和价值观。这样能使学科与德育相互渗透，形成教育合力，为学生在灵魂深处夯筑起道德基石，树立起道德的鲜明旗帜。

（二）"德"育为本，打造德才兼备的专业化团队

我们通过实施教师德育培训，充分利用学校的各种教育资源；通过收看教育专家视频直播，学习最新德育工作方法；在实践中创新，在创新中发展，打造了一支德才兼备的专业化教师队伍，为德育工作的开展提供强有力的人才支撑和智力保障。在以德育为核心的全学科教学实践中，我们不断优化课堂教学，通过案例分析、情境教学、合作学习等方式进行全学科育人的探索，探索立德树人、五育融合的有效策略，这促进了教育质量的提升和学生的全面发展。

（三）树"德"为道，组织丰富多彩的实践性活动

学校围绕德育工作，坚持以学生为中心，寻找德育与活动的契合点，开展丰富多彩的社会实践活动，将教育活动进行全方位、多层次拓展延伸，努力实现育人的密度、力度、高度、深度、宽度和温度的融合，力求在潜移默化中提升学生的品德和素养。

（1）开展爱国教育活动。举办"争做小小追梦人"活动，活动中学生激情澎湃、载歌载舞向祖国母亲70华诞献礼。举行"重温红色经典，共述百年情怀"演讲活动，学生情绪高昂，诉说着对祖国的热爱和深深的祝福。学生通过聆听专家讲座、观看爱国主义电影等活动，将对祖国的热爱深深植根于心底，涵养了深厚的家国情怀。来，一起听听孩子们的铮铮誓言："今生无悔入华夏，来世还做中国娃""如果信念有颜色，那一定是中国红"！

（2）举办社会实践活动。开展"我为黄河种棵树"活动，提高同学们爱护环境、保护环境的行动力，让学生感悟"绿水青山就是金山银山"的箴言，并立志长大以后要继续为祖国增添一抹绿。开展"读书知礼仪""倾情献爱心""携手助成长"等主题活动，培养学生的团队协作精神，增强了社会责任感。

（3）进行桑树研学之旅。引领学生来到附近的古桑树群，开展桑文化的寻根与探究。"莫道桑榆晚，为霞尚满天。""开轩面场圃，把酒话桑麻。""莫问桑田事，但看桑落州。""秦地罗敷女，采桑绿水边。"云卷云舒，古道桑田。学生诵读着朗朗上口的古韵，感受着古桑树之美，感受着诗情画意的乡村画卷，丰富了桑文化知识，拓宽了知识视野，增强了实地探索与实践能力。

（4）组织多彩课外活动。开展"阳光体育节""古诗韵律操""校园足球赛""才艺展示周"等阳光运动，强身健体，涵养美德，锻炼健康向上、积极奋发的身心状态。组织"家校共建，齐树家风"活动，通过"袋鼠跳""家风蹲""闭眼识父""说句知心话"等形式多样的亲子游戏，加强亲子间的互动与沟通，使校园里洋溢着育人的温度。

"德以率才，才以养德。"美好的品德犹如一粒种子，它的萌发不仅需要自身努力，更需要光的沐浴、风的呼唤和雨的滋润。因此，对于学生的教育，要求我们教育者凝聚共识，实施以德育人、以智启人、以体强人、以美育人、以劳励人等教学策略，"育"润总角，全方位地去拓宽学生生命的宽度，寓教育于春风化雨之中，提升学生的综合素养，培养出具有美好品质、聪明才智、强健体魄、审美情趣和勤劳精神的新一代人才。相信今天的我们用德育照亮学生的前行之路，明天他们将会奋力铸牢我们的民族之魂！

数字时代跨学科教学的创新方法

山东省武城县第一中学　陈红梅

随着科技的飞速发展，信息的快速传播和多元获取方式使得知识的更新换代加速，教育领域也迎来变革的浪潮。在此背景下，探讨新媒体技术支持下的跨学科教学模式及策略显得尤为重要。它旨在打破传统单一学科的教学模式，构建和谐育人的良好生态，促进学生的全面成长和发展。本文将对跨学科教学的现状进行分析，并提出创新策略与应用方案，以期为新媒体时代下的教育提供有益借鉴。

一、新媒体技术促进跨学科资源整合

新媒体技术为跨学科教学提供了丰富的资源和平台。教师可以通过网络搜索、多媒体制作等方式，整合教学资源，设计富有创意和趣味性的跨学科教学活动，构建整合性的课程体系。这就要求教师在课程设计中注重学科间的相互渗透，以实现各科知识的融会贯通。

（1）提供多样化教学资源。网络中蕴藏着大量与教学相关的图像、动画、音频和视频等多媒体资源，教师可以从中选择适合的教学素材，并将其融入课堂，使教学内容更具生动性和趣味性。新媒体技术还打破了学科之间的壁垒，促使教师在教学过程中注重跨学科知识的整合，从而提高学生的综合素质。

（2）创设多元化教学手段。教师应充分利用新媒体技术，例如网络资源、教育APP等，为学生提供丰富的学习资源，培养学生的综合能力和创新精神。例如，可以运用在线教学平台，让学生参与有趣的游戏，利用动画、视频等形式展示概念和故事，让学生能够直观形象地感受跨学科知识的魅力，提高学习积极性。

（3）助力跨学科教学模式。新媒体技术为跨学科教学模式的变革添加助力，在新媒体环境下，教师可以尝试构建以问题为导向、以学生为主体的教学模式，通过设计具有挑战性和趣味性的问题，引导学生主动探究、讨论和合作，使学生在解决问题的过程中自然地融入跨学科知识。

（4）开展项目式学习实践。项目式学习是一种有效的跨学科教学方式。教师可以引导学生围绕一个主题或问题，通过小组合作的方式开展跨学科实践活动。例如，学生可以围绕"数字对联"这一文化主题，结合相关学科知识，设计宣传海报、制订推进计划等，从而在实践中提升跨学科思维和解决问题的能力。

二、新媒体技术在跨学科教学实践中的应用

新媒体技术的普及和发展为教育领域带来了前所未有的机遇，教师可以充分利用新媒体技术手段，通过数字化平台随时随地地访问学习资源，为学生提供更加丰富多样的学习体验，从而实现跨学科知识的自然融入，提高学生的学习效率和兴趣。

（1）情境创设。教师可以结合学生的生活实际和兴趣爱好，运用多媒体创设跨学科学习情境，引导学生将知识与现实生活场景相结合，用于解决实际问题。例如，通过组织游戏、剧本创作等活动，让学生在轻松愉快的氛围中学习跨学科知识，提升学习效果。

（2）在线探讨。教师可以借助新媒体技术，根据教学内容设计具有趣味性、挑战性的问题，组织学生围绕特定主题进行在线讨论，鼓励学生发表自己的见解，促进思维碰撞。这样，引导学生通过探究、讨论、合作等方式解决问题，不仅能锻炼其表达能力，还有助于培养他们的批判性思维和团队协作精神。

（3）个性施教。在新媒体时代下，大数据、人工智能等技术的发展为个性化教育提供了有力支持。教师可以根据学生的学习需求和进度，为他们提供个性化的学习资源与建议，运用新媒体技术进行个性化辅导，设计出富有挑战性和趣味性的教学活动，激发学生的学习兴趣，助力学生全面发展。

三、跨学科教学典型案例的分析

在新媒体环境下，教学资源的整合与应用不仅有助于提高学生的学习兴趣，还能打破传统的教育模式，让学生在多元化的学习氛围中掌握知识。下面以"分数"这一教学案例为例，简单分析跨学科教学的重要作用。

首先，在课程导入环节，教师运用语文中的故事元素，为学生讲述古人与分数的故事，引导学生了解分数的起源和应用，既激发了学生的学习兴趣，又为后续的数学教学奠定了基础。其次，教师通过设计问题，引导学生探究分数的计算方法，

让学生在解决问题的过程中感受到数学与生活的紧密联系。在教学过程中，教师利用新媒体技术，通过多媒体课件、网络资源等，为学生提供丰富的学习材料。教师运用诗词、成语等元素，帮助学生更好地理解和掌握分数的概念。最后，通过小组讨论、实践操作等形式，让学生将所学知识应用于实际生活中，培养了学生的综合素质。此案例的创新之处在于将数学与语文、生活有机地结合，让学生在掌握知识的同时，提高了综合能力。教师通过跨学科教学策略，引导学生感受数学与生活的内在联系，为他们的全面发展奠定坚实基础，着力培养学生的创新能力和核心素养。

数字时代，新媒体技术为跨学科教学提供了宝贵的教学资源，我们要充分挖掘这些资源，将其整合应用于教学中，充分利用跨学科教学协同育人的优势，营造创新的教学氛围，构建和谐育人的良好生态，为学生创造一个更加阳光、和谐的成长环境，为他们的未来发展奠定坚实基础。当然，构建和谐育人的生态是一个长期渐进的过程，需要持续地努力和不断地创新方能达成。

参考文献

［1］赵路言.基于创新教育的跨学科教学实践［C］//2024年第一届教育创新与经验交流研讨会论文集.2024.

［2］吴鹏泽.探索跨学科主题学习的实践路径［N］.中国教育报，2022-11-04（9）.

［3］郑钢.没有一门学科是孤岛：跨学科何以成为新课程标配？［EB/OL］.（2022-06-13）［2024-03-12］.外滩教育.

新媒体赋能自主创新课堂

——如何让教学走向多元化、个性化

山东省武城县第一中学　徐德亮

在新媒体技术的助力下，教育正逐步摆脱传统单一的课堂讲授模式，走向多元化、个性化的教学。互联网的普及使得大量的教育教学资源能够被便捷地获取，教师可以根据教学需求，轻松地找到与课程内容相匹配的案例、视频、图片等素材，使课堂教学更加生动有趣。同时，媒体技术能够实时更新课程内容，确保学生掌握到最前沿的知识。教师可以根据学生的兴趣和特点，借助新媒体技术设计出丰富多彩的教学活动，激发学生的学习兴趣，提高课堂教学效果。

一、新媒体技术在教学内容呈现中的应用

传统的教学模式往往过于单一，难以激发学生的学习兴趣。在新媒体技术的助力下，教学内容的呈现方式焕然一新。新媒体技术的引入，使得教学内容能够以更为生动、形象的方式呈现，从而提高学生的学习积极性和主动性。

（1）变抽象为具体。多媒体课件的应用，使得抽象的理论变得具体形象，通过丰富的图片、动画、音频等元素，教师可以将教学中的核心概念和知识以直观形象的方式展示给学生，帮助他们更好地理解和消化知识。教师还可以根据教学需求对多媒体课件进行个性化设计，以满足不同学生的学习需求。

（2）激发课堂活力。微课和直播等形式的运用，进一步丰富了教学内容的呈现方式。微课的短小精悍、针对性强等特点，有助于学生巩固知识点，提高其学习效率。直播教学则让学生在课堂之外，也能实时参与到教学过程中，感受实时互动的活力课堂。

（3）实时追踪热点。新媒体技术为学生提供了实时更新的教学资源，互联网上

的海量信息，使得教师可以根据教学进度，即时为学生推送最新的时事新闻和热点事件。这样既能让学生了解到生活中的现实问题，又能激发他们的思考，激发他们作为一个公民的社会责任感。

二、新媒体技术在课堂创新中的应用

借助新媒体技术，教师可以突破传统的讲授模式，尝试互动式、情境式、项目式等教学方法，从而激发学生的学习兴趣，提高课堂教学质量。新媒体技术的融入，为教学方法的创新提供了有力支持，提升了学生的创新能力。

（1）互动式教学，多方对话。这是一种以学生为中心的教学方式，教师可以通过组织学生进行小组讨论、案例分析、角色扮演等活动，让学生在生活实践中加深对知识的理解。同时可以利用新媒体技术搭建在线讨论平台，让学生就热点问题进行辩论，从而培养学生的思辨能力和综合素养。

（2）情境式教学，真实鲜活。就是利用新媒体技术展示现实生活中的情境，通过创设生动、真实的场景，让学生在感受直观情境的同时，能够置身于特定的环境氛围中，从而深入理解相关知识，引发其情感共鸣，增强教学的效果。

（3）项目式教学，重在活动。这是一种以解决问题为目标的教学方法。教师可以围绕教学中的核心主题，设计一系列富有挑战性的项目任务，引导学生通过调查、分析、合作等方式，探索解决问题的方案。新媒体技术在此过程中可为学生提供丰富的资料支持和协作工具，帮助学生提高实践能力，发扬团队协作精神。

（4）跨学科教学，融通碰撞。其注重学生对多个学科知识体系和方法的深入理解与整合创新，教师可以利用新媒体技术实现学科间的知识整合，提升课程的综合性。例如，在讲授道德与法治知识时，教师可以引入历史人物、热点事件、文学作品等素材，让学生在多学科交叉的学习中，全面提高自身素养。

三、新媒体技术在课堂互动中的应用

互动性是教学质量的关键指标之一，它既能激发学生的学习兴趣，又能促进学生思维能力的培养。在新媒体技术的支持下，课堂的互动性得到了显著提升，其作用主要体现在以下方面。

（1）新媒体技术为学生提供了互动平台。借助新媒体技术，教师可以创建在线讨论区、微信群、群收集、QQ群等互动平台，让学生在课堂之外也能够参与到教学过程中。这些平台让学生与教师、同学之间实现了实时交流，提高了课堂互动性。

（2）新媒体技术支持多样化的互动方式。传统的课堂互动方式较为单一，通常以提问、回答为主。而新媒体技术为学生提供了更加多元的互动方式，例如发表观点、分享心得、上传作品等。这些互动方式有助于激发学生的参与热情，使课堂氛围更加活跃。

（3）新媒体技术有助于课堂的互动思辨。教师可以利用新媒体技术搭建实时互动平台，让学生在课堂上就能参与到讨论、问答、辩论等互动环节。这种实时互动有助于学生集中注意力，激发思维的火花，进而提高课堂教学效果。

（4）新媒体技术提供了跨地域互动机会。借助新媒体技术，教师可以邀请校外专家、优秀校友、社会名人等公众人物进行在线讲座，让学生接触到更多优秀的学习资源。这种跨地域的互动不仅拓宽了学生的视野，还激发了他们的学习动力。

面对新媒体技术在教学运用中的挑战，我们应紧跟时代发展，继续探索新媒体技术与教育深度融合的实施策略，进一步挖掘新媒体技术的潜力，创新自主教学方式，充分发挥新媒体技术在教育教学中的优势，使其在提升课堂自主性、有效性、创新性方面发挥更充分的作用，为课堂教学注入新的活力与生机。

参考文献

［1］王希.浅谈新媒体平台联动赋能网络育人新生态的构建与创新［EB/OL］.［2023-09-25］.https：//reader.gmw.cn/2023-09-25/content_36855348.htm.

［2］王洋.数字化赋能教学方式变革　促进课程教学改革深化发展［EB/OL］.［2023-07-04］.http：//www.moe.gov.cn/jyb_xwfb/moe_2082/2023/2023_zl09/202307/t20230704_1067176.html.

［3］彭佳倩，曹三省.以人为本的创新与融合：新媒体时代下的科普创作与传播［EB/OL］.［2022-04-08］.https：//www.kpcswa.org.cn/web/press/members/works/050951312022.html.

基于学生创新素养培育的话题式教学实践

山东省武城县第一中学　李双全

长期以来，教育教学过于注重知识的积累和学习，忽视了语言的实际运用和语境的重要性。这导致许多学生在应试中表现优异，但在实际生活和交往中却无法灵活运用知识。为改变这一现状，话题式教学应运而生。话题式教学强调学科间的整合、融通，使学生在学习的过程中，能够充分运用多学科的知识，提高自身实际应用能力。在实际教学过程中，话题式教学模式的设计与实施策略至关重要。

一、设计和实施话题式教学模式的策略

话题式教学模式的设计与实施策略是实现教育目标的关键环节。在具体的设计过程中，应充分考虑课程标准、学生实际情况以及学科间的整合，综合运用各种策略，充分发挥话题式教学的优势，提高教学的效率和质量。

（1）选择贴近生活的话题，培养学生的学习兴趣。教师可以围绕具有时代特色的社会热点问题，如环境保护、人与自然、文化交流等，来设计教学内容。教师还需关注学生的个体差异，采取灵活多样的教学方法，以满足不同学生的学习需求。

（2）注重课堂活动多样性，激发学生的探究热情。在实施话题式教学过程中，运用小组讨论、角色扮演、案例分析等丰富多彩的活动形式，这既能让学生积极参与话题讨论，在实践活动中掌握语言知识，又能培养他们的团队合作能力、创新思维和跨文化交际能力。

（3）营造轻松愉快的氛围，关注学生的情感需求。为保证话题讨论顺利进行，教师要善于引导，鼓励学生敢于开口、积极参与，可事先制定讨论规则，引导学生有序地表达自己的观点，同时还要及时给予鼓励和反馈，增强学生进行对话的自信心。

（4）采用多元化评价方式，促进学生的全面发展。课堂评价是话题式教学的重要环节，应充分关注对学生的语言表达、思维品质、情感态度等方面的评价。除考试成绩评价外，教师还应结合学生在课堂活动、小组讨论等环节的表现，对学生进行全面、客观的评价。

二、话题式教学在初中课堂的应用案例分析

教师要根据课程标准和学生的实际情况，选择贴近生活、具有时代特色的话题，引导学生开展多元化的活动，使学生在实践中掌握语言知识，提升语言表达能力和思维能力。下面是"环境保护"话题式教学在课堂的实际应用。

（1）课前准备阶段，收集关于环境保护的一系列素材，如新闻报道、数据统计和典型案例。这些素材涵盖了环保的重要性、现状、问题和解决办法等方面。教师将这些素材整合为一套丰富且具有启发性的教学资源，以引导学生在课堂上对其进行深入探讨。

（2）在课堂教学过程中，引导学生讨论环保的重要性，如保护环境对于人类和万物生存的重要性、环保对于可持续发展的意义等。通过这一环节，激发学生对环保话题的兴趣，为后续讨论奠定基础。

（3）组织学生进行小组讨论，让学生从多角度探讨环保问题的成因和解决办法。在小组活动中，学生积极参与、踊跃发言，运用所学知识表达自己的见解。教师给予指导和鼓励，确保讨论的顺利进行。

（4）在小组讨论的基础上，教师引导学生进行全班分享。各小组派出代表，汇报本组的讨论成果。通过全班分享，学生不仅锻炼了表达能力，还养成了倾听他人意见、包容不同观点的求知态度。全班进行分享交流，促进了班集体的交流与合作，使学生在互动中共同成长。

此次话题式教学实践取得了良好成效，学生在讨论环保问题时，提高了语言应用能力，锻炼了团队合作、创新思维和交际能力，使他们更愿意投入、沉浸在学习之中。

三、话题式教学对初中生学习效果的影响与评估

经过一系列实证研究可知，话题式教学作为一种新型的教学模式，在提高学生应用能力、培养综合素质方面具有明显优势。

（1）话题式教学有助于提高学生的听说读写技能。在话题讨论的过程中，学生

有机会接触到丰富多样的语言表达，从而提高他们的听力水平。学生在表达自己的观点时，能够有效锻炼自身的口语表达能力。从语言技能角度来看，通过阅读和撰写相关话题的文章，学生的阅读和写作能力也得到了锻炼提升。

（2）话题式教学有利于提升学生的人际交往能力。在探讨话题时，或是与他人进行对话、讨论、辩论时，学生不仅能够学习、运用知识，还能够从谈话中学习言语表达的技巧、对人待物的态度，这有助于提高他们的交际能力，使他们能在与人交流时更加自信、得体。

（3）话题式教学有助于培养学生的团队合作能力。在小组讨论和合作完成任务的过程中，学生学会了如何从多角度思考问题，这激发了他们的创新思维，锻炼了他们的团队协作精神，对他们的综合素质培养具有重要意义。

（4）话题式教学有利于培育提升学生的综合素养。这就要求教师对课堂与学生进行多元化的评价，一堂课的效果如何，除了通过考试成绩衡量外，教师还可以参考多种评价因素，包括课堂表现、讨论成果、应用能力、竞赛成绩等，充分了解学生在话题式教学中的实际需求和反馈意见，尤其不能忽视学生的情感态度和价值观的培养。

话题式教学作为一种新型的教学模式，在教学中取得了明显的成效，为课堂教学带来了活力与生机。随着对话题式教学的深入研究和广泛应用，我们将不断优化教学策略，进一步开发编写关于话题式教学要求的校本教材，以满足课堂教学的需求，充分发挥话题式教学的优势，培养学生的综合素养和创新精神，实现更佳的教学效果。随着教育改革的深入推进，相信话题式教学在未来会具有更加广阔的发展愿景。

参考文献

［1］姜旭.“话题式”教学方法之浅得［J］.新课程学习（下），2012（5）.

［2］周炳慧.话题式教学法应用探究：以初中英语为例［J］.上海教育科研，2017（4）.

［3］魏光虹.对话教学行动策略——“话题式”教学策略［J］.课程教材教学研究（中教研究），2006（C3）.

以融促跨　以做促创

——新课标背景下初中语文"跨学科学习"创新策略例谈

山东省宁津县第二实验中学　宋雪芹

《义务教育语文课程标准（2022年版）》呼应《义务教育课程方案（2022年版）》的课改要求，在课程内容部分设立了跨学科学习任务群。跨学科学习任务群凸显了语文课程与其他学科、学生经验、社会生活的联系，基于语文学科立场，借鉴其他学科的思维方法和解决问题策略，加深学生对核心概念和学习任务群的理解，提升学生的知识综合运用和解决问题的能力，指向的是学生核心素养的发展。跨学科学习任务群的设计，尝试探索具有创新性、可操作性的学习新样态和新路径，使语文课紧跟时代，彰显语文学科协同其他学科整体育人的优势和价值追求。然而，在实际教学中，一线教师在理解"跨学科学习"时往往还不透彻，因此实践中普遍存在种种问题和偏差：或是主题拼盘，跨而无度；或是目标迷失，跨而无序；或是浅表学习，跨而无效。因此，跨学科学习亟须突破和改进，笔者结合自己教学经验进行了如下尝试。

一、跨而有度，合理打破学科壁垒

在组织跨学科学习的过程中教师需要着力研究"跨"的度，既不能脱离语文学科本真，又要使得整合其他学科知识或思维的活动不是简单累加，而是要做到以语文学科为中心的关联融合。例如在学习《大自然的语言》时，设计两个任务：

任务一，收集《诗经》、歌谣、谚语中的大自然语言，制成展板。

任务二，寻找校园里的大自然语言，深入观察并做好随笔记录。

学生完成任务一的过程中，需要收集、归类资料并进行展板制作，虽有独立完成的项目，但更多目标需要群策群力方能达成；完成任务二则需要具备观察、探究和表达能力，且离不开各科老师的指导。不难发现，这两个任务跨语文、生物、数学、地理等诸多学科，但始终以语文教学为主线，既能跨出去，又能自然地跨回来，收放自如。

对于科普类文章，如果抛却其科学性而只谈语文性，势必为舐皮论骨，体悟不到科学的严谨之趣；如果只是粗浅认知其科学性，不谈语文性，势必为肤见谫识，感受不到文学的独到之美。正确的做法是引导学生深入语言文字中，用多元视角融合分析问题，形成高层次思维能力，通过"修改'例证'""推翻'假说'"等活动激励学生探赜钩深，学以致用，打开视野，打破学科知识壁垒，发现多个逻辑链条，以此去观察、联系、推断，提出方案。在分析与解决问题过程中，让学生逐渐形成清晰的思维、流畅的表达、有效的沟通以及完整的信息结论，构建立体化的思维模式，提升跨学科的综合素养。

二、跨而有序，探索创新教学样态

在跨学科学习中，语文学习的领域能融合到社会、生活等更广阔的空间，学习的资源也从教材融合到更丰富鲜活的社会生活的方方面面，使学生在真实的情境中进行真实、有意义的实践探究活动，解决真实的问题，获得真实、多元的能力和素养。跨学科学习任务群在课程实施过程中具有综合性和复杂性的特点，因而要解决一个"序"的问题，通过探索跨学科学习的教学新样态，达到提升师生跨学科学习能力的效果。

以九年级下册"活动·探究"戏剧单元为例，根据单元学习目标，可以将《屈原》跨学科学习活动主题确定为"回历史现场，品千古丹心"。学习任务围绕学习主题进行有序设计，包括台本设计、戏剧演出和戏剧评论三大任务。学生根据台本要求对《屈原》的剧本进行改编设计，补充适当内容，形成演出所需要的脚本。补充内容时要注意，台词要能体现人物性格和内心活动，关键动作在戏剧情境中要能反映人物性格的复杂性，灯光、背景、音效等要能烘托剧情和人物心情，等等。学生要悉心体会，揣摩合适的语气、语调，设计最佳的表演方式，同时根据舞台说明考虑布景、音效、灯光等，将多学科知识融合，才能有效完成学习任务。演出过程和戏剧评论也都需要围绕学习主题，融合多学科知识，才能有序展开。

这样的跨学科学习任务群设计，以语文课文学习为中心，各个环节都紧紧围绕学习主题有序展开，多学科知识融汇整合，真正体现了跨学科学习的价值和优势，不失为跨学科教学的一种新样态。

三、跨而有效，发展学生核心素养

跨学科学习意在整合环境，提升学生综合素养，因此要聚焦学习成效，通过活动、任务、评价等方式关注学生学习过程中的真实所得，让学生在"做中学""用中学""创中学"。

知识融合是学科融合的基本要求，每一门学科都不是孤立存在的，而是与其他学科存在千丝万缕的联系。例如，《海底两万里》记叙了一场历时七个月、行程两万里的海底旅程，旅程中奇幻神秘的海洋自然景观，能够让学生认识到生物种类的多样性；鹦鹉螺号精巧的构造及潜水服的设计等内容融合了物理学科机械构造、运动形式、能量转化等知识；主人公尼摩船长是一位反抗殖民统治的志士，这与资产阶级革命、殖民扩张等历史知识相关联。书中还包含了地理位置、地形气候等自然地理的知识内容，可以说整本书提供了一个各学科相互融合的"场域"。

为推进学生对《海底两万里》的有效阅读，可设定跨学科的阅读总任务为制作"海底奇幻之旅"小视频，并分阶段设置"描画旅行路线图""绘制潜艇结构图""记录旅行高光时刻""为精彩情节绘制插画""编制旅行纪念册""为纪念册撰写解说词""选择配乐制作小视频"七个学习任务。在整本书阅读过程中，梳理各学科素养之间的共融点，合理设计跨学科学习任务，不仅能赋予整本书新的教学空间，还能开阔学生视野，训练学生思维，全面提升学生核心素养。

语文跨学科学习是一种多角度、多维度、多取向的思维方式，它强调跨越不同学科、不同领域之间的界限，通过资源共享、思维兼容、相互渗透、有效融合以形成新的思维发展模式。但是，无论怎么"跨"、怎么"融"，从语文学科出发的跨学科学习，应始终围绕核心素养等必备品格和关键能力，在真实的语言运用情境中不断拓宽语文学习和应用领域，提高学生语言文字运用能力。与此同时，培植学生创新思维的习惯和信心，培养其发现问题、分析问题、解决问题的能力。

语文跨学科学习是为了融合多门学科实现语文课程价值的新追求，由"知识本位"走向"素养追求"。素养导向下语文跨学科学习的实施、评价、反思，培养的是学生的跨学科意识、综合运用知识和创造性解决问题的能力，它不只是"学科育人"，更是"课程育人"；不只是"单一育人"，更是"协同育人"，从而为学生的未来发展奠定坚实的基础。

参考文献

［1］张春雷.跨学科学习评价：价值定位、过程方法及模型应用［J］.中国考试，2023（4）.

［2］胡庆芳，严加平，黄开宇，等.跨学科实践推进与教师能力发展［M］.上海：华东师范大学出版社，2021.

［3］董艳，夏亮亮，王良辉.新课标背景下的跨学科学习：内涵、设置逻辑、实践原则与基础［J］.现代教育技术，2023（2）.

［4］郑萍，徐幸良.《海底两万里》跨学科学习项目化设计与实施［J］.语文建设，2023（6）.

单元整体教学的创新原则和案例分析

——以小学语文为例

山东省武城县第七实验小学　刘秀红

在大单元教学框架下，阅读教学注重培养学生的阅读兴趣、阅读习惯和阅读素养，教师可以围绕特定的主题，选择具有趣味性、思考性的阅读材料，注重对阅读策略的传授，帮助学生掌握快速阅读、分析阅读等方法，引导学生开展深入阅读，提高阅读效率。在写作教学方面，大单元教学模式同样具有显著优势。教师可以依据学生的实际情况，设计具有挑战性、创造性的写作任务，激发学生的写作热情。在此基础上，还需关注对学生写作过程的指导，从选题、构思、起草、修改等方面给予学生全方位的帮助，提升学生的读写能力。

一、大单元教学创新模式的主要特点

近年来，教育界对大单元教学的研究不断深入，逐渐将其应用于各个学科领域，并取得了明显的成效。大单元教学理念为小学语文阅读与写作教学提供了一种全新的思路，具有以下几个特点。

（1）强调主题的融通贯穿。在一个大单元中，各个知识点、技能和素质之间存在内在的联系，形成一个有机的整体。教师在教学过程中，要以主题为核心，将各个知识点和素质融会贯通，使学生在学习过程中能够将其更好地理解和掌握。

（2）注重学生的主动参与。在大单元教学模式下，教师不再是知识的传递者，而是引导学生主动探究、主动实践的导师。学生通过自主学习、合作学习等方式，在大单元教学的框架下积极探索，提高自己的综合素质。

（3）具有灵活动态的特性。教师要根据学生的实际情况、教学资源和教学目标，灵活调整教学内容、教学方法和教学进度。这为师生提供了更多的教学创新空间，有助于提高教学质量。

（4）强调教学评价多元化。教学评价不仅要关注学生的知识掌握程度，还要关注学生在学习过程中的实践能力、创新能力、团队合作精神等综合素质。通过多元化评价，教师可以更好地了解学生的成长，为学生提供有针对性的指导。

二、大单元教学模式的创新原则

结合小学语文教学的特点，我们总结出以下几点设计原则，以指导大单元教学课堂实践。

（1）坚持以学生为本。新媒体时代下的教育，以学生为中心，关注学生的需求、兴趣和特长。教师要充分了解每个学生的学习状况和个性特点，尊重他们的差异，制定具有针对性的教学策略。在此基础上，激发学生的学习兴趣，培养他们的自主学习能力，使每个学生都能在大单元教学过程中得到充分的发展。

（2）强化主题引领。在大单元教学设计中，教师应确保主题的核心地位，将各个知识点、技能和创新元素有机地融入主题中。这样既能帮助学生建立知识体系，又能提高教学的连贯性和整体性。教师要善于运用新媒体技术，寻找与主题相关的教学资源，丰富教学内容，提高教学吸引力。

（3）注重实践活动。教师要充分利用课堂内外的时间和空间，设计具有实践性和创新性的活动。这些活动旨在锻炼学生的动手能力、观察能力和思维能力，使他们能在实践中巩固知识、发现问题、解决问题。同时加强团队合作，培养学生的沟通能力和协作精神，有助于他们更好地适应社会需求。

（4）实施开放评价。大单元教学评价应注重学生的全面发展，关注其知识、能力、情感、态度等多个方面。教师要建立多元化、开放性的评价体系，既关注学生的成果，也关注他们的成长过程，重视创新素养的培育。通过激励性、个性化的评价，激发学生的学习动力，帮助他们建立自信。

三、大单元教学创新模式的案例解析

教师应关注学生的个体差异，设计有针对性的教学方案，引导学生在深入阅读、广泛阅读的过程中，提升自己的阅读能力，为终身学习打下坚实的基础。在此基础上，学生能够在阅读中汲取知识，开阔思维，培养良好的道德品质和审美情趣，从而实现全面发展。

以"在心中画一个春天"单元整体教学为例，教师可以将课文、生字、词汇、语法等知识点融入这一主题中，通过新媒体技术展示春天的图片、音乐和视频，激发学生的探究兴趣，然后引导学生通过观察、体验、讨论等方式，组织学生进行小组探讨，分享他们对春天的认识和感受。在讨论过程中，教师适时引导，将知识点与学生的实际生活相结合，设计一系列实践活动，如绘画、写作、表演等，让学生在实践中巩固知识，提高自身综合素质。随后，教师可以引导学生进行实践活动。例如，组织学生到户外欣赏春天的景色，感受春天的气息，并用画笔记录下他们眼中的春天。回到课堂上，学生将自己的作品与同学分享，通过互相评价、交流心得，提高自己的观察能力和表达能力。在实践活动结束后，教师对本单元的知识点进行总结，引导学生构建知识体系，还可以设计一些拓展练习，如让学生仿写关于季节的短文，巩固所学知识。通过以上教学实践，学生在学习过程中不仅能够掌握知识，还能培养自己的实践能力和创新能力。

通过以上案例分析，我们可以看到，大单元教学创新模式在具体实践中具有较高的应用价值。它不仅有助于提高学生的学习兴趣和积极性，还能培养学生的综合素质和实践能力。教师应不断尝试推出有代表性的典型教学案例，分析成功案例，提出改进措施，为小学语文单元整体教学提供借鉴。

我们通过构建大单元教学框架、整合优化教学资源、采用多种教学手段以及注重学生的情感体验等策略的实施，激发了学生的学习主动性和积极性。学生在互动交流中不断演绎精彩，提升了创新素养和综合能力，为未来的学习和生活打下了良好基础。教育改革永无止境，在新媒体背景下的大单元教学具有广阔的发展前景。我们应紧跟时代步伐，在具体实践中不断创新，进一步探索和完善大单元教学的创新模式。相信在不久的将来，大单元教学的应用将更加广泛，我们也将迎来语文教育的春天。

参考文献

［1］陈团英.融合知识，创新模式——聚焦小学语文单元整体教学［J］.世纪之星（高中版），2022（26）.

［2］李泽晖.小学语文教学过程中新课程模式的守正与创新——论"小学语文大单元教学模式"的运用［J］.语文课内外，2020（24）.

构建培智学校语文教学生活化的创新课堂

山东省武城县特殊教育中心　于东涛

　　培智学校的语文教学面临着一系列挑战。学生的特殊性使得他们在认知、沟通、行为等方面存在不同程度的障碍，这对语文教学提出了更高的要求。传统的语文教学模式往往过于注重知识传授，忽视了学生的生活实践和情感体验，导致教学效果不尽如人意。教师在教学过程中过于依赖课本，教学中缺乏知识与现实生活的联系，使得学生难以将所学知识应用于实际生活中。在这一背景下，生活化教学理念应运而生，它主张将教学活动与学生的日常生活紧密结合起来，使学生在真实的情境中感受、体验和理解知识。生活化教学尤其注重学生的情感体验，使学生在愉悦的氛围中感受到学习的乐趣，提高学习的积极性和主动性。

一、实践策略：构建生活化语文教学的具体方法

　　要让培智学校的语文教学实现生活化，我们需要充分理解和把握生活化教学的内涵，将生活元素与教学内容有机结合，采取一系列具体的方法和措施。

　　（1）创设生活化的教学情境。这是教学的关键所在，可以通过开发和利用课程资源、搭建校内外实践平台等方式实现。教师可以采用项目式、情境式、合作式等教学方式，激发学生的学习兴趣，引导学生主动参与学习。在教学过程中，教师要善于引导学生从生活实际出发，探讨语文知识与生活的联系，使学生在实践中感受、体验和理解语文。

　　（2）关注学生的个体性差异。每个孩子都有自己的爱好和天性，教师要因材施教，制订符合学生需求的教学计划和教学策略，使课堂教学更具针对性和实效性。尤其值得一提的是，教师要关注学生的情感需求，注重课堂的组织与调控，营造轻松愉快的学习氛围，让学生在愉悦的情感状态下学习。

（3）学校、家庭和社会的联动。在实施生活化教学过程中，学校、家庭和社会的协同作用也不容忽视。学校要与家庭建立紧密的合作关系，共同关注学生的成长需求，将生活化教学延伸到家庭和社会。同时，充分利用社会资源，开展校内外实践活动，拓宽学生的视野，提高他们的社会适应能力。

二、课程设计：生活化教学实践创新案例解析

在实施生活化教学理念的过程中，课程设计起到了至关重要的作用。下面以《春天来了》一课为例，详细解析生活化教学实践创新案例。

（1）课程设计考虑生活化教学的内涵和目标。教师可以将"春天"作为教学主题，设计一系列与春天相关的情境活动。这些活动应涵盖学生的日常生活，如观察校园里的花草树木、讲述自己眼中的春天、分组创作春天的故事等。通过这些活动，学生在实践中感受春天的美好，理解课文内容，培养他们的观察力、想象力和表达力。

（2）课程设计注重学生个体差异和兴趣需求。在设计教学活动时，应尽量使每个学生都能参与其中，让他们在自主探究和互动合作中发现问题、解决问题。例如，在观察校园里的春天这个活动中，教师可以设置不同难度的观察任务，以满足不同学生的需求。同时，教师还应关注学生的情感体验，使他们在学习过程中感受到乐趣和成就感。

（3）课程设计注重对校内外资源的开发和利用。教师可以结合学校所在地的地域特色和文化背景，创设具有现实意义的生活化教学情境。在讲述春天的故事活动中，教师也可以邀请家长参与，让他们分享儿时在春天里的趣事，从而丰富教学内容，拓宽学生的知识视野。

（4）课程设计关注教学评价的全面与多元。教师除了对学生的知识掌握程度进行评价外，还要关注学生在课堂上的表现、合作能力、情感态度等诸多方面，通过形成性评价与终结性评价相结合的方式，全面评估生活化教学的成效。

在课程设计中，教师以生活化教学理念为指导，关注学生的需求和兴趣，从学生的实际生活出发，设计一系列与春天相关的情境活动，充分挖掘和利用校内外资源，创设生活化的教学情境。同时，注重教学评价的多元化，全面评估生活化教学的成效。通过这些活动，学生在实践中感受春天的美好，培养他们的观察力、想象力和表达力，从而实现培智学校语文教学生活化的目标。

三、教学评价：衡量生活化教学成效的重要手段

这里所说的教学评价，既包括对学生的评估，也包括对教师教学过程的反思。在评估学生学习成效时，我们应主要关注以下几个方面。

（1）知识掌握程度是衡量学习成果的重要指标。教师可以通过课堂提问、课后作业、单元测试等方式，了解学生对课堂所学知识的掌握情况。同时，教师还可以观察学生在日常生活情境中的表现，以评估他们是否能将所学知识应用于实际生活中。

（2）参与度是评价积极性与主动性的重要因素。教师应关注学生在课堂上的表现，如是否积极参与讨论、主动提问、乐于分享等，还可以通过学生之间的互动与合作情况，了解他们在课堂活动中的参与程度。

（3）实践操作能力是教学成果应用的重要体现。教师可以设计一些实际操作任务，让学生在实践中运用所学的知识，以评估他们的实践操作能力。这有助于检验学生在现实生活中应用知识的能力，从而提高他们的综合素质。

（4）情感态度是评估学生学习成效的重要方面。教师应关注学生在学习过程中的情感变化，如是否保持积极的学习态度、对生活化教学是否认同等。通过观察学生的情感状态，教师可以了解生活化教学对他们心理健康和情感成长的影响。

在评估生活化教学成效时，我们要关注学生的知识掌握程度、课堂参与度、实践操作能力以及情感态度。通过多元化的评价手段，可以全面了解生活化教学的成效，为进一步优化教学策略、提高教学质量提供有力支持。在此基础上，不断改进教学方法，为培智学校的孩子们提供更加优质、更加符合他们需求的创新教育。

生活化教学让我们认识到，教育不仅仅是知识的传授，更是对学生情感、态度和价值观的培养。在未来的语文教学中，我们需要继续深化生活化教学理念，坚持以学生为本，关注学生的需求和兴趣，创新教学方法，优化教学实践，为培智学校的学生提供更加优质、符合他们需求的教育。相信，培智学校语文教学生活化的发展前景将更加广阔。

初中数学跨学科教学创新策略探究

——以融入语文元素为例

山东省武城县第一中学　董子海

在人类教育的长河中，数学与语文各自独立却又相互交织。近年来，越来越多的人开始关注语文与数学的相融相通，这不仅为传统的数学教学注入了新的活力，也赋予了语文更丰富的内涵。数学与语文的融通碰撞并非简单叠加，而是深度的交融。数学的逻辑性、严谨性可以弥补语文教学中的不足，使学生在理解和表达上更具精确性。同时，语文中的文字、文学元素也可以反过来启发学生的数学思维，使数学教学更加生动有趣，提高学生的创新思维能力。数学与语文的融合，可为学生提供更为丰富和多元的学习体验。

一、数学教学如何激发学生的语文思维

在数学教学中激发学生的语文思维成为当下教育创新的重要课题。以下几点措施有助于实现这一目标。

（1）教师转变观念，重视语文思维培养。教师要充分认识到语文思维在数学教学中的重要性，将之视为提升学生综合素质的关键因素。在教学过程中，教师应以更为开放的心态去接纳语文思维，并尝试将其融入数学教学中。

（2）开展跨学科教学，促进学科间的交融。教师可以尝试与其他学科的老师合作，开展跨学科教学，让学生在不同的学科领域中感受数学思维的魅力。例如，在数学课程中，教师可以邀请语文老师共同授课，让学生在文学作品中体会到数学的逻辑性和抽象性。

（3）注重生活化实践，创设情境式氛围。教师可以设计一些富有趣味性和文学性的教学活动，引导学生自主探索，动手实践，运用语文思维去解决问题，让学生

在实践中锻炼数学思维。例如，在数学坐标系教学中，教师可以让学生尝试用坐标系来描绘文学作品中人物的心理变化，从而使教学更具立体感和动态感。

（4）注重个性化教学，关注学生个性特长。教师应了解学生的兴趣爱好，挖掘他们的自身潜力，为每个学生量身定制合适的教学方法。尤其是对语文感兴趣的学生，教师可以引导他们阅读一些涉及数学知识的文学作品，如《红楼梦》中的数学奥秘、诗歌中的理性之美等，从而让数学与语文联手，激发学生的高阶思维。

应该注意的是，想要激发学生的语文思维，需要在教学过程中从多方面入手。一方面，教师需要具备跨学科的知识背景和教学能力；另一方面，也需要调整教学策略，创新教学方法。通过这些措施，有望在数学教学中培养学生的创新思维，提升他们的综合素质。

二、案例分析：数学教学与语文元素的融合实践

（一）案例一：数学坐标系的巧妙应用

教师在教授数学坐标系时，巧妙地引入了小说《骆驼祥子》，让学生通过绘制人物命运的曲线，分析小说中人物性格的转变和故事情节的发展。这一方法使学生从全新的角度理解了坐标系的用途，提高了他们的理解能力。同时，数学思维的引入也激发了学生对阅读小说的兴趣，使他们能更加敏锐地捕捉到生活中的点滴细节，深度理解小说的内涵。

（二）案例二：数学教学中的诗词元素

在教师教学中，运用数学的思维和方法，引导学生从数据分析的角度鉴赏古典诗词。例如，可以分析诗人杜甫的《春望》一诗，引领学生通过计算诗句中的字频、词性分布等数据，了解杜甫的创作特点及其在唐代诗歌史上的地位。这种方法使学生在欣赏诗词的美感之余，更深入地理解了诗词的格律和意境，并深刻体会到数学与语文联动的美妙。

（三）案例三：数学轴对称的建构之美

轴对称是数学中重要的图形变换，在教学时融入《故宫博物院》的对称之美，既能生动诠释对称的特性，又能通过优美的词句渲染祖国的山河之美、建筑之美，使数学知识变得生动有趣，让学生更容易理解和接受，不仅激发了学生求知的欲望，更激发了他们的爱国情怀。

这些成功案例表明，语文元素在数学教学中的应用不仅丰富了教学手段，提高了教学质量，还激发了学生的学习兴趣和创造力。通过数学与语文的交融，学生能

够在学习中体会到学科之间的联系，培养自己的跨学科思维能力，为未来的学习和生活打下坚实的基础。

三、探讨数学教学与语文元素融合的未来发展趋势

随着教育改革的深入推进，数学教学与语文元素的融合已成为当下教育创新的热点。展望未来，我们有理由相信，数学教学与语文元素的结合将呈现出以下发展趋势。

（1）跨学科教学将越来越受到重视。教育部门将鼓励教师进行跨学科合作，开展综合性教学，让学生在语文、数学、英语等不同学科之间建立紧密的联系。这将有助于培养学生的高阶思维能力，提高他们的综合素质。

（2）语文在数学中的应用更加丰富。未来，教师将不仅局限于在简单的数学方法，如坐标系、数据分析等教学中运用语文知识，还会将语文元素引入更高级的数学中，如概率论、统计学等，以提高教学的深度和广度。

（3）科技将在融合中发挥更大作用。随着教育信息化的发展，教师可以利用多媒体、网络等资源，将语文元素生动地呈现在数学教学中。同时，人工智能等技术将为教育带来更多创新可能，如个性化推荐学习资源、智能辅导等。

（4）教师的角色将会发生重大转变。教师将从传统的知识传授者转变为学生学习的引导者和陪伴者。他们需要具备跨学科的知识背景和教学能力，加大对学生个体差异的研究，为每个学生量身定制合适的教学方案，激发学生的学习兴趣和创造力，培养其独立思考和解决问题的能力。对于有特殊兴趣和潜力的学生，教师将提供更丰富的资源和支持，激发他们的学习潜能。

在教育部门的推动下，跨学科教学、个性化教学、科技应用、教师角色转变等发展趋势将不断深化，为学生的成长提供更多可能。教师要不断提高自身的综合素质，创新教学方法，以实现数学与语文的完美结合，激发学生的学习潜能，为他们的成长铺就一条宽广的道路。在今后的教学中，我们应积极探索更多数学教学与语文元素的融合实践，为学生提供更为多元和深入的学习体验。期待在不久的将来，数学教学与语文元素相遇与碰撞，能碰撞出更多的火花，照亮学生的求知之路。

数学与语文跨学科教学的整合与创新

山东省夏津第五中学　贺彦

在教育领域，跨学科教学作为一种新兴的教育模式，正逐渐受到广泛关注。随着科学技术的飞速发展，社会对人才的需求日益多样化，单一学科的知识体系已无法满足时代发展的要求。因此，跨学科教学应运而生，旨在打破传统学科之间的界限，促进知识融合，培养学生具备全面素质和创新能力。在众多学科中，语文与数学的跨学科教学尤为重要，不仅有利于提高学生的综合素质，还有助于拓宽他们的思维视野。

一、数学与语文跨学科教学的理论基础

数学与语文两门学科在知识体系、教学方法和评价标准上存在很大差异，但这并不意味着它们无法实现跨学科教学。从认知心理学角度来看，人类大脑在处理不同学科知识时会采用不同的思维方式，这为语文与数学的跨学科教学提供了可能性。建构主义教育理论强调学生的主体地位和自主建构过程，认为学生可以通过自主探索和合作学习的方式，在跨学科的教学环境中构建知识体系。因此，语文与数学跨学科教学的理论基础坚实可靠。

在此基础上，教师可以尝试创新教学策略，将数学与语文知识有机结合，激发学生的学习兴趣和动力。教师还需关注学生的个体差异，提供个性化的学习支持，帮助他们逐步形成独立思考和解决问题的能力。数学与语文跨学科教学不仅能够整合知识体系，还对培养学生的综合素质和创新思维具有重要作用。

二、数学与语文跨学科教学的意义所在

通过将数学和语文两门学科有机融合，我们可以为学生提供更丰富的学习体

验，提升他们的综合素质和创新能力，培养其团队合作精神和沟通能力，为学生未来的学习和工作打下坚实基础。

（一）知识体系更加全面

跨学科教学模式强调学科间的相互渗透和融合，在现代社会，知识的更新速度日益加快，单一学科的知识已经无法满足学生未来社会生活的需要。数学与语文跨学科教学能够打破学科壁垒，将数学的逻辑思维与语文的形象表达相结合，形成更为全面的知识体系。

（二）综合素质得到提升

数学教学中融入语文元素后，学生可以在学习数学概念的同时，通过语文知识加深对概念的理解和记忆，不仅能够学习到数学的计算能力和逻辑思维，还能够通过语文学习提高自己的语言表达和文化素养，反之亦然。这种整合不仅有助于学生构建更为坚实的知识框架，还有助于培养学生的综合素质，提高他们的综合分析问题和解决问题的能力。

（三）激发学生创新意识

创新思维是现代社会对人才的基本要求之一。数学与语文跨学科教学能够激发学生的创新意识，培养他们的创新能力。在这种教学模式下，学生从不同的角度思考问题，在实践中不断尝试和探索，这种跨学科的思维方式有助于打破传统思维定式，从而形成独立思考和创新的习惯。

三、数学与语文跨学科教学的模式探索

跨学科教学模式多种多样，主要包括项目式学习、主题式学习、问题式学习等。项目式学习让学生围绕一个中心项目进行探究，通过多学科知识的整合来解决问题。主题式学习则是围绕一个主题展开，让学生从不同学科的角度进行学习和探讨。问题式学习则是以问题为中心，引导学生通过研究和探讨来寻找解决问题的方法。这些模式强调学科间的联系和互动，鼓励学生在学习中探索，在实践中创新。

在跨学科教学中，教师需要根据学科特点和学生的实际需求，选择或设计合适的教学模式，使数学的逻辑性和语文的形象性相互补充，共同促进学生的认知发展。同时，教师还需要考虑教学资源、学生的接受能力等因素，以确保跨学科教学的有效性。

四、数学与语文跨学科教学的创新策略

数学与语文跨学科教学能够有效地整合知识体系，培养学生的综合素质和创新

思维。为了实现这一目标，教师需要采取一系列创新的教学策略。

（一）课程设计与教学内容整合

在数学与语文的跨学科教学中，教师需要对课程进行整体规划，确保数学和语文教学内容的有效整合。这涉及对现有教材的重新编排，或者设计有关数学计算和语文表达的综合性任务，让学生在完成任务的过程中自然地学习和应用两个学科的知识。

（二）教学方法与活动方式创新

这是提高跨学科教学效果的关键。在数学与语文的教学中，教师可以尝试多种教学方法，如讨论、合作、探究、游戏等，激发学生的学习兴趣和参与热情，还可以设计一些创新的教学活动，如数学故事创作、数学诗歌朗诵、数学知识的视觉化表达等，让学生在实践中体验数学与语文的结合之美，提高自身的学习能力和综合素养。

（三）评价体系与反馈机制构建

在数学与语文的跨学科教学中，教师需要建立一个全面的评价体系，不仅评价学生的知识掌握情况，还要评价他们的综合素质、创新能力和团队合作能力。教师还需要建立及时的反馈机制，对学生的学习过程和结果进行跟踪和反馈，帮助他们及时调整学习策略，提高学习效果，激发学习兴趣和创造力。

综上所述，数学与语文跨学科教学具有重要的现实意义。在实践过程中，教师应该不断更新教育理念，提高跨学科教学的能力，关注学生的需求和发展，不断探索和优化教学策略，通过充分发挥两门学科的优势，促进知识融合，探索更为有效的教学策略和方法，培养出新时代具备创新精神和综合素质的人才，以适应教育改革的需要和不断变化的社会需求。通过这些努力，我们可以期待数学与语文跨学科教学在未来的进一步发展和创新。

参考文献

［1］赵路言.基于创新教育的跨学科教学实践［C］//2024年第一届教育创新与经验交流研讨会论文集.2024.

［2］郭建然.创新教学方式，提升学生自主学习能力的探索与实践［J］.学苑教育，2024（6）.

［3］欧阳淑勤.在信息技术学科中开展跨学科教学的研究［J］.教育界，2022（24）.

诗歌与数学教学的跨界创新

山东省武城县武城镇希望小学　张万峰

传统数学教学往往过于强调理论，忽视了学生的兴趣和对知识的实际应用。诗歌，作为一种结合数学概念的艺术形式，正逐渐成为教育创新的重要载体。二者联动的魅力在于，它将抽象的数学概念具象化为生动的诗句，将严谨的数学逻辑与诗歌的韵律美有机结合，使学生在欣赏诗歌的过程中，感受到数学的趣味与美感，为数学教学开辟了新的视野。诗歌融入数学课堂的这种创意教学形式丰富了教学手段，满足了学生的个性化学习需求，提高了教学效率和质量。

一、诗歌为数学课堂注入活力

数学课堂融入诗歌元素，可以激发学生的学习兴趣，培养他们的创新精神和实践能力，这无疑为数学课堂注入了新的活力。

（1）诗歌的独特魅力能够激发学生的学习兴趣。当严谨的数学逻辑与优美的诗歌韵律相结合时，学生会在欣赏诗歌的过程中，感受到数学的趣味与美感。这种寓教于乐的方式，使学生在享受艺术的同时，潜移默化地掌握了数学知识，提高了学习兴趣。

（2）诗歌的恰当运用利于提高教学质量。通过融入诗歌的教学方式，教师可以将抽象的数学概念转化为生动优美的诗句，使学生在理解数学知识的同时，加深对诗歌艺术的理解。这种融合式的教学方法，有助于提高学生的学习效果。

（3）诗歌的创作竞赛可以培养创新能力。教师可以设计密切联系数学知识的诗歌创作比赛，让学生在创作实践中运用数学知识，提升他们的创新能力和团队协作精神。在这个过程中，学生不仅需要发挥自己的想象力和创造力，还要学会与他人合作，共同完成创作任务。

（4）诗歌的趣味欣赏能够拓宽学生视野。教师可以引导学生欣赏融合数学元素的古典诗歌，使他们了解我国数学文化的博大精深。教师还可以将数字诗创作与现实生活相结合，让学生明白数学在实际生活中的应用，进一步提升他们的实践能力和综合素质。

二、诗歌与数学教学融合的实践案例

将诗歌融入数学课堂，不仅可以丰富教学内容，还可以激发学生的学习兴趣，提高学生的文学素养和审美能力，培养学生的创新精神和实践能力。以下是诗歌融入数学课堂的实践案例。

（一）案例一：几何形状与诗意的结合

在教学几何知识时，教师可以引导学生创作以几何形状为主题的数学诗。如："圆如满月映湖心，三角支架稳固立。矩形田地广无边，长短轴间藏秘密。"诗歌不仅帮助学生理解了几何形状的概念，还让他们体会到了数学与诗意的结合之美。

（二）案例二：图形变换与诗意的结合

教师可以引导学生通过诗歌来探讨几何形状的性质和变换。如："线条流畅如飘带，对称轴间藏奥妙。旋转拉伸自如舞，奇妙世界尽显现。"诗歌让学生在欣赏美丽诗句的同时，理解和掌握了几何图形的变换和性质。

（三）案例三：证明技巧与诗意的结合

教师可以利用数学诗来教授几何证明的方法，例如："相似之形皆有缘，比例系数作见证。同一直线两侧站，证明相似三角形。"诗歌为学生展示了相似三角形的证明过程，使他们在欣赏诗歌的同时，掌握了几何证明的方法和技巧。

（四）案例四：三角函数与诗意的结合

在教学三角函数时，教师可以引导学生创作以三角函数为主题的数学诗，如："正弦余弦自在舞，角度变化藏机关。同角关系紧相随，知识海洋轻舟泛。"诗歌将三角函数的定义和公式融入其中，让学生在欣赏诗歌的过程中，理解和掌握了三角函数的相关知识。

三、诗歌与数学跨学科创新课堂的发展前景

诗歌与数学教学的跨界创新已逐渐显示出其强大的生命力。它不仅为学生提供了一种新颖的学习方式，也为教师提供了丰富的教学手段。

（1）激发学习兴趣。在新媒体时代背景下，学生对知识的获取方式有了更高的

要求。诗歌以其独特的艺术形式，将抽象的数学知识具象化，有助于提高学生的学习积极性。随着教育技术的发展，更多的诗歌教学资源将不断涌现，满足学生的个性化学习需求。

（2）提高教学质量。通过创新的教学策略，如数学诗创作比赛、课堂教学实践等，教师可以让学生在欣赏诗歌的同时，理解和掌握数学知识。这种融合式的教学方法有助于提高学生的学习效果，培养他们的创新精神和实践能力。

（3）促进教育公平。无论在城市还是农村，学生都可以通过网络平台获取优质的数学诗教学资源。诗歌教学资源的可复制性和传播性，使得教育资源得到更好的共享。这有助于缩小城乡教育差距，提高我国教育公平水平。

（4）培养创新人才。随着科技的发展和社会的进步，创新精神和实践能力将成为未来社会所需的核心素养。诗歌与数学教学的融合，有助于培养学生的创新意识、团队协作能力和实践能力，使他们更好地适应社会发展的需求。

诗歌与数学教学的跨界创新为教育改革提供了新的思路。我们有理由相信，随着教育改革的深入推进，诗歌与数学教学的融合将为我国教育事业注入新的活力，为培养具有创新精神、实践能力和社会责任感的新一代人才做出贡献。在未来的教育实践中，诗歌与数学教学的创新融合将绽放更加绚丽的光彩，共同书写教育事业的美好篇章。

参考文献

［1］郭衎，曹一鸣.综合与实践：从主题活动到项目学习［J］.数学教育学报，2022，31（5）.

［2］张玉华.跨学科主题学习的水平分析与深化策略［J］.全球教育展望，2023，52（3）.

跨学科教学的创新实践与应用

——以数学融合语文课程为例

山东省武城县第一中学　吴长征

　　跨学科教学是当前教育改革中的重要方向，旨在打破传统学科界限，促进学生全面发展。跨学科教学创新的必要性在于，传统教学方法过于强调教师的权威地位，忽视了学生的主动性和创造性。而创新课堂则注重学生的主体地位，鼓励他们积极参与、主动探索，培养其解决问题的能力和创新精神。由此，我们进行了数学与语文跨学科教学的探索与研究，其在课堂教学的实践已取得了一定成效。

一、数学融通语文课程的开发与建构

　　数学跨学科教学是一种新兴的教学模式，将数学的逻辑思维与语文的语言表达相结合。实践证明，这不仅拓宽了学生的知识视野，丰富了学生的学习体验，还有助于培养学生的综合素质、创新能力和团队合作精神。具体做法如下。

　　（1）设计综合性课程，将数学与语文知识相互渗透。例如，在语文课上，教师可以引导学生运用数学的逻辑思维分析文本结构，推理作者意图。而在数学课上，教师可以利用语文的形象思维，帮助学生理解抽象的数学概念，在学习过程中充分调动学生的各种思维方式，提高学习效果。

　　（2）开展合作化学习，发掘数学教学中的语文元素。通过开展各种学习活动，鼓励学生在小组讨论中分享不同学科的专业知识。学生在解决实际问题的过程中，不仅可以提高沟通能力和团队协作精神，还能实现跨学科的交流与碰撞。

　　（3）进行项目式教学，融合数学与语文的相关知识。教师可设计具有挑战性和现实意义的项目，让学生在解决问题的过程中，自然融合语文与数学知识。例如，在探究科普文章时，学生可以运用数学的统计方法分析文章中的数据，用语文的批判性思维评价文章的观点。而在解决一个实际问题时，学生可以将数学的建模方法与语文的沟通技巧相结合，提出解决方案。

（4）利用信息化手段，通过网络平台开展学科交流。通过网络平台，如在线教育平台、教育APP等，教师可以为学生提供不同学科的优质资源，引导学生自主学习。同时实现跨学科教学的线上线下相结合，使学生能随时随地分享学习心得和经验，增强学生对求知学习的兴趣，培养他们的语言表达能力和创新素养。

二、数学与语文跨学科教学的策略方法

教师在跨学科实施过程中需要把握学科整合的核心理念，注意对教学内容的选择与设计，善于运用多元化教学手段，尤其要尊重学生的主体地位。在教学过程中，以学生为中心，充分激发学生的主动性，关注他们的兴趣和需求，引导他们主动探索知识，从而激发他们的学习热情，提高他们的综合素质，使他们在面对生活中的实际问题时能自主解决。

（1）整合教学内容：在教学设计中，教师可以选择与生活紧密相关的主题，如环保、社区服务等。通过阅读相关的文章，学生可以学习如何收集和分析数据，然后用数学知识来解释这些数据，并用语文能力来撰写报告或演讲，表达自己的观点。这样，学生在解决问题的过程中自然地运用融合了数学和语文的知识。

（2）创新教学方法：教师可以设计具有挑战性和现实意义的项目，引领学生采用探究式学习和合作学习等多样化的方法，将语文与数学知识融合起来，激发学生的学习兴趣和主动性。例如，通过小组合作完成一个关于校园绿化的项目，学生需要运用数学知识来计算绿化面积、预算成本，同时用语文知识来撰写项目计划书和总结报告。

（3）跨学科主题学习：在课程设计中，教师可以组织跨学科主题学习活动，让学生在真实情境中应用所学知识。例如，通过研究古诗中的数学元素，学生可以在欣赏文学作品的同时，发现并理解其中的数学规律和思维方式。此类教学方式有助于培养学生的团队协作能力、创新思维能力和实践能力。

（4）生活化作业设计：在"双减"政策背景下，作业设计应注重生活化，富有创意和实践性。例如，让学生编织一个有关数学的故事，既锻炼了数学思维，又提高了语文表达能力。这样，让学生在解决问题的过程中，自然而然地将语文与数学知识融合起来。

通过上述方法策略，教师可以在数学教学中有效地发掘和利用语文元素，实现

数学与语文的有机结合。以下是几点具体方法。

（1）故事和情境创设：利用语文故事讲述数学概念的背景和应用，可以让学生在数学情境中学习语文。例如，通过讲述数学家的故事或者数学知识在历史中的应用，激发学生的兴趣，同时锻炼他们的听说能力。

（2）问题的语言描述：在解决数学问题时，要求学生用清晰、准确的语言表述问题和解题过程。这不仅能够锻炼学生的逻辑思维，还能提高他们的语言表达能力，助力其语文学习。

（3）阅读材料的使用：在文学作品、历史文献或科普读物中，发掘与数学相关的元素，让学生在阅读中发现数学与语文的联系。通过讨论和分析这些材料，学生可以提高阅读理解能力，同时加深对数学概念的认识。

（4）日记和报告撰写：鼓励学生撰写数学日记或报告，记录他们在数学学习中的发现、疑问和心得。这种写作活动可以培养学生的自我反思能力，激发学生的创造力，同时提高其语言表达能力。

数学与语文跨学科教学在实践过程中已取得了显著成效，通过关注学生的学习成绩、综合素质、兴趣爱好和发展方向，关注教师的教学能力和专业素养，我们可以更好地评估跨学科教学的成效，继续探索和优化跨学科教学策略，为今后的教育教学提供有益参考。展望未来，我们有理由相信，数学教学与语文的融合碰撞将拥有更加广阔的发展前景。

参考文献

［1］郭建然.创新教学方式，提升学生自主学习能力的探索与实践［J］.学苑教育，2024（6）.

［2］吴柳，吴华.ARCS模型视角下数学跨学科教学研究来源［J］.科教文汇，2023（22）.

数学与语文融通教学创新案例研究

山东省武城县第一中学　董子海

语文思维对数学教学的启示与影响是多方面的，通过整合数学与语文学科的知识、技能和方法，构建以活动为载体的跨学科教学课堂，能为创新课堂的构建提供理论依据。本文旨在探讨数学与语文跨学科教学的有效方式，并通过具体创新案例进行分析，把童话、诗歌等文学元素融入数学课堂，这不仅体现了对数学知识的运用，更展示了数学与文学交融的美感。

一、数学与语文结合创作童话故事的技巧

教师可以根据学生的实际情况和教学目标，灵活运用这些教学策略，使融入语文的数学教学更加生动、有趣和有效，进而提高学生的文学素养、审美能力和创造力。数学与语文结合创作童话故事的具体做法如下。

（1）设定主题与背景：首先，确定童话故事的主题，可以是与数学相关的，如探险、解谜等。其次，构建背景，将数学元素融入故事的背景设定中，例如构建一个由几何图形构成的奇幻世界或一个需要解决数学难题才能通过的迷宫。

（2）角色设定与特点：使用拟人的手法，让数学元素或概念成为故事中的角色。例如，数字可以化身为小精灵，几何图形可以成为会说话的城堡或桥梁。根据角色特点，为每个角色赋予独特的数学特性或技能，使其与故事情节紧密相连。

（3）故事情节的设计：在故事情节中巧妙地引入数学问题或挑战，如计算距离、解决比例问题或识别图形等，结合现实应用，将数学问题与现实生活中的应用场景相结合，使故事更加贴近实际，增加学生的代入感；通过设置悬念和冲突，激发学生的学习兴趣和好奇心，引导他们主动思考和解决问题。

（4）语言表达的美感：使用简洁、活泼、形象的语言来描述故事情节和角色，

满足学生的语言审美需要，通过简短的句子和反复句来增强故事的音乐感，一咏三叹，回环往复，使故事读起来更加朗朗上口，富有诗意。

（5）创作的多种技巧：利用"假设"进行想象，通过设定假设情境，引导学生进行想象和联想，拓展故事的深度和广度。在故事中运用多种表现手法，如夸张、拟人、象征等，使故事跌宕起伏，更加生动感人。

（6）整合与呈现艺术：在创作过程中，数学与语文元素达到有机结合，能使故事既具有数学的趣味性又具有语文的文学性。除了传统的书面呈现方式外，还可以考虑使用多媒体、动画等形式来呈现故事，增加故事的吸引力和互动性。

当然，教师要及时进行教学效果评估，评估学生的童话作品质量，包括故事的情节设计、语言表达、数学元素的融入等方面。如有条件，可以联合语文老师组织学生进行童话演出，一同助力学生成长。

二、数形语意：数学与语文跨学科教学的效果

在评估数学与语文跨学科教学的成效时，我们应关注以下几个方面：关注学生的学习成绩，分析他们在跨学科教学环境下的学术表现；关注学生的综合素质，如团队协作能力、沟通能力、批判性思维等；关注学生的发展方向，了解跨学科教学对他们未来发展的影响；关注教师的教学能力和专业素养，分析教师在跨学科教学过程中的成长与发展。

（1）跨学科教学有助于提高学习成绩。学生在跨学科教学环境中，能够更好地将不同学科的知识进行融合，形成更为完整的知识体系。这使得他们在面对综合性问题时，能运用所学知识进行分析和解题，从而提高学习成绩。跨学科教学还有助于提高学生的学习兴趣，激发他们的求知欲，使他们在学习中保持积极的心态。

（2）跨学科教学有助于培养综合素质。通过引入语文知识，学生可以更好地理解数量关系和逻辑结构，激发他们对数学的兴趣和热爱，还能学会运用跨学科思维解决问题。这使得他们在面对实际问题时，能从多角度进行分析，提出创新性的解决方案。跨学科教学还培养了学生的团队协作能力、沟通能力和批判性思维，为他们的未来发展奠定了坚实基础。

（3）跨学科教学有助于拓宽学生视野。教师可以根据学生的实际情况和兴趣爱好，运用新的教学思路和方法，灵活设计教学内容和方式，以提高教学效果。通过将不同学科的知识相融合，学生可以在学习过程中接触到更为丰富的知识体系，从而拓宽思维视野。这有助于学生更好地理解世界，提高他们的认知能力和创新能

力，为其未来的发展提供无限可能。

（4）跨学科教学有益于培养学生的创新精神。数学与语文跨学科教学能够培养学生的创新精神和实践能力。在探究和展示环节中，学生需要运用自己的知识和能力去解决问题和展示成果，这有助于培养他们的创新思维和实践能力。同时，这种教学方式还能让学生在实践中发现和解决问题，提高他们的实践能力和解决问题能力。

数学与语文跨学科教学是一种有效的教学方式，能够促进学生全面发展，拓展教学思路，培养学生的创新精神和实践能力。这种教学方式还能促进不同学科之间的交流和合作，推动教育改革的深入发展。在未来的教育教学中，教师要根据学生的反馈和教学质量评估结果，不断对教学方法进行反思和改进，调整教学策略，关注学生的需求和发展，进一步推广和应用这种教学方式，为学生的成长和发展创造更多的机会和空间。

参考文献

[1]陈俊绮，江梨.以文化人追寻数学桃花源［EB/OL］.（2022-10-22）［2023-12-15］.光明网.

[2]牟建燕.数学课堂中的语文学科融合［J］.中小学教育，2023（19）.

"数"助健美，"体"悟数学

——数学与体育跨学科创新教学探究

山东省武城县第二实验小学　徐淑娟

数学与体育虽为不同学科，但二者之间存在密切的内在联系和交叉点。"数"助健美，"体"悟数学。这种跨学科教学能够激发学生的学习兴趣和主动性，打破学科界限，丰富教学手段，有助于培养学生建立真实的量感、空间观念等核心素养，使其能够更好地理解知识的实际应用，提高解决问题的能力，促进学生综合素质的发展。本研究为数学与体育跨学科教学提供了新的思路和方法，对推动教育教学改革具有重要意义。

随着数学与体育跨学科融合研究的深入，越来越多的教师开始尝试将数学与体育相结合，开展跨学科融合教育。数学与体育跨学科融合研究是一个日益受到重视的领域，它通过将数学原理应用于体育领域，为体育训练提供更为科学和精准的方法，促进了数学学科在实际应用中的发展。这种联动教育方式不仅可以激发学生的学习兴趣，提高学生的运动能力，还可以培养团队的合作精神，培育全面发展的创新人才。

一、数学模型在体育训练中的广泛应用

数学在体育训练中的具体应用非常广泛，可以通过多种方式进行跨学科融合教育，让学生在体育训练和体能游戏中学习数学知识，提高学习效果，可谓一举两得。以下是几个具体的应用实例。

（1）运动数据的分析：在体育训练中，数学统计学是进行数据分析的重要工具。例如，在长跑训练中，通过采集运动员的速度、心率、呼吸频率等数据，并应用数学统计学的方法进行数据分析，教练可以准确地了解运动员在不同强度下的能

力水平和适应情况。在田径项目中，通过分析运动员的起跑速度、步长、步频等参数，教练可以建立数学模型来预测运动员的跑步成绩，并据此进行技术改进。在体育竞赛领域中，通过对过往比赛数据的分析和模型的建立，教练可以对运动数据进行深度分析和预测，包括比赛结果、球员表现、团队胜率等，根据这些数据进行战术制定和策略调整。

（2）运动模型的构建：数学可以帮助建立运动模型，推导出人体在运动过程中的相关力学方程和关系式，可以计算出某个动作所需的力矩，用于对运动员的运动技能和表现进行评估，帮助教练和运动员制定科学合理的训练目标。通过分析运动员的生理数据、运动能力等因素，数学模型可以预测其训练效果，优化训练方案，从而指导训练和改进技术。

（3）训练计划的制订：通过对运动员的基本数据进行统计和分析，利用数学建模的方法揭示出各项指标之间的关系，可以确定训练目标和重点。教练员可以运用数学模型，量化运动员的体能水平，并据此制订出适合运动员个体需求的训练计划。数学运算还能帮助教练员确定训练方法的强度和持续时间，以确保运动员在合理的时间内获得最佳的训练效果。以足球为例，在足球技术评估中，可收集球员在比赛和训练中的数据，并利用数学模型对球员的技术水平进行评估和预测，为球队的训练和比赛提供科学依据。

（4）损伤预防和康复：数学在运动损伤预防和康复中发挥着重要作用，可以帮助计算运动员或球的运动轨迹。例如，在田径比赛中，知道一个运动员在不同时间点的速度时，可以利用微积分中的积分概念，计算出他的位移与时间的关系，进而推导出他的运动轨迹。通过对运动员的运动过程进行数学建模和模拟，可以预测运动员在不同姿势下可能发生损伤的概率，并据此制定相应的预防措施。

二、数学与体育跨学科教学面临的挑战与对策

数学与体育跨学科教学具有显著的优势，但在实践过程中也面临一些挑战。传统的教育观念难以打破，这导致教师在教学过程中，容易回到传统的单一学科教学模式，无法充分发挥跨学科教学的优势。许多教师缺乏跨学科知识和技能方面的培训，胜任力不足，这使得他们在实际教学过程中，难以有效开展跨学科教学。开展跨学科教学需要丰富的教学资源和设施支持。然而，有的地区教育资源短缺，严重制约了跨学科教学的推广和实施。为应对这些挑战，我们提出以下对策。

（1）通过培训研讨加强教师队伍建设。建立健全教师激励机制，鼓励教师在教

学过程中勇于创新，积极尝试跨学科教学。鼓励教师参加跨学科教学的相关培训和比赛，以提高他们的教学水平。开展针对性的培训和研讨活动，提高教师的专业素养和教学能力。

（2）建立健全跨学科教学的评价体系。调整评价标准，使对教师的评价科学化，激励他们在教学过程中始终坚持跨学科教学的理念和方法。同时，应关注学生的综合素质和创新能力培养，使之更加适应跨学科教学的特点。

（3）增强教师的创新和协作胜任能力。教师之间要加强协作，通过教学研究、观摩课等活动，分享教学经验，共同探讨跨学科教学的有效方法，不断提高教学水平和质量。教师还需不断充电，及时了解跨学科教学的前沿动态，为教学创新提供有力的理论支持。

跨学科融合研究是一个充满挑战和机遇的领域。数学与体育跨学科教学的实践与应用，激发了学生的探索热情，提高了教学成绩，促进了学生综合素养的发展，培养了学生的创新能力和实践能力。在未来的教育实践中，跨学科创新课堂教学方式将不断优化和完善，确保能够有效地促进学生核心素养的培养。未来可进一步探索数学与其他学科的跨学科整合教学，以培养学生的多元综合能力。

参考文献

［1］高瑜.新课标背景下小学体育跨学科融合的有效路径［J］.亚太教育，2023（21）.

［2］何永明.浅谈小学体育游戏在数学课堂教学中的应用［J］.休闲，2020（29）.

体育与英语跨学科教学创新案例研究

山东省夏津县后屯中心小学　于新佳

体育与英语跨学科教学，是一种教学理念与方法的创新，其背景源于教育改革的需要。在这一背景下，体育与英语的跨学科教学应运而生，从课内到室外，营造出一个绿茵茵的天然"牧场"，引领学生开始从静态识记到动态求知的转变，激活学习热情，点亮其思维的火花。可见，体育与英语跨学科教学在教育改革中具有重要的意义，在教育教学中具有广泛的应用前景。

一、跨学科教学在体育与英语教学中的应用方式

体育学科具有实践性、竞技性、团队性，而英语学科的特点则包括语言性、文化性、交际性等。体育与英语学科既各自独立，又相互联系，这种联系主要体现在：体育活动为英语学习提供了一个生动、直观的语言环境，而英语学习则为体育活动提供了一个有效的交流工具。体育与英语跨学科教学的应用主要体现在以下几个方面。

（1）体育活动中的英语教学：通过体育比赛等活动，在体育课上营造英语交流的氛围，让学生在真实语境中学习和运用英语，为学生提供实践英语的机会，让学生在实践中学习英语，提高英语实际运用能力。

（2）英语教学中的体育元素：在英语课上引入体育活动，将体育元素融入英语教学中，如英语体育词汇、体育赛事报道等，这些能提高学生的学习兴趣，增强学生的口语表达能力和身体素质。

（3）体育与英语的综合课程：开设体育与英语的综合课程，如足球运动融合英语口语训练，在提高学生足球技能的同时，帮助学生掌握与足球相关的英语词汇和表达方式，加强学生的英语口语表达和听力，培养学生跨学科的综合能力。

二、案例分析：足球运动如何融合英语口语训练

在英语口语训练中融入足球运动，将体育和英语两个不同领域的知识和技能进行有效融合，以提高学生的综合素质和能力。这种教学模式不仅可以帮助学生更好地理解和掌握两个学科的知识，还可以提高学生的学习兴趣和积极性。如何设计跨学科教学方案？我们需要深入挖掘体育和英语的共同点，如运动与语言的协调性、灵活性等；从学科共同主题入手，如健康、环保等，寻找跨学科教学的结合点。例如足球运动融合英语口语训练创新课堂，具体做法如下。

（1）足球术语学习：开展校园足球赛活动，设计有趣、互动性强的教学活动，如用英语描述运动项目、通过运动表达英语单词等，引入与足球相关的基本术语，如"ball"（球）、"kick"（踢）、"goal"（球门）、"pass"（传球）等，使学生在室外运动中加深了学习体验。还可以设计与足球和英语相关的游戏，如"足球词汇接力""足球动作模仿秀"等，让学生在轻松愉快的氛围中学习英语。教师可以准备词汇卡片，通过图片和单词相结合的方式，帮助学生快速记忆和理解相关知识。

（2）动作描述与表达：在足球教学中，教师可以要求学生用英语描述足球动作，如"He passed the ball to his teammate."（他把球传给了队友）。学生分组进行，互相描述对方正在进行的足球动作，由此提高口语表达和听力理解能力。还可以利用现代信息教学技术开发课程资源，如足球比赛片段、足球教学视频等，丰富教学手段，让学生通过观看视频了解足球知识和技巧，同时锻炼其英语听力能力，提高教学效果。

（3）场景模拟与角色扮演：设定足球比赛场景，让学生扮演不同的角色（如球员、教练、裁判等），并使用英语进行交流，进行足球练习和英语口语训练。例如，教练可以用英语给球员布置战术，球员之间用英语讨论比赛策略，等等，鼓励他们互相交流、合作，提高英语表达能力。

课堂效果如何？这里有一个科学评估与反馈的过程。第一层面是口语评估，鼓励学生大胆表达，通过学生的口语表达，评估他们对足球术语和动作描述的理解程度，对于表达不准确或发音错误的地方，教师要给予及时的纠正和反馈。第二层面则是综合评估，结合学生的足球技能表现和英语口语能力进行评估，了解学生的学习效果和进步情况。结合实际情况，制定具有针对性的教学目标，确保教学的有效性和针对性。评估时应该采用多种评价方式，如观察、口头表达、笔试和实践操作

等，全面评价学生的学习成果，不仅仅关注最后结果，更要注重过程性评价，关注学生的学习过程和表现，及时给予学生反馈和指导。

三、足球运动融合英语口语训练实施效果与评估

学生反馈：学生对体育与英语跨学科教学表示欢迎和喜爱，认为这种教学方式既有趣又实用。

学习成绩：经过一个学期的实践，学生的足球相关英语词汇量和表达能力明显提高，体育英语应用能力得到加强。

教师评价：教师认为这种跨学科教学方式有助于激发学生的学习兴趣和积极性，提高教学成效。

四、结论与建议

体育与英语跨学科创新教学案例表明，结合体育运动的实际情境，可以有效提高学生的英语应用能力和体育兴趣。建议教师在教学实践中积极探索跨学科教学的新模式和方法，以满足学生的多元化学习需求。应加强体育与英语跨学科教学的支持和推广，为培养具有创新精神和跨文化交流能力的人才创造有利条件。当前，体育与英语跨学科教学的实践仍面临诸多挑战，如师资力量、教材编排、评价体系等。在推进体育与英语跨学科教学的过程中，需要加强师资培训、教材开发和评价体系建设，在教学实践中探索新的教学方法和策略，以期为基础教育提供有益的借鉴。

双语口语教学创新课堂案例研究

山东省武城县第一中学　牛爱秀

目前，传统的初中双语口语教学模式面临诸多挑战，存在诸多问题，如学生参与度低、口语表达能力不强、课堂气氛沉闷等。因此，创新初中双语口语教学模式，提高学生口语表达能力，具有强烈的现实意义。基于此，我们提出了相应的创新策略，进行了教学改革的探索和创新，并取得了明显效果。本文通过对创新双语口语教学策略的研究和典型课堂案例的分析，旨在为口语教学改革提供借鉴范式。

一、双语口语教学创新实践

教师根据课程内容设计具有实际意义的任务，引导学生通过完成任务来学习口语表达。教学设计要以学生为主体，关注学生的需求和兴趣，创设生动、有趣的教学情境，运用任务型教学法、合作学习等创新教学方式，增加学生的口语实践机会，培养学生的口语交际能力。

（一）创设真实语言环境

教师可利用虚拟现实、在线交流平台等技术手段，为学生创造真实的双语交际环境，设计模拟现实场景的任务。例如，在"购物"这一话题中，教师可以引领学生编写小剧本，播放商场购物的视频，让学生观看之后尝试扮演顾客和商店老板，通过角色扮演来练习口语，模拟购物场景进行练习。通过这种方式，学生能够在真实的语境中运用所学知识，提高口语表达的实用性和针对性，培养解决问题的实际能力。

（二）开展角色扮演活动

为了激发学生口语表达的兴趣，可举行角色扮演活动。在每个单元的口语教学中，教师都可设计相应的角色扮演任务，引导学生扮演不同的角色进行对话练习，开展在实际语境中的口语交流。例如，在"餐馆"话题教学中，让学生扮演服务员和顾客，进行点餐、咨询等口语交流，这不仅能够激发学生的学习兴趣和参与度，还能够培养学生的合作精神和团队意识，提升其口语能力和跨文化交际能力。

（三）进行合作探究学习

可将学生分为若干小组，每组学生在完成任务过程中，相互讨论、互相帮助，共同提高口语表达能力。例如，在演示"购物"场景中，引导学生分组进行讨论，商讨购物清单，分工完成任务。在讨论"未来生活"等开放式话题时，可以通过小组合作，共同创作短文、进行角色扮演。学生在完成任务、合作学习的过程中，不仅提高了口语表达能力，还培养了团队协作能力和沟通能力。

（四）开放性与创新思维

可以通过设计有趣的开放课堂实践活动，让学生参与到想象与探究中，达到"做中学"的效果。活动要具有探究性，鼓励学生主动探究，发挥学生的主观能动性，激发学生的创造力。需要特别指出的是，活动要具有一定的随机性、开放性，例如随机给出词语让学生现场编故事，答案开放多元，培养学生的创新思维。

二、双语口语教学案例概述

为了提高学生的双语口语能力，我们采用情境教学、协同教学和任务型教学三种创新教学方法，其在教学过程中相互补充，形成一个完整的口语教学体系。

（一）案例一：情境教学法在口语教学中的应用

情境教学法强调将学生置于真实的语言环境中进行教学。在这种教学模式下，教师可根据教学内容设计各种情境，让学生在参与情境活动的过程中自然地运用所学语言进行交流。例如，在教学与旅游相关的课程时，教师可设计一个模拟扮演导游的场景，让学生在角色扮演中练习口语表达。

（二）案例二：协同教学法在口语教学中的应用

协同教学法是指两位或多位教师共同合作，为学生提供丰富多样的学习资源和学习机会。在这种教学模式下，教师可以根据各自的专业特长，共同制订教学计划，分工合作，确保学生在课堂中获得全面的口语训练。例如，有的教师负责讲解语法，有的教师指导言说技巧，有的教师则组织学生进行口语实践活动。

（三）案例三：任务型教学法在口语教学中的应用

任务型教学法强调将学习过程与实际生活紧密结合，通过完成各种任务来提高学生的口语能力。在这种教学模式下，教师需设计具有挑战性、趣味性的任务，并引导学生积极参与，实现语言输出。例如，在教授应用课程时，教师可设计一个模拟申办大型赛事的任务，让学生在完成任务的过程中锻炼口语表达能力。

三、结论与启示

双语口语教学创新策略注重创设真实的语言环境，引入多种形式的口语活动，激发了学生对口语表达的兴趣，同时引入竞争机制，提高学生进行口语表达的积极性和主动性。这些创新实践，不仅有助于提高学生的表达能力，还能够培养学生的合作精神和团队意识，有效提升了学生的口语能力和跨文化交际能力，增强了他们进行言语表达的兴趣和自信心。他们纷纷表示，新的教学模式让他们更加喜欢口语课，也更有信心在实际生活中运用双语口语进行交流。本案例表明，创新初中双语口语教学模式对于提高学生的口语表达能力具有重要作用。

初中双语口语教学的创新案例研究主要关注如何通过不同的教学方法和活动设计，创新初中口语教学模式，提高学生的口语表达能力、学习兴趣和参与度，提高教师的口语表达能力和教育教学水平，这为口语教学创新提供了有力支持。我们将不断探索和实践新的教学方法，为初中口语教学开拓新的路径，提升口语教学的效率和质量，以推动双语口语教学的持续发展。

参考文献

［1］杨琴.现代教育技术背景下的双语口语教学模式新探［J］.新疆教育学院学报，2010，26（2）.

［2］周炳慧.话题式教学法应用探究：以初中英语为例［J］.上海教育科研，2017（4）.

中华文化与物理教学的美丽邂逅

——浅探架构物理创新教学与育人目标的桥梁

山东省武城县实验中学　王汉斌

《义务教育物理课程标准（2022年版）》中的跨学科实践，旨在发展学生跨学科运用知识的能力，分析和解决问题的综合能力，动手操作的实践能力，培养学生积极认真的学习态度和乐于实践、敢于创新的精神。在中华民族传承几千年的传统文化中，蕴含着古人的情感、智慧，也包含着天地之间万物运行的道理——物理。在教学实践中，我尝试多角度探究中华传统文化与物理教学的关系，以此为支点，搭建起物理教学与学科育人的桥梁。

一、古雅的文字，让物理课堂富有诗情

以八年级上册的第三章"物态变化"为例，在本章学习中，雨、雪、雾、霜等自然现象形成的原因是重点中的重点。一位教师在讲课中介绍这些自然现象时，展示了各式各样优美的图片，然后详细为学生讲解这些现象的物理原理。学生反应很积极，课堂氛围也很好，但我总感觉有些许欠缺。我认为在情境的展示上，要通过生动的描述让学生理解情境中蕴含的情感。例如，在"升华和凝华"一节讲"雪形成的原因"这一问题，可以借用"忽如一夜春风来，千树万树梨花开"这句诗来创设情境。从知识角度来说，点明了雪一夜之间突然出现，引导学生发现雪是由看不见的水蒸气变成的，进而得出雪是由凝华形成的知识点；从情感角度出发，让学生感受到塞外的奇丽雪景，体会到诗人昂扬乐观的情怀。这样更能激发起学生的兴趣，增强了学生学习物理时联系现实生活的能力。

在日常教学中，我们可以巧妙借用诗歌中的物理知识来激发学生的兴趣。"日出雾露余，青松如膏沐"，雾、露都是由水蒸气液化形成的，"余"则说明露水已

经蒸发了一些，描述出了自然界里水的循环；"两岸青山相对出，孤帆一片日边来"，以船为参照物，两岸的青山都在运动之中，以太阳为参照物，一叶孤帆缓缓驶来，正说明了运动中参照物选择的重要性；"草枯鹰眼疾，雪尽马蹄轻"，前半句说明的光直线传播，没有了遮挡才能看得更清楚，后半句则说明了摩擦力对运动的影响。以诗歌解读物理知识，通过学生熟知的古诗词对学生进行情感上的教育，让物理课堂洋溢着诗情画意。

二、文化的介入，让物理命题多些浪漫

近年来，中考物理在命题上多以实际的情境为导向，引导学生在实际问题中运用知识寻找答案。设置情境的种类很多，有优美的诗词歌赋，有古籍中的智慧，也有近年来科学、文化上的突破与创新，使曾经让人望而生畏的枯燥的物理试题多了些浪漫和情趣。例如江西南昌的一道中考题目：

以下成语与其物理知识相符的是（　　　　）

A. 凿壁偷光——光的折射

B. 井底之蛙——光的反射

C. 猴子捞月——光的折射

D. 杯弓蛇影——光的反射

试题中四个成语考查了光的反射、光的传播等光学知识，既让学生掌握了相关物理知识，又让学生领略到凝练着华夏民族智慧的成语中蕴含的各种有趣的科学知识。考查成语、诗词、谚语等传统文化中蕴含的物理知识的题目在全国各地的中考里每年都有很多，只要不断挖掘、编辑、归纳，坚持向物理练习题中渗透中国特有的文化内涵，营造文化的情境，让物理试题多些浪漫，就能架构起物理学科试题和传统文化有机结合的育人桥梁，假以时日，学生将不再畏惧物理题，学生的精神、思想也能变得健康、茁壮，从而更好地达成物理教学的育人目标。

三、情境的创设，让问题导向精彩纷呈

新课程标准中要求"坚持创新导向"，"既注重继承我国课程建设的成功经验，也充分借鉴国际先进教育理念，进一步深化课程改革。强化课程综合性和实践性，推动育人方式变革，着力发展学生核心素养"。在现形势下，问题导向的教学方法更能体现学生的主体地位，不再局限于某一节、某一单元，而是创设一个情境，让学生针对其中的现象提出物理方面的问题，自行设计探究实验过程，钻研答

案。以一首古诗为例：

山亭夏日

〔唐〕高骈

绿树阴浓夏日长，楼台倒影入池塘。

水晶帘动微风起，满架蔷薇一院香。

此诗的每一句，都蕴含着物理的知识。教师可引导学生提出"树为什么会有树荫？""倒影形成的原理是什么？""为什么风会吹得帘动？""香气是怎么传播来的？"等一系列问题。一首古诗，传递着古人的情怀，也包含着生活中各种各样的物理知识，利用这首诗，可以帮助学生将所学知识进行整合梳理，建立完整的知识框架。

这样的例子不胜枚举，例如教授"浮力"时，以"曹冲称象"这一历史故事创设情境，引导学生提出问题，如"为什么石头的重量等于大象的重量""船受的浮力和重力有什么关系"，进而探究"浮力与哪些因素有关"，一步步深入引导学生提出相关问题。在情境的创设上，还有什么能比中华5000多年文明留下的历史典故更加生动形象呢？"凿壁偷光"在劝学的同时也讲述了光学的奥秘；"快刀斩乱麻"既体现了古人的豪爽也展示了压强的应用；"卧看满天云不动，不知云与我俱东"诉说了诗人的浪漫，也体现了古人对参照物原始的理解……借用诗词、成语、典故等学生耳熟能详的民族文化创设情境，提出丰富多彩的物理问题，探寻中华文化中的科技之光，从而在中华传统文化与物理教学的美丽邂逅中，架构起物理教学与育人目标的桥梁。

生活之中处处是物理，物理不是冷冰冰的知识点，而是蕴含在一句句凝练传神的诗文、成语中，一个个生动形象的谚语、故事里。在真实的情境中学习物理，才能让学生体会到世界的精彩，才能使学生的精神和思想得到充实，以此完成"育人"的目标。当然，让中华传统文化与物理教学美丽邂逅，架构起物理教学与育人目标的桥梁，对物理老师的素养要求很高。这就需要物理教师提高自己的核心素养，让自己在新时代教育形势下更具胜任力。为此，我们应树立"终身学习，与时俱进"的信念，坚持不懈，恒久弥坚！

指向创新思维培养的跨学科教学策略研究

——物理与语文学科的碰撞与融通

山东省夏津第一中学　于书敬

在传统教学模式下，教师往往侧重于对各自的学科知识的传授，较少涉及跨学科的交融。这种教学模式在一定程度上存在局限性，各学科各自为政，导致学科间的知识体系难以整合，学生在学习过程中难以实现知识的融会贯通。而在当今教育领域，学科间不再界限分明，跨学科教学逐渐成为教育改革的重要方向，物理与语文作为基础学科，对跨学科教学创新策略的探究具有重要的现实意义。

一、物理与语文的联系与交集

语文追求文字的准确表达和妙趣横生的意境，而物理也在其严谨的逻辑中追求着对自然规律的精确描绘。这样，这两个学科便有了如下几点交集。

（1）都追求准确表达。从表达的角度看，语文注重文字的准确性和精准的表达能力。在文章、诗歌、小说等文学作品中，文字的表达运用可以展现出一种美感，能够触动人心唤起共鸣。同样，物理定律的表述必须精准，物理学也需要运用准确而严密的语言描述自然界的规律，以确保其普适性和适用性。这种对准确表达的追求，是语文和物理的共同之处。

（2）都探求事物本质。由于追求事物本质的共同性，语文和物理在某些领域产生了有趣的碰撞。比如，在文学作品中，有时会出现对物理学原理的引用，用以丰富文学形象；在物理理论的讨论中，也会借用诗文、寓言等语言形式来解释复杂的概念，从而使得抽象的物理理论更具形象生动感。可见，在探索事物的本质方面，语文和物理有着相似之处。

（3）都具有育人功能。语文教育培养学生的语言表达能力和文学鉴赏能力，物理教育则着重培养学生的逻辑思维和实践操作能力。将两者结合起来，可以让学生在表达中更加准确地把握物理概念，也能更富有想象力和文学感知力，便于学生理解物理规律。语文和物理在跨学科研究中也有着潜在的契合点，比如在科普领域，语文可以帮助物理更好地向大众传播科学知识，使得专业知识更易为普通人所理解。

二、物理与语文跨学科教学的意义

正是这种美丽的相遇和碰撞，我们才能引领学生更全面地理解世界的奥秘，体会到语文与物理之间不可思议的奇妙关联。二者跨学科教学的意义在于：

（1）开拓广阔的知识视野。语文与物理跨学科教学作为一种创新教育模式，旨在为学生提供更为广阔的知识视野和丰富的学习体验。通过将语文与物理有机结合，教师可以设计出富有挑战性和趣味性的教学活动，引导学生主动探索、积极提问，提高他们的学习积极性。在语文与物理的交融学习中，学生可以汲取两个学科的精华，在思维碰撞中培育思维能力、审美情趣和科学素养。

（2）培养学生的创新思维。在跨学科教学实施过程中，需要引导学生学会从多角度看待问题，综合运用不同学科的知识和方法，这有助于培养他们的创新意识和解决实际问题的能力。在解决复杂问题时，学生需要与同伴沟通交流，共享资源和经验，这有助于提升学生的团队协作能力，使他们形成合作共赢的意识和社会责任感。

（3）构建完整的知识体系。语文与物理跨学科教学，通过整合两个学科的优质资源，以主题探究、项目实施等形式开展教学活动，可以为学生提供更为丰富的知识，提升学生综合运用知识解决问题的能力，培养他们的综合素质和创新能力，实现优势互补，提高教学效果。

三、物理与语文跨学科教学实施策略与建议

近年来，物理与语文跨学科教学已取得了一定进展，但仍存在一些问题。针对语文与物理跨学科教学的现状和问题，我们提出以下对策与建议。

（一）加强教师队伍建设

要实现语文与物理跨学科教学的创新发展，就要关注教师队伍的建设，加大对教师的培训力度，提高他们的专业素养，使他们在语文和物理两个领域都具备扎实的知识基础。通过组织教师参加跨学科教学研讨会、观摩优秀教学案例等活动，帮助他们掌握跨学科教学的方法和技巧，同时鼓励教师在教学实践中不断探索和创

新，形成具有个性特色的教学风格。

（二）整合优化课程设置

整合语文与物理的教学内容，对课程设置进行优化，形成有机的跨学科教学体系。加大对跨学科教材和教辅资料的研发力度，为教师提供丰富的教学资源。开发教学资源应确保学生的主体地位，以问题为导向，设计富有挑战性和趣味性的教学活动，激发学生的学习热情。

（三）改革教育评价体系

教育评价体系是推动跨学科教学发展的关键因素，应建立全面、客观、公正的跨学科评价标准，关注学生在知识、技能、情感、态度等方面的表现。评价方式可以采用过程性评价与终结性评价相结合的方式，既关注学生的学业成绩，又关注他们在课堂、实践能力、创新能力等方面的表现。

（四）创设多元教学场景

教师应充分利用现代信息技术手段，通过网络平台、实地考察、实验探究等多种形式，创设多元化的教学场景，让学生在实践中综合运用语文和物理知识，提高解决问题的能力；鼓励学生参与主题探究、项目实践等活动，培养他们的团队协作精神和创新思维。

现实世界中的问题往往是复杂的，需要学生综合运用不同学科的知识来解决。语文和物理的融通教育可以帮助学生学会如何综合运用不同学科的知识来应对这些问题，两者的融合有助于学生更好地理解和传承人类的文化与文明。在当代社会，许多职业都需要使用跨学科的知识和技能，我们应进一步探究和优化语文与物理的融通教育教学策略，促进对学生创新素养的培育，助力学生为未来的职业生涯做好奠基。

牧之韵：

灵动文心

有脚的光从窗口爬进来，
爬过窗台的植物，
又顺着桌子爬到我的书上，
行家里手般的，
不仅有脚，
而且识文断字。

——蔡皋《一苑雨水一苑禾》

不失其华　不减其辉

——基于牧式教育的"简阅读"创新理念

山东省武城县第一中学　贺秀红

不少教师为了提升学生的应试能力，课堂上进行无穷无尽的"精讲细读"，课后反复让学生进行知识训练，唯恐有一丝疏漏之处，结果是教师把课文讲得如此"臃肿"，学生成绩却未见明显提升，反而使学生对语文学科更加无感，对文质兼美的诗文也视而不见，语文作为母语受到冷落。阅读，路在何方？

大道至简。我们可以从古老的游牧民族得到有益启示。他们与天地自然和谐共处，要求的目标简单，携带的行囊简单，生活的方式简单，因为有一颗简单的心，快乐也变得如此简单。他们且歌且行，游牧在绿草茵茵的牧场之上，牧人、牛马、天地、草原，成为一道广阔和谐的风景，形成了独特的游牧文化。这种文化充满人文精神，表现出尊重生命、关注人生的内涵。当今时代倡导的极简生活，与此亦有相通之处，可以说游牧生活的返璞归真，引领了一种独具格调与风致的时尚。"简阅读"即由此而来。"简阅读"通过删繁就简的方式，让阅读变得简约生态、契合人性而又轻松愉悦。语文教学不妨先做减法，删繁就简，简中求精，然后再做加法，从简约语文走向丰满境界，让语文课堂魅力四射。

一、简而精

阅读的真正意义，并不在于复制文本的所有知识，而在于邂逅书中的精华，来一场生命的美丽遇见。哲人老子认为万物最开始的时候，一切都是最简单的，经过衍化后才变得复杂。阅读，也应归于一个"简"字。"简于形，精于心"，"简阅读"意味着"少而精"，其反面是"博而广"。大道至简，由简约达到广博，是一种返璞归真的哲理。

阅读贵精。"简阅读"并非刻意求简、随意割舍，而是放弃一些不必要的枝枝节节，留住最有价值的一点或几点。如果一篇文章到处都是重点，那就相当于没有真正的精华所在。阅读目标回归到语文本身，要围绕"核心素养"这一中心确立相对集中的教学目标，放下诸多细枝末节的牵绊，让阅读更有张力；放弃的是一片片叶子，得到的是一棵大树乃至一片茂密森林。文本往往用最简洁的形式，表现最丰富的内容与最深刻的内涵，能够悟出这一点是一种阅读智慧。读并不在多，而在于简约精致。简而不繁，才会让学生兴味盎然；烦琐冗杂，会令学生感到无趣。阅读越简约越有吸引力，这种意犹未尽之感，使学生的心灵开阔明亮，成为其生命中的一束光。

二、简而美

真正的会意，哪有那么高深复杂，返璞归真之后，不过是"删繁就简三秋树"而已。简洁、朴实，是一种境界与智慧。简不是思想的贫乏、单调，而是精神的素朴与自然。去芜存菁，洗尽铅华，去掉装饰，于素朴中见真面目。

最美丽的阅读，从来不是烦琐之风，而是以自然为底色，略加点缀，便可容光焕发，清新脱俗，彰显自然之美；从繁复走向简约，引领学生走进语文中的无限风光。在阅读中，那些最容易触动学生心弦的东西往往却那么简单。"嫩绿枝头红一点"，读出美感，品出美感，写出美感，用简约的方法和手段去发现，方能现出语文"朴素而美丽"的本来面目。这种自然清新之美，简单而有韵致，点亮阅读与人生，是真正的大美境界。

简阅读，留下阅读的空白，丰富学生的想象空间，给学生以无穷的回味，让课堂更具节奏之美、张弛之美，激发学生的向往与探索兴趣。有的文本留下的空白，需要学生用一生去感悟、去解读。唯有如此，学生才会在与文本对话的过程中，不断丰盈自己的精神领域，文本意义也具有了更多的生成空间。这种一切从学生出发的简约课堂，应成为语文教师的追求。

三、简而漫

阅读的魅力从哪里来？当然从"闲雅舒适"里来。消除枝枝节节，使学生有了闲漫舒适的心境，自然也显示出了闲雅之美。每个学生都是阅读的主角，若遵从自己的内心，进行清素极简的阅读，学得轻松、尽兴，自然会产生对阅读的热爱之情。

简约，而不简单；随心，而不随便。学生若在条条框框的约束下，在家长老师的要求下读书，不能自主选择读什么，更不能选择读与不读，便会产生不堪重负之感。阅读可以让学生听从内心的呼唤，遵照自己的意愿来读，这是阅读生命的在场。简而随，简而漫，简单随性，压力不再，自由选择、翻阅，有"漫卷诗书喜欲狂"之感。情之所钟，性之所喜，随性不拘而又个性张扬，可以在某一个语段停留，沉吟微笑，或是翻阅几页还可以轻轻把书合上，甚至可以一知半解，可以不再望而生畏，可以不读那些生涩难懂的读物，只求欣然会意。这会心一笑，恰是最舒适的阅读方式，也是一种富有创造性的阅读之旅。书和自我与生活相合相契，是心灵的欢歌。

简阅读，减少了教师过多讲解的痕迹，减少了话语权威对学生的束缚，减除了刻意追求教学目标带来的重负，让阅读轻盈起来，让学生动了起来。这样，课堂成了学生的"天光云影"，而不仅仅是教师自身的"半亩方塘"。这样的语文课堂，闪烁着思维的火花，具有人性温度。

四、简而丰

简约，并不等于简单。对于语文教学来说，简约更多的指教学状态和效果，是一种凝练的概括，是抵达丰满的必由路径。精简教学目标，简明思路，教学内容就会集中，师生与文本、与作者、与人生的对话就会更加充分，指向教学核心的内容就会充分展开，使之富有张力，并走向饱满丰盈。"简约"和"饱满"，是辩证统一的关系。因为对阅读活动做了"简省"处理，从目标到内容，从方法到手段都简约明快、不蔓不枝，所以学生探索的时间和空间得到了伸展，他们的言语生命和思维发展也充满张力，显得活力四射。

有些文本之间往往有着内在联系，彼此牵连、交融，形成一个无限伸展的开放空间，以此构成文本的多重体系。因为简约，所以能够广泛涉猎，跳出一方池塘的局限，涵泳于更深广的大江大河之中。不同形式、不同风格、不同意蕴的文本之间相互穿插、交融，在开放式的阅读环境中，让学生拥有更为真切、丰富的情感体验，使文本的丰厚意蕴得以提升，整个课堂也因之被赋予更多的精神内涵。

简阅读，不失其华，不减其辉，这是阅读教学的应然追求，是"言近旨远""辞约旨丰"的教学艺术，让阅读具有了哲理意味和饱满的文化张力。值得一提的是，阅读固然简约，教师仍必须做选择、引领工作，经过去伪存真、去繁就简的选择和引领，学生读起来方能简约高效。"简阅读"下的语文课堂，因简而丰，因简而美，阅读的热情、语言的创新在不知不觉中产生，燃起簇簇明亮的火焰。

参考文献

［1］李吉林.小学语文情境教学：李吉林与青年教师的谈话［M］.北京：人民
　　教育出版社，2003.

［2］朱光潜.谈美书简［M］.南京：江苏凤凰文艺出版社，2019.

［3］王荣生.阅读教学教什么［M］.上海：华东师范大学出版社，2016.

春风悠然　润物无声

——基于中学生创新素养培育的阅读策略初探

山东省夏津县第二中学　房莹

总有一部分人，在某个刹那间，会产生一种强烈的精神渴望，想把自己的全部身心转移到书籍中，开启"漫"步树丛嬉戏。我们幸运地与一个信息书籍无穷尽的时代邂逅，在这种情况下，"漫"阅读来到我们的文字世界里，我们能不能凭借阅读，在纷扰多变的世界里春风悠然，润物无声？在此，笔者将自己的阅读实践与各位同人浅浅交流分享。

一、体验情感，"漫"潜入

在漫步读本中时，书籍可以引导我们体验和勾画，不但使我们对文章有了体验性情感参与，而且触碰到了文章血液。只要我们及时伸出手去给个方向，学生也会如滑翔伞一般流畅滑入语文思维魅力之中。不同的探访者也许会进入不同的路径，找寻不同的秘密花园。"游牧"途中我们可以适度给出启发，也许学生出现的火花会更精彩。不同风格的学生有了多元表达的"藤蔓"，方能潜入文章深处，沉浸于文本之中。例如，《阿长与〈山海经〉》一文，我们体验到了鲁迅对长妈妈的尊敬、感激以及思念之情；追随杨绛先生，认识一位脚蹬三轮车的"老王"，师生一起进入杨绛先生与老王的世界，一起去静心追索人性的闪耀力，并与学生一起展开合作探究，最终达成"漫读"共识，通过体验式阅读，以情感追索潜入文本，探寻更多发现，引领学生向文本更深处漫溯。

二、个性见解，"漫"感知

笔者有幸读过一位老先生的书，里面有一句话意思是：书中的字也许你都认识，但是你却会在朦胧间产生一种感觉——它是这样的熟悉中带着陌生，好像在逗你玩，让你看花非花，看雾非雾；感觉总是高出你一块，让我们离它越来越远。这为我们"漫"读、感知读本提供了有意义的依据。

学生对文章有自己喜爱的解读方式，我们可以以此为"漫"读的"入口"，使学生在"漫步"诗文时，逐步进入状态。一本新书就是一个完整的新世界，我们要鼓励多元解读，鼓励不同声音的存在。语文的正确答案不止一个，学生的阅读思维是多角度的、新奇的、可爱的，这就使学生更容易直击文章核心，与"另一世界"展开心灵对话。

对话《骆驼祥子》时，对文章人物进行解读探索：祥子、虎妞、小福子等形象，要怎么演绎表现呢？深入文章之中，体会人物反射过来的酸甜苦辣咸。文章"漫"读有序进行，教师和学生共同参与，对学生个性见解起"路标"作用。展演过程中，教师也融入讨论，陪伴学生进入角色，演绎人生故事。从学生对角色的演绎情况可以看出，体悟世界不需多大天地，仅需适当的一方舞台。学生角色演绎越真实，对角色的性格挖掘也就越深入，由此建立起来的阅读认知也是有生命的。

读书，唯有漫读体悟，才能打下增长智慧的功底。知识蓄积需从点滴入手，一开始也许都无法引人在意，但"不积小流，无以至江海"，久而久之，等到提笔作文，那些诸如木屑类的"小零碎"，便会和宝石一样熠熠生辉。读书"漫"积累，长此以往，就会达到"合一"境界，这便是笔者想要追求的理想状态。

三、对话赏析，"漫"渗透

赏析是"漫"阅读过程中的那朵小花。若是你不在意，也就错过了这抹风景。当我们特意选取文章片段、设置一些有趣的问题时，也不要忘记给学生放进点缀的小惊喜——"萤火虫"，让学生寻找一个个小亮点，在不断感知中，对文章展开不断地探秘性地挖宝，这样既能够深入文章，还能够提升语言运用能力和创新素养。

进入路径不同，视角也随之不同，其鉴赏所得也就有了差异。在"漫"入《紫藤萝瀑布》这篇课文时，寻出优美的"美景"，随即铺展开渗透赏析。学生转瞬间就探寻到一些语段，如"只是深深浅浅的紫，仿佛在流动，在欢笑，在不停地生长……"，这里用"流动""欢笑"等动词，生动传神地将静态的花色描写得跳跃舞动起来，表现出花的盎然生机。教师指引学生展开语言旅程，学生漫步其中，并从各种视角"漫"步探秘，对内涵有深切的情感认知，拓宽了学生的赏析视野。

四、痴迷体悟，"漫"吸纳

学生天性喜欢阅读，教师引导学生在此基础上展开读思活动，渐入佳境地"漫"步，可以促使学生体悟角色，谈启发、说触动、标批注、促认知，进而吸纳，最终内化为自我素养。

《太空一日》教学中，笔者设置了探究拓展的阅读舞台，引领学生尝试以感悟、感思的笔记形式将想法呈现出来。学生有了有趣的活动经历，就会有感触要诉说，展示活动也就拉开帷幕。学生激情澎湃，给出自己的解读：任何一个英雄的成长都离不开一路艰辛，需要不断挑战、不断超越。从成果看，现实情况达到了理想状态下的预期，教学顺利启动了学生的阅读开关，也引发出其融入式思考，创新素养目标有效达成，取得"漫"阅读的阶段性胜利。

文章"漫"读途径不一、角色不同，其阅读感知、体悟也会表现出个体的特殊性。我们需要对学生阅读的困惑以及认知度有全面的了解，给予更贴切的助力，用以提升教学的融洽度。"漫"读不仅是一种方式，也是一种状态，借助对文本信息不断摩擦、碰撞、重组、融合、归结、重构，将阅读自然演变成独特感知，进而构架出创新阅读意识及习惯，这对于学生的核心素养培养有重要意义。

到这里，不知不觉又感悟到：阅读，不要走得太快了。摒弃一颗浮躁的心，让我们带领学生"漫"读、"漫"写、"漫"品，在一方牧野上寻找到一汪清泉、一抹葱茏。

参考文献

［1］马钧.在速读的时代拧紧慢读的阀门［J］.青海党的生活，2017（4）.

［2］赵畅.慢读，让灵魂跟上阅读速度［J］.中国政协，2018（18）.

［3］俞式清.细品慢读赏韵味［J］.中学语文教学参考，2019（3）.

追 光

——《灯笼》教学实录

山东省武城县第一中学　刘艳敏

师：同学们，动画中这个自由自在滑雪的是雪容融。雪容融是北京冬奥会的吉祥物，它是以灯笼为原型设计创作的。北京冬残奥会以灯笼寓意点亮梦想，温暖世界。灯笼是中国文化的象征，你看这一抹中国红，曾经点亮过多少人的心灯，今天让我们一起走进吴伯箫的散文《灯笼》，去品一品灯笼中蕴含的情思。

师：吴伯箫的语言艺术在于他对诗意的追求与创造，追求一种精美的风范。为了体现他的诗意，老师便把《灯笼》这篇散文中的一部分内容，改写成了一首小诗，请同学们一起读。

屏幕显示：

追 光

岁梢寒夜，

提灯、放焰火，

追逐你是天性，

如那扑灯的飞蛾。

师：读得入情入境，充满诗意。老师改写的是课文中的第一段的内容。作者第一段从火写起，火象征着光明，孩子不顾大人反对玩火，就是在追光啊！老师用这种方式解读文章，就是想把作者表达的诗意还原出来，用优美还以优美，用温情还以温情。同学们也可以做到，读一读第二段内容，看这一段写了哪些事物？（生读课文第二段）

师：看同学们沉醉的表情，老师知道你已经进入了吴伯箫创设的意境中。同学们，第二段写了哪些事物？（生大声说找到的事物）老师从这些事物中选取了几个，请同学们一起读。（齐读）换种形式，加入联想和想象我们再读。

屏幕显示：

皎洁的月华　如沸的繁星　照路的灯笼　晃荡的影子　坡野里的磷火

师：（配乐朗读）同学们刚刚用声音描绘了一幅画面。同学们看这月华、这繁星、这灯笼、这影子，还有这跳跳的磷火，都是寄寓着作者情感的事物，我们把寄寓作者情感的事物叫作意象。把这些事物联系在一起组成一幅画面就有了意境，有意象，有意境，这就是一首诗了，孩子们。老师又用文中的内容给这首小诗做了一个结——

屏幕显示：

灯笼结下的缘，

_____记忆的网里。

生：灯笼结下的缘，挤在记忆的网里。

师：同学们看，这个"挤"字多么生动，记忆的网有很多回忆，挤都挤不下。老师给这首小诗起了一个题目叫作"灯笼结"，这些事物都是因为灯笼的缘而结在一起的。下面我们一起来解读第三段，读一读本段的内容。（自由朗读）

师：同学们沉浸到了文字中，在这些文字中老师摘取几句话，一起来看——

屏幕显示：

一把弯刀，一具灯笼，

一路数着牵牛织女星。

小院里那盏亮着的灯，

熙熙然庭院的静穆，

_____。

生1：熙熙然庭院的静穆，一辈子的思慕。

生2：一把弯刀，一具灯笼，一路数着牵牛织女星。小院里那盏亮着的灯，熙熙然庭院的静穆，聊不完的曾经。

师：一句"聊不完的曾经"牵起了许许多多的往事。这首诗还少个题目，同学们想想看用什么词来点睛。

生2：思慕、乡情。

师：用你刚才补的那句"聊不完的曾经"中的"曾经"来做题目会更好。同学们不仅读懂了作者的思慕，更读懂了那份乡情。

师：现在把时间留给同学们，用老师解读文章的方式，解读后面几段内容。

选择一段或一部分，用上面的形式解读文章，感悟作者寄寓在灯笼中的情思。（温馨提示：读不懂的地方可借鉴注释和课后的阅读提示。）

（学生读课文用小诗解读文章，教师巡视指导。）

（8分钟后小组互评，推荐一篇利用平板提交。）

师：短短的十几分钟里，同学们都在纸上写出了闪烁着智慧、流淌着情感的小诗，现在我们一起来分享同学们智慧的结晶，老师已经迫不及待想要欣赏同学们的小诗了，哪个组先来展示？

生3：我们组解析的是第六段，我们给这首小诗起的名字是"挂灯"。

屏幕显示：

挂 灯

看，远处一挂红灯，

以微弱的烛光驱赶黑暗。

那是，

远行者的梦。

生3：我们通过解读第六段发现作者主要想借助灯笼来表达浓浓的乡情。

师：一盏灯慰藉孤行客。老师给点小建议，题目"挂灯"是一个动词，改成名词是否更好，比如一个字"灯"，灯点亮了孤行客的心。

生4：大家好，我们组选取的是第八段，小诗的题目是"沧桑"。

屏幕显示：

沧 桑

曾听过彻夜的鼓吹，

曾看过满街的灯火。

如今

进士第的宫灯早已残破，

垂珠联珑的朱门早已褪色。

满街的灯火是辉煌的景象，

褪色的朱门是历史的沧桑。

生4：灯笼好似一部史书，记录了岁月的沧桑。

师：摇曳了几千年的灯笼记录着历史的沧桑，精彩。同学们看"曾""如今"用了对比手法，使我们的小诗亮起来。

生5：我们选取的是第四、五段的内容，小诗题目是"母亲"。

母 亲

在外孤单挣扎，

最是想念那盏小纱灯。

小时候什么都不懂，

总挂念母亲留的消夜食品。

回首，母亲已白发满头。

生5：我们组主要想通过这首小诗表达作者与母亲之间的那份母子情深。

师：这首小诗写得很好，选取了小纱灯、消夜的食品、母亲的满头白发做意象，读来让人有一种莫名的感动。（教师板书：亲情）

生（齐读）：回首，母亲已白发满头。

生6：大家好，我们组解读的是第十一段，小诗的题目是"英雄"。

英 雄

塞外点兵，吹角连营。

夜深星阑，愿望灯上写英雄。

激人心，守壮志。

听！萧萧班马鸣，

愿做灯下马前卒！

生6：我们在读这段的时候仿佛听到了作者的铮铮誓言，听到了作者想成为他笔下的英雄的誓言。

师：这首诗写出了气势，我们一起读。（生读诗）

生7：大家好，我们组解读的也是第十一段，小诗的题目是"光"。

光

灯笼下

是塞外点兵，吹角连营，

萧萧班马鸣！

梦成灯笼下的马前卒，

愿你我化作万千灯火，照亮中国。

生7：我们组认为，作者想在黑暗的年代化作一束光，照亮当时黑暗的中国。

师：《灯笼》这篇文章写于1931年九一八事变以后，那个时候的中国正处在战火纷飞、水深火热的时期。战火不仅击碎了壮丽的山河，也击碎了无数文人的梦。吴伯箫不但是一位作家，也是一位抗日战士，"愿做灯下马前卒"不正是他作为热

血男儿许下的铮铮誓言吗？一起读第十一段，读出悲壮激越，读出众志成城的豪情。（生齐读）

师：同学们读出了悲愤激越，读出了豪情。无论在哪个时代，都有身先士卒、负重前行的人。他们心头燃起熊熊烈火，是为了守护后方的万家灯火。（板书：家国情怀）

师：同学们，老师在解读文章第一段的时候说，小孩子喜欢火是在追光，我们来看文章最后一段：唉，壮，于今灯笼又不够了。应该数火把，数探海灯，数燎原的一把烈火！

师：光不够了我们应该创造光，我们不仅要创造光，还要成为光。正是因为有那么多创造光、成为光的人，才有了我们现在的太平盛世，老师希望同学们也成为一束光，照亮自己，照亮他人，照亮世界。最后让我们在这首歌里，结束我们这节课。

> 我一声龙啸凌云志，
>
> 热血燃冬扶摇起。
>
> 看长城内外这天地，
>
> 山河云开笑容里。
>
> 壮！

【备课手记】

追 光

散文是作者刹那心灵颤动的独语，牢牢地打上了作者的印记。散文阅读要能引导学生感受作者的感受，体验作者的体验，直至发现作者"刹那心灵颤动的审美价值"。从作者到学生，从"这一个"到"这一群"，中间隔着千山万水。

《灯笼》是一篇自读课文，要探出一条怎样的路才能让学生在文本中走得顺畅，既要让学生自己去感受灯笼的文化意义，感受到作者寄寓在灯笼中的情思，触摸到作者的那一颗"家国"心，又能让学生的思维和创造能力得到提升。那就自己先沉到文字中去走几个来回，于是我把文章翻来覆去地读看十多遍。感谢"灯笼"给了我一束光，追着这束光，我和学生找到了一条追光的路。

《灯笼》是一篇有境界的诗意散文，那就带学生去还原它的诗意，用诗歌去解读散文。把文中的语言进行调整、组合，用小诗的形式表达作者的表达，也表达自己的表达。诗解散文这个想法闯入脑海的时候，我是既兴奋又忐忑的，因为几乎从来没有听说过有人这样讲课文。沉静下来我问了自己两个问题：这样的教学思路是否尊重了作者和文本，是否尊重了学生？最后我觉得这是对作者和学生最大的尊重，那就开始行动。

当我把自己根据课文改写的一首小诗《追光》呈现在大屏幕上时，我看到了学生眼中的光。当学生自己解读课文，小诗中写道"愿我们都成为光，照亮别人，照亮世界"时，我看到了学生心里的光。真正好的作品是由作者和读者共同创造的，我想我做到了。

勇敢的人先享受世界

——《我看》教学实录

山东省宁津县第二实验中学　俎军

　　师：同学们，今天我们一起欣赏穆旦的《我看》，让我们再次回归单元总目标，这节课我们要完成两个任务，以"我看/我想/我愿"，完成任务一"学习鉴赏"；以"你看/你想/你愿"，完成任务二"诗歌朗诵"。

　　师：咱们先来讨论一个话题，你要写"春天"，你会写什么？

　　（学生都很自信地看同学或老师一眼，畅所欲言。）

　　生：我会写小草发芽、绿树开花、河开雁来……

　　师：再考虑一下，你要写春天，就不能只写春天，你要写什么？

　　（学生一下沉默，看得出来，有些陷入思想困局。）

　　师：想想，天气冷的时候，我们一张嘴说话就能吐出一口"仙气"，所以，我要写春天就不能只写春天……

　　（这时，一名女生一下把手举得高高的。）

　　生1：我要写姥姥家平房的屋檐下又要有燕子来搭窝了。

　　生2：我要写藏在袖子里的手终于可以伸出来了。

　　生3：我要写春天，就不能只写春天，我要写电线杆间空空的电线上又要满满当当了。

　　师：太棒了！你要写春天，但没有只写春天，你知道的，你爱这个春天。

　　师：同学们，你可曾见过云南的春天？你可曾嗅过云南春日傍晚带着哲学思想的风？1938年，诗人穆旦随清华大学南迁，到当时位于云南蒙自的西南联大文法学院就读。一个春日傍晚，他外出散步，被晚风一吹，灵感突现，写下了《我看》这首诗。诗歌写的是蒙自的春天带给诗人的印象，以及诗人从中获得的生命感悟，现在让我们一起来品读这首诗。

师："意象"是指具有诗人主观情感的物象。这首诗歌的题目是《我看》，找出诗歌的哪几个小节写的是"我看"的具体内容？独立完成任务，五分钟，找出意象，品悟其中意境，圈点勾画并完成学案中的表格。

（学生自主思考，独立完成。）

师：同学都已经完成了这项任务，一起说一下，"我看"的具体内容在哪一部分？

生：第1、2节。

师：那在第1节中，有什么诗歌意象，穆旦笔下这些意象又有什么特点呢？

生1：意象有春风和青草，春风的特点是向晚的、悄悄、揉，青草的特点是丰润、低首又低首。

师：由这些有特点的意象形成了什么样的意境呢？

生1：风吹草低，无限生机。

师：非常好，表达言简意赅！有哪位同学可以尝试用完整的一句话，将第2节中诗歌意象与特点及其呈现出来的整体意境表述一下呢？

生2：第2节的意象有飞鸟、晴空、流云还有大地，特点分别是"静静吸入""沉醉了凝望"，呈现了飞鸟凌空远飞、天空广阔、大地流云相互依偎的意境。

师：不错！这一句话表述得完整且流畅。同学们，咱们再细读前两小节，哪些字或短语用得很妙，意想不到但又十分恰当呢？

生：揉过丰润的青草——揉；吸入深远的晴空——吸；无意沉醉了凝望它的大地——凝望。

师：用"揉"去描述"风吹过青草"很小众，我们经常怎么去表达风吹过青草呢？

生：直接用"吹""刮"，用"抚摸"，用"轻抚"。

师：风吹过草地，风不小但温柔，青草似乎很享受，风吹过之后，青草好像更加茂盛，你看，"揉"这个字出其不意但又合情合理。其实，这是一种修辞手法，叫作"移用"，就是用陌生化用语去形容某个意象的状态。

师：穆旦于1938年2月从长沙出发，一路跋山涉水，4月到达昆明，进入西南联大学习。穆旦来到了云南蒙自，发现这里有与长沙迥然不同的小城自然风光，是那么宁静与美好，让他深深沉醉。穆旦此时经历了苦、累、难，来到了云南。可以说是"劫后余生"，但在他的诗中没有言及苦难，依然在传递正能量。现在，我们通观全诗，用下面的句式赏析诗歌中的用词。大家结合学案中的示例，以四/六人小组为单位，讨论并写出来。

屏幕显示：

诗人不说"＿＿＿＿＿＿＿"，而说"＿＿＿＿＿＿＿"。

师：哪个小组可以一起站起来，集体展示一下你们合作的成果呢？

1组（生1）：诗人不说"让欢笑和哀愁洒向我心里，像季节绽放花朵又把它凋谢"，而说"让欢笑和哀愁洒向我心里，像季节燃起花朵又把它吹熄"。

1组（生2）：这一句说季节把花朵"燃起"又"吹熄"，看似不合情理，但把生命的花朵暗喻成火焰，更显绚烂夺目，也让读者形象地感受到了花朵的自然荣枯，感受到了生命的不断变化，语言新颖奇特，增强了表意的丰富性。

师：结合了我们刚刚讲的"移用"这一修辞，和"陌生化"用法这一知识，活学活用，给你们小组点赞！

师：轻声试读，体会诗作的意境和感情，尝试用铅笔划分诗的节奏和重音。大家独立试读结束后，同桌之间分小节朗读一下。

师：同学们，经过沉浸式诵读，大家是否读懂了这首穆旦先生的《我看》？如果你觉得懂了一些，那是在哪里读懂的，哪个词还是哪句话？你读出了20岁的穆旦想要告诉15岁的少年的什么话？或者说，在穆旦笔下有春天的美，能让我们感受到美好春天的穆旦他美在哪里？

生1：老师，穆旦一路离徙，有困苦有疲倦，到达云南蒙自，是有"劫后余生"的庆幸和长嘘一口气的放松，但其实对穆旦来说其内心也不乏担忧。

生2：穆旦通过文字传递一种积极的美的生命状态，我们能感受出文字的力量，就是20岁的穆旦在告诉15岁的我们，少年就应该勇敢追寻生命的真谛，无拘无束，浪漫自由，不执着于欢欣和忧戚。

生3：（主动站起来）是的，穆旦告诉我：勇敢的人先享受世界。

师：我的朋友们，你们太棒了！因为你们的回答，老师有了前所未有的体悟，我突然想起，暑期看到一部动画电影《长安三万里》中的一个场景，李白不负年少的精致，一袭简单的长袍撑杆江上，在山间水上高喊："轻舟已过万重山。"同学们，我在最开始接触穆旦的《我看》之时，也有些不明要义，但随着我们一起讨论学习，老师发现读书时以为在束缚自己的粗布麻绳，回望发现皆是熠熠生辉的丝绸缎带。学习经典诗文是提前教会你思考人生，在拥有阅历的那一刻就会醍醐灌顶、茅塞顿开。

师：同学们，最后老师推荐大家去读一下穆旦的《原野上走路》和《园》，在咱们学案后面。你从中能看到什么？读出什么？想到什么？下节课我们一起交流讨论。好！下课！

【备课手记】

一支唱响生命的田园牧歌

卢梭说："儿童是大自然派驻到成人世界的天使。当我们还没有走进儿童世界，触摸到儿童真实律动的时候，我们是没有资格用我们所谓的教育去干预儿童的。"我稍做修改："青少年是大自然派驻到成人世界的天使，当我们还没有走进青少年的世界时，我们是没有资格用我们所谓的教育去干预他们的。"

备课之初，我只执着于教学本身，理解上感觉差强人意。所以，我决定先让学生自主朗读几遍诗歌，谈谈想法。让我醍醐灌顶的，是一名女同学读完一遍，在穆旦的名字后面写下的"勇敢的人先享受世界"这样一句话。我突然想到，我何不以全新心态去完成备课，于是抛开所有先入为主的认知，重新去读《我看》。

学生在自己建构的基础上建立起来的教育生态和生命自觉，提示我想到《我看》就是"一支唱响生命的田园牧歌"。大自然是诗意栖息的一方牧野，当然，学生的内心更是。在整个备课过程中，我遵循的一点是，诗歌不应有确切的标准答案，我是在与学生一起探寻大自然与每个生命个体之间的渊源。

感谢学生的解读，让我切实感受到了文字的力量，20岁的穆旦不执着于生命的欢乐和忧戚，热切地追寻生命的真谛；我们的学生同穆旦一样，坚信"世界上有一束光是为我而来，心存信念的人，不会被击垮"。《我看》是穆旦唱响的一支春之歌，一支生命的赞歌，一支流向学生心田的田园牧歌！

一帆引航　数石激波

——《孤独之旅》教学实录

山东省武城县第一中学　贺秀红

师：这是一篇关于"成长"的文章，哪位同学能概括一下全文的故事情节？

生1：因为家境一落千丈，杜小康的爸爸就带着他去放鸭。

师：主人公是杜小康，放鸭的地点应该交代一下。你能否再重新概括一下呢？

生1：因为家境一落千丈，杜小康跟着爸爸去芦苇荡里放鸭。

师：杜小康放鸭的经历如何？结果如何？继续补充。

生2：因为家境一落千丈，杜小康跟着爸爸去芦苇荡里放鸭，他经历了一个孤单害怕的过程，长大了。

师：杜小康的成长经历了一个历程，我们一起来探讨这个问题。

屏幕显示：

话成长：在（　　　　　　）中成长。

生3：在芦苇荡中成长。杜小康跟着爸爸去远离家乡的芦苇荡里放鸭，那里除了芦苇还是芦苇，杜小康成长着。

生4：在孤独中成长。杜小康失学了，离开了校园，离开了老师和同学，也离开了妈妈，芦苇荡无边无际，陪伴他的只有父亲。父亲有时候还发脾气，这个孩子就更孤独了。

生5：在艰难中成长。这样的环境对大人都是考验，何况是一个孩子呢？

生6：在逆境中成长。我读过《草房子》，从前杜小康家境优越，成绩又棒，他充满优越感。可是杜小康的父亲做生意赔了本，现在家境一落千丈，他上不起学，变成一个放鸭娃了，顺境变成逆境。

师：你能结合整本书的内容来解读，有深度。杜小康曾经是班上最有优越感的孩子。可是现在，这个曾经被大家羡慕的"王子"却失学了，变成一个孤独的放鸭娃。"孤独之旅"，其实是杜小康在孤独中的心路历程。

生7：杜小康在鸭子们的陪伴下成长。后来鸭们长大了，杜小康也成长了。

师：这个视角与众不同呢。从文中看，杜小康的成长既是一个长期的过程，也源于一个突发事件。哪位同学有发现？

生8：他在暴风雨中成长。在一个暴风雨之夜，杜小康勇敢地找回走失的鸭子，他长大了，坚强了。

师：感谢这位同学！我们请全体男生来读一读这一片段。（男生读）男生读得很有气势，让我们感受到了那种可怕的气氛。现在拿出笔来批注一下，赏析景物描写的妙处。（学生做批注）

生9："天黑，河水也黑，芦苇成了一片黑海"，连用三个"黑"字，点染出可怕的气氛。

师：三个"黑"是实写，后面还有一句：杜小康觉得风也是黑的，这里的"黑"是指杜小康的内心感受，是虚写。虚实结合，营造暴风雨来临的恐怖气氛。

生10："雷声已如万辆战车从天边滚动过来"这句运用比喻，形象地写出雷声的恐怖。

生11："四下里，一片呼呼的风声和千万支芦苇被风撅断的咔嚓声。"这里的"呼呼"和"咔嚓"都是拟声词，写出了风的气势与威力。

师："黑"是写颜色，这里又写了声音，可谓有声有色。

生12："歇斯底里"本来是指人情绪激动、举止失常的样子，这里用来形容暴风雨，我仿佛感受到了狂风肆虐、暴雨倾盆的情景。简直太可怕了！怪不得鸭栏忽然被风吹开、胆小的鸭们都跑散了呢。

生13：这是为下文写杜小康找鸭子做铺垫。

师：推动着下面故事情节的发展。杜小康身处这样恶劣的环境有何感受？

生14：杜小康觉得风也是黑的。

生15：他觉得仿佛已到了世界末日。

师：杜小康虽然恐惧，但他还是战胜自己的软弱冒着暴风雨找回了跑散的鸭群。天气的恶劣，烘托了杜小康坚强勇敢的形象。文中还有多处景物描写，请女生读一读这一片段。

屏幕显示：

这里的气味，倒是很好闻的。万顷芦苇，且又是在夏季青森森一片时，空气里满是清香。芦苇丛中还有一种知名的香草，一缕一缕地掺杂在芦叶的清香里，使杜小康不时地去用劲嗅着。

师：这样的文字，很美，富有诗情画意，增添了文章的抒情韵味，与刚才的风格不同。看来这芦苇荡里也不全是可怕，有时候也会展现出美的一面。苦难并没有泯灭一个孩子对生活的热爱和强烈的好奇心。有人说过："风景在参与小说的精神构建的过程中，始终举足轻重。"我们读小说时，不要忘了这一点。杜小康的成长，文中是怎么表现出来的呢？

生1：通过写他的心理来表现，还有行动。

师：这个人物前后有什么变化？围绕这一变化，组内讨论。

屏幕显示：

论成长：从（   ）到（   ）

生2：从茫然到坚强。最初杜小康望着茫茫水面与无边的芦苇，茫然而又无助，他还哭闹过，但后来他不再孤独恐慌，变得坚强。

生3：从胆怯到勇敢。芦苇如万重大山围住小船，杜小康十分恐慌，晚上紧紧挨着父亲还迟迟不能入睡。后来在一个可怕的暴风雨之夜，他独自一人去寻找那些鸭子，全然忘记什么叫恐惧。

生4：从不知所措到直面生活，从幼稚走向成熟，从害怕孤独到接受孤独。

师：谁能读一读文中能体现这种孤独的语段？

生5：日子一天一天地过去了，父子俩也一天一天地感觉到，他们最大的敌人，也正在一步一步地向他们逼近，它就是孤独。

师：运用比喻与拟人的手法，写出了孤独的可怕。

生6：与这种孤独相比，杜小康退学后将自己关在红门里面产生的那点孤独，简直就算不得什么了。

师：这里是通过什么手法来描写孤独的呢？

生7：对比，更能突出这种孤独的浓重压抑。

师：孤独如此浓重，父子二人说说话是不是就可以解决呢？

生8：不能。（朗读）他们一连十多天遇不到一个人。杜小康只能与父亲说话。奇怪的是，他和父亲之间的对话，变得越来越单调，越来越干巴巴的了。除了必要的对话，他们几乎不知道再说些什么，而且，原先看来是必要的对话，现在也可以通过眼神甚至干脆连眼神都不必给予，双方就能明白一切。言语被大量地省略了。这种省略，只能进一步强化似乎满世界都注满了的孤独。

师："注满"二字，突出孤独的无处不在。少年杜小康的世界，除了孤独，还是孤独，这是一片最彻底的黑暗，最无望的孤独。但是，时间终会慢慢地化解一切。这一点在文中有何体现？

生9：时间久了，杜小康不再忽然地恐慌。

生10：雨后天晴，他坚强了。

师：最后杜小康发现鸭下蛋了，他是多么惊喜呀！四个感叹号，传达出他内心的渴望。从内心对前方感到恐惧、绝望，到心中升腾起新的希望，这个少年对未来充满期待。

生11：从无尽黑暗到点点光芒，杜小康心中有一束光。

师：向阳而生，我心光明！

师：冰心说过：快乐固然兴奋，苦痛又何尝不美丽？在此，老师把奥斯特洛夫斯基的名言稍做变动，化成几句小诗送给杜小康。（师读）作为同龄人，你想对杜小康说什么呢？把同桌当作杜小康，用几句诗意的话来表达吧！

（屏幕显示：赞成长，同桌对话。）

<blockquote>
亲爱的少年，

人的生命似洪水奔流，

触到岛屿与暗礁，

方会激起浪花朵朵。
</blockquote>

师：同学们说得如此动情，说明你们走进了杜小康的内心世界。而文中的杜小康，仿佛成了我们自己的化身。当暴风雨冲垮了鸭栏、惊散了鸭群时，杜小康表现出像大人一般的勇气与坚强。一场暴风雨，也成为他成长的舞台。曹文轩说过："少年时，就有一种对痛苦的风度，长大时才可能成为强者。"课下读一读《草房子》，杜小康是否如愿回到校园？他还会面临人生的风雨吗？面对生活的暴风雨，我们每一个人又该怎么去做呢？下课！

【备课手记】

简简单单教语文

作为初三学生，孩子们完全可以自己读懂这篇小说；作为同龄人，学生与杜小康能够进行一次心灵的对话。简单易懂的一课，那么，是否还需要讲呢？犹豫良久，我决定还是师生共读，用一课时的时间讲解这一节课。

怎么读？读什么？围绕"成长"设计几个话题，引领学生自读自品，我怀着有点忐忑的心情设计了这一课，一帆引航，几块石子激起波澜，只希望通过这一课，能使正在成长中的学生懂得成长的意义，做一个直面生活、向阳而生的少年。目标简单，内容简单，教学方式和手段更是简单，简单到自己都怀疑这样上课学生到底有没有收获。

等到上课，我明显觉得学生反应比以往专注而且活跃，他们用心阅读，热烈讨论，自动上台去填写词语补充板书，师生、生生之间的对话自然流畅。听说四班尚未讲这一课，又到邻班试了试，气氛一样的活跃，学生一样的兴致勃勃。课堂应该是学生自由阅读、自由放歌的地方，老师要做的，就是给学生营造一片绿草茵茵的牧场。

值得一提的是，学生学得简约，教师备课却不能简单。细读文本，收集关于"成长"的素材，知道得多了，才有底气；有了积累，才能厚积薄发。最后再删繁就简，成为简约而饱满的一课。

简阅读，就是这么简单。

一花一鸟总关情

——《白鹭》教学实录

山东省东营市胜利花苑中学　谢玉梅

师：今天我们将进入五年级上册第一单元的学习，这个单元的主题是——一花一鸟总关情。生活中我们会接触到各种各样的事物，但总有一些事物在我们心中有特别的分量，会牵动我们特别的感情，这就叫作"一花一鸟总关情"。今天让我们走进中国现代作家郭沫若笔下的《白鹭》。（板书课题，齐读）

师：在中国文人的笔下，白鹭是一种经常入诗入画的鸟儿，寄托着对大自然的喜爱、赞美之情。杜甫曾经在诗中写道——

生（齐）："两个黄鹂鸣翠柳，一行白鹭上青天。"

师：白鹭到底是一种什么样的鸟儿呀，受到文人墨客的如此青睐，让我们用心去细细地感知白鹭。

师：朗读课文，读准字音，读通句子。想一想白鹭给作者留下了什么印象？可以用笔画出相关的句子。

生：精巧、孤独、悠然。

师：这组词都是形容白鹭的。思考白鹭给作者留下了怎样的印象？

生："白鹭是一首精巧的诗。"

师：这句话在文章的第一自然段，你找到了总起句，一起读！

（板书：精巧的诗）

生："白鹭实在是一首诗，一首韵在骨子里的散文诗。"

师：你找到了文章的总结句，了不起！"韵"是本课的生字，是什么意思呢？

生：就是"含有"的意思。

师：有自己的理解，善于动脑。在《现代汉语词典》中有四种解释，自己读一读，看看在这个句子中该选第几种解释呢？

生1：该选第一种解释，好听的声音。

生2：选第三种解释，情趣。

师：对呀，白鹭的美，白鹭的风情是刻在骨子里的，印在骨子里的。所以作者才会说"白鹭实在是一首诗，一首韵在骨子里的散文诗"。带着你的理解再读。

师：默读课文，找一找你从哪些地方感受到"白鹭是一首精巧的诗"。

生1："色素的配合，身段的大小，一切都很适宜。"我从这句感受到的。

生2："白鹤太大而嫌生硬，即使如粉红的朱鹭或灰色的苍鹭，也觉得大了一些，而且太不寻常了。"

生3："然而白鹭却因为它的常见，而被人忘却了它的美。"

师：你们看，老师把这几种鸟儿给大家呈现出来了，有什么想说的吗？

生：其他几种鸟儿也很美呀，为什么作者就喜欢白鹭呢？

师：对呀，几种鸟儿各有其美，作者却对白鹭情有独钟。谁能读读这两段？

生："白鹤太大而嫌生硬，即使如粉红的朱鹭或灰色的苍鹭，也觉得大了一些，而且太不寻常了。然而白鹭却因为它的常见，而被人忘却了它的美。"

师：读得很准确，把自己对这句话的理解放入你的朗读中。作者运用了对比的方法，表现对白鹭的情有独钟呢。还有哪些句子也在写白鹭的色彩和大小很适宜？

生："那雪白的蓑毛，那全身的流线型结构，那铁色的长喙，那青色的脚，增之一分则嫌长，减之一分则嫌短，素之一忽则嫌白，黛之一忽则嫌黑。"

师：这里面有三个表示颜色的词语是雪白、铁色、青色。这是我国的水墨画中经常出现的颜色，这些颜色搭配在一起相得益彰，所以说——

生：色素的配合，身段的大小，一切都很适宜。

师：大家看，这四个"那……"是四个排比式的短语。（板书：排比）请同学来读这一句。

生（齐）："增之一分则嫌长，减之一分则嫌短，素之一忽则嫌白，黛之一忽则嫌黑。"

师：这句话化用了先秦宋玉写的散文中的经典句式"东家之子，增之一分则嫌长，减之一分则嫌短；著粉则太白，施朱则太赤"。这句话是描写极美的女子的。在这里作者用来描写白鹭，你能体会到什么？

生1：我能体会到作者对白鹭的喜爱。

生2：作者对白鹭的情有独钟。

生：白鹭在作者眼中就是绝代佳人。

师：是呀，作者借鉴并改编了这句描写绝代佳人的句子，来描写白鹭，可见对白鹭的喜爱。"分""忽"是古代一种极小的计量单位，可见白鹭的色彩和大小，一切都很适宜。老师把这段话改成这样的形式，你会读吗？

生（配乐朗读）：

那雪白的蓑毛，

那全身的流线型结构，

那铁色的长喙，

那青色的脚，

增之一分则嫌长，

减之一分则嫌短，

素之一忽则嫌白，

黛之一忽则嫌黑。

师：就在这样一遍遍的读中，那如诗般的白鹭就会飞进我们的心里，让我们感受到了白鹭的美，体会到了作者喜爱和赞美之情，同时作者还想告诉我们美往往蕴含在生活中，蕴含在我们常见的事物中。那白鹭蕴含在骨子里的内在之美又体现在哪儿呢？画卷展开，精巧的诗将继续。

师：作者仅仅从外形上写白鹭是一首精巧的诗吗？还从哪些方面进行了描写呢？作者在不同的时间观察白鹭，在不同的地点追随白鹭的身影，课文第6—8段描绘了三幅优美的图画，请你为每幅图画起一个诗意的名字。以小组为单位，讨论讨论，写在作业纸上。提两个要求，一是题目要符合文意，二是三个题目字数相同。

生1：第一幅图我们小组起的是"水田钓鱼图"。

生2：我们小组起的是"水田垂钓图"。

生3：我觉得"水田垂钓图"更好，更能表现出白鹭的悠然，很闲适的样子。

生4：在清水田里，时有一两只白鹭站着钓鱼，整个的田便成了一幅嵌在玻璃框里的画面。田的大小好像是有心人为白鹭设计的镜匣。

师：那份悠然闲适尽在朗读中。在作者笔下，白鹭化身一位悠然自得的垂钓者。另两幅的名字叫什么？

生："枝头望哨图"和"黄昏低飞图"。

师：你们觉得白鹭是在望哨吗？望哨是什么意思？

生：望哨就是看看有没有敌人来。

师：这应该是一种很紧张的状态，再读，白鹭是这样吗？读读这段，想象那幅画面，白鹭也许是在听——

生：大自然美妙的声音。

师：也许在看美丽的风景。也许在等——

生：觅食的同伴。

师：是呀，那哪个题目更合适？

生："枝头眺望图。"

师：黄昏，夕阳西下，晚风轻拂，白鹭在人们面前低低飞过。你看我们已经不知不觉地走进了白鹭的生活中了。时有看见的水田垂钓，每每看见的枝头眺望，偶有看见的黄昏低飞，作者从三个不同角度向我们展示了白鹭的美。和老师合作，你们读蓝色的字，老师读红色的字，空出来的部分，你们试着把它填上。

生："白鹭是一首精巧的诗。色素的配合，身段的大小，一切都很适宜。"

师："白鹤太大而嫌生硬，即使如粉红的朱鹭或灰色的苍鹭，也觉得大了一些，而且太不寻常了。然而白鹭却因为它的常见，而被人忘却了它的美。"

……

师："或许有人会感到美中不足，白鹭不会唱歌。但是白鹭本身不就是一首很优美的歌吗？——不，歌未免太铿锵了。"

生："白鹭实在是一首诗，一首韵在骨子里的散文诗。"

师：一花一鸟总关情，世间万物总是能带给我们生活的启迪。作者用诗一般的语言向我们描绘了白鹭的精巧的外形，又用诗一般的意境展现了他的生活态度，让我们体会到了作者对白鹭的喜爱和赞美之情，也感受到了他对悠然、闲适生活的向往。我们每一个孩子都要把这样的文字收在心中，韵在你们的骨子里。愿同学们的生活也像白鹭一般悠然，如诗歌一样美好。下课！

【备课手记】

入境·入文·入心

《白鹭》作为五年级上册第一单元的第一课，作用尤其重要。本课我践行了"牧式语文"的诗意化教学理念，收到了令人惊喜的效果。

在本课教学中，首先教师以单元导语为切入点，引领学生了解本单元的主题，初步明确单元主题"一花一鸟总关情"，厘清单元知识体系，抓住单元核心目标"初步了解课文借助具体事物抒发感情的方法"，了解文本的共性，奠定学习的基础。在教学的时候，在课堂中落实课后习题，提高教学质量和效率，使学生的阅读、表达等素养得到发展和提升。

在品读文章环节，教师重视对学生语感的培养和训练，引导学生入境朗读，集体入境朗读，配乐朗读，使学生努力达到诗意化的最高境界，最终达到背诵的目标。在读中积淀课文诗一般的文学语言，读中培养学生的语感，坚定学生的文化自信。比如："增之一分则嫌长，减之一分则嫌短，素之一忽则嫌白，黛之一忽则嫌黑"这句话出自古代散文，教师以填空的形式启发学生感受白鹭的"一切都很适宜"，感受作者诗一样的语言；从阅读、理解、运用这三个层次不断深化语言，提高学生的核心素养。

在这节课中，教师为了培养学生想象能力和表达能力，设置了三个探究点，由此引导学生展开想象，由物及人，真正感受作者借物喻人的写作手法，也为学习本单元的其他文章打下基础。

去看梦中花开　冲破夜的黑暗

——《好的故事》教学实录

山东省武城县老城镇中心小学　陈亚琪

师：（深情诵读）我在梦中走过一条河，青青的柔蔓随意地在水面漂浮，时而有洁白的水鸟掠过清澈的水面，河边紫色的小花一朵一朵绽放，我俯下身子，泛着银光的鱼在河底的鹅卵石间自由穿梭。孩子们，这是我昨晚的一个梦境，老师想跟同学们分享一下。同学们，我的梦境美不美？

生1：老师的梦境真美，可是，老师，这么美的梦你舍得醒吗？

师：可是，梦终究是要醒的，醒来后我把它分享给同学们，一同感受我梦境的美好，我们把这么美的梦称为"好梦"。带着这么美丽的记忆，今天，我们一起走进一篇《好的故事》，感受鲁迅先生笔下的这篇故事的美好。

师：同学们，这篇文章叫作《好的故事》，课文写故事了吗？到底写了什么呢？思考一下课文内容，谁来填一填：

《好的故事》描写的，是一个（　　　　　）。这故事的特点是（　　　　　）。

生2：《好的故事》描写的，是一个梦境。这故事的特点是：美丽、幽雅、有趣。

师：《好的故事》是一个梦境。同学们，不动笔墨不读书，快速默读，并进行圈点勾画，课文的哪些地方让你认定《好的故事》其实是一个梦境呢？

（生默读并做批注。）

师：同学们找得非常仔细，讨论也非常热烈，我们一起分享一下学习成果！

小组长1：课文第2自然段，文中写"我闭了眼睛，向后一仰，靠在椅背上"。"闭了眼睛"，说明后面看到的这一切都是在梦中。

小组长2：课文第3自然段，文中写"我在蒙胧中，看见一个好的故事"。"蒙胧"说明作者应该是快睡着了，这时看到的应该是梦境。

小组长3：课文第5自然段，说"我仿佛记得曾坐小船经过山阴道"。"仿佛记得"，不就是做梦吗？

小组长4：课文第10自然段，"我无意识地赶忙捏住几乎坠地的《初学记》，眼前还剩着几点虹霓色的碎影"。这里的"无意识"也写出了他刚睡醒，说明之前他应该是在梦中。

师：同学们真聪明，你们的这些发现，足以证明"好的故事"其实就是一个梦境。鲁迅先生在他的文中，字里行间其实都透露给我们，他所讲的好的故事，其实是发生在梦境中的。这个梦境，鲁迅先生用了三个词语来形容，分别是——

生：（齐）美丽、幽雅、有趣。

师：刚才我们说鲁迅先生用美丽、幽雅、有趣来形容他的梦，他的这一篇好的故事。你从文中哪些语句中，可以读出"美丽、幽雅、有趣"？

生1："我仿佛记得曾坐小船经过山阴道，两岸边的乌桕，新禾，野花，鸡，狗，丛树和枯树……"这个句子中，描写了许许多多的景物，这些景物汇聚在一起，就像画一样的美。

生2："随着每一打桨，各各夹带了闪烁的日光，并水里的萍藻游鱼，一同荡漾……"

师：鲁迅先生的描述多么的美，看看这些文字，你有什么发现？

生3：作者写出了山阴道上的风景和人物，织就了一幅人物风景画。

生4：鲁迅先生并没有具体展开描写，而是留给我们无数想象的空间。读这些文字，我仿佛也跟着鲁迅先生乘船，看到了茂盛的乌桕树，优雅的乌桕叶，刚刚长出的禾苗，星星点点的野花。

师：这就是留白艺术。恰恰就是这些看似不起眼的名词，给我们带来这么多的想象空间，带来这么多的丰富画面。同学们，这么美的画面只能在梦境中看到吗？那些美的人和美的事，在现实中存不存在？

生5：我认为存在的。鲁迅先生笔下的故事这么美，和他见过这样美的景物有关系。可能鲁迅先生这些好的故事，就是他以前见过的美景，他恋恋不舍，所以才会在梦境中再一次梦到。

师：课文中有一个词，不知道同学们注没注意——山阴道上。你现在知道作者怎么会做这样的梦了吗？

生6：浙江绍兴，那是作者的老家，他从小生活在这里，对这里的景物记忆犹新。

师：是的！这样的景物，正是作者童年的记忆。作者小时候生活在绍兴，江南水乡就是这个样子的。河流纵横，鸡犬相闻，一片安静祥和的样子。作者喜欢它，不仅仅因为它景色优美，更重要的是，那是他的故乡，是养育他的地方。作者对它怀有深深的情感。

师：日有所思，夜有所梦，也说梦境和现实往往是相反的。那，鲁迅先生的梦是在什么样的情境下产生的？

生1：课文第1自然段，"灯火渐渐地缩小了，在预告石油的已经不多；石油又不是老牌，早熏得灯罩很昏暗。鞭炮的繁响在四近，烟草的烟雾在身边：是昏沉的夜"。鲁迅先生是在这种昏暗、昏沉的情况下做的梦。

师：我们在夜晚睡觉时会做梦。鲁迅在"昏沉"的夜进入梦境，他为何不像常人那样在"漆黑"的夜进入梦乡呢？让我们来看一段资料。

1925年，鲁迅先生在北京女子师范大学任教。这时正值"五四"退潮时，许多进步青年，退出了新文化运动战线。国内军阀混战，社会动荡。鲁迅先生用"散文诗"的艺术形式，记录他当时迷茫、苦闷、孤独。

师：（音乐起）按理说，迷茫的鲁迅，梦境应该是灰暗的。但他的梦境却是光彩夺目的，里面的种种事物无不色调明亮，美丽多彩。按理说，苦闷的鲁迅，其梦境应该是凄凉的。但他的梦境却是美不胜收的。按理说，孤独的鲁迅，梦境应该是单调的。但他的梦却纷杂有趣。

师：这样的鲁迅和这样的梦境，你觉得矛盾吗？

生2：不矛盾，我觉得就是因为现实太苦闷了，鲁迅先生才会想在梦中追忆美好，激励自己。

生3：我也认为不矛盾，就是心中有向往，日有所思，夜才有所梦，说明鲁迅先生对现实仍然充满希望，对未来充满美好向往。

师：梦，总会醒来，无论是美梦还是噩梦，总会破碎。但只要心存爱，心向光明，美梦会一直存在记忆中，也会一直书写下去这篇好的故事。伟大的作家使你看见苦闷现实的同时，仍然能够心怀希望。从这个角度来说，这不是虚无的梦境，而是对未来美好的憧憬。孩子们，让我们一起去看梦的花开，冲破这夜的黑！

在心中画一个春天

——《寻找春天》教学实录

山东省武城县特殊教育中心　于东涛

师：同学们，你们知道一年有哪四个季节吗？

（教师按照顺序展示一年四季的图片。）

生：春季、夏季、秋季、冬季。

师：我们刚刚看到的图片中，哪个季节中有小燕子呢？

生：春天。

师：那春天在哪里呢？让我们和小燕子一起寻找春天。今天我们学习第3课《寻找春天》。春天在哪里呢？我们先去歌曲中找一找。

（播放视频《春天在哪里》，生听儿歌，跟着唱。）

生：春天在青翠的山林里。

师：青翠的山林里有什么？

生1：有红花。

生2：有绿草。

生3：有会唱歌的小黄鹂。

师：春天还在哪里？

生：春天在湖水的倒影里。

师：湖水的倒影里有什么？

生1：有红的花。

生2：有绿的草。

生3：有会唱歌的小黄鹂。

师：春天还在哪里？

生：春天在小朋友的眼睛里。

师：小朋友的眼睛看到了什么？

生1：看到红的花。

生2：看到绿的草。

生3：看到会唱歌的小黄鹂。

师：小朋友有一双善于观察的眼睛，就能找到春天。我们也去课文中找一找吧。

师：现在我们听课文朗读，听听春天在哪里。

（播放课文朗读视频，生听课文，小声跟读。）

师：春天向我们走来了，（播放《春天的美景》视频）你们看到了什么？听到了什么？

生1：我看到树叶绿了。

生2：我看到花开了。

生3：我听到小鸟在唱歌。

（观看柳条随风飘舞的视频。）

师：柳条为什么会飘舞？

生：因为春风来了。

师：（出示词卡：春风）跟老师齐读"春风"。

（生齐读。指名学生读"春风"一词。）

师：我们看"春"字的朗读视频。现在找两位同学PK找"春"字。

（A组两名学生上台PK；B组学生在教师的辅助下完成练习。）

师：看，这是什么？

生：是春天的图片。

师：跟老师读——春天，春——天。

（生齐读）

师：看，图上的人在干什么？

生：贴对联。

师：对联，我们也叫春联。跟老师读，春——联，春——联。

（生齐读）

师：我们什么时候贴春联呢？

生：春节。

师：对，跟老师读，春节，春节。

（生齐读）

师：春风是怎样吹动柳条的呢？

生：轻轻地吹起。

师：春风是轻轻的，没有声音的。现在请同学上台来玩"吹泡泡"游戏。其他同学看看"轻轻的"是什么样子的。

（生上台吹泡泡，感受"轻轻地吹"的意境。）

师：（展示图片）谁在花前飞来飞去？

生：鸟儿在花前飞来飞去。

师：（出示字卡：鸟）跟老师读。

（生齐读，指名学生读"鸟"。）

师：我们看"鸟"字朗读视频。同学们，你们知道含"鸟"的词语吗？

生1：小鸟。

生2：鸟儿。

生3：鸟叫。

师：小鸟喜欢花儿，都飞到花的前面。（展示图片）还有谁会飞到花前呢？

生1：蝴蝶飞到花前。

生2：蜜蜂飞到花前。

生3：燕子飞到花前。

师：（出示句子：春风轻轻吹起，鸟儿飞在花前。板书此句）好，跟老师一起读句子。

（生齐读）

师：春天是个美丽的季节，我们可以多去郊外走走，找一找美丽的春天。现在，跟着老师去寻找春天。

师：（展示图片）图片里有老师、学生。在户外，在春天，人们观赏春天的美景、散步、玩，这就是踏青。

师：（出示句子：跟着老师踏青）好，跟老师一起读句子。

师：跟着老师踏青的时候，我们做什么？

生：我们寻找春天。

师：（出示句子：我们寻找春天）跟老师一起读这个句子。

师：（展示图片）我们在图上什么地方能找到春天？

生1：草绿了。

生2：花开了。

生3：柳树发芽了。

师：春天这么美好，你们想做些什么？

生1：踢球。

生2：荡秋千。

生3：放风筝。

师：看，这就是风筝。

（出示各式各样的风筝，出示词卡：风筝。生齐读，指名朗读。）

师：请同学们在课本的插图中找出风筝。

（A组学生独立在课本插图中找出风筝；B组学生在老师的帮助下，在课本插图中找出风筝。）

师：春天到了，谁在放风筝？

生：同学们在放风筝。

师：春天到了，同学们在什么地方放风筝？

生：春天到了，同学们在草地上放风筝。

师：看图，春天到了，谁在什么地方做什么？

生：春天到了，同学们在草地上放风筝。

（师出示图片和句子，生齐读，指名学生读句子。）

师：（播放视频）同学们，你们看到了什么？

生：每个人的脸上都洋溢着笑容。

师：每个人都带着笑容，说明人人心情舒畅。我们看"心"字朗读视频。

师：同学们，你们知道含"心"的词语吗？

生1：小心。

生2：开心。

生3：心情。

师：心字怎么写呢？我们来看"心"的书写视频。

（学生观看视频。A组学生在田字格中书写，B组学生在田字格中描红。）

师：人人心情舒畅，是为什么呢？

生：因为他们发现到处都是美丽的春色。

师：我们看看都有哪些美景。

（出示图片和句子。生齐读，指名学生读句子。）

师：（出示课文全文）跟老师一起读。

（生齐读课文，指名学生读课文。）

师：在四幅图片中找到春天。

（学生独立完成。）

师：现在，找两位同学PK找春天。

（学生上台完成。）

师：同学们完成得真好，我们来做选词填空。

（教师示范游戏玩法：仔细观察图片，在图片下方的词卡中选出词语移到句子上。）

师：（展示图片）请同学们仔细观察图片，根据图片按照"春天到了，_____"的句式说一说。

（A组学生独立完成。B组学生在教师的辅助下完成练习。）

师：（展示拍摄的校园春天的图片）请同学们说一说在我们的校园中，你找到春天了吗？它在哪里？

师：今天，我们寻找了"春天"，知道了春天的美好景物，感受到了大自然的美。同学们，大自然是我们的好朋友，春天小草变绿了，花儿开了，小鸟、蝴蝶飞来了，我们可以随便摘花，踩草坪吗？

生：不可以。

师：是的，我们要爱护花草树木，保护小动物们。回到家把课文读给爸爸妈妈听，书写"心"字五个，和爸爸妈妈一起去寻找春天的景色并请爸爸妈妈拍照。

【备课手记】

听，春天的声音

在特殊学校中，总是充满了温情与智慧的碰撞。

记得在一个阳光明媚的下午，我走进了教室，这里有一群特别可爱的孩子，他们虽然有智力缺陷，但都用最纯真的笑容欢迎着我。那天，我选择了《寻找春天》这篇课文进行教学。我深知，对于这些孩子来说，文字不仅仅是知识，更是他们感知世界、理解生活的重要工具。于是，我尝试着用各种方式，让他们能够更深入地理解这篇课文。我精心准备了课件和视频，让他们通过声音去感受春天的美好；运用图画来传达课文的内容，让他们能够用心去触摸春天的气息。

在教学过程中，我不断地观察着每一个孩子的反应，试图找到最适合他们的教学方式。有时，我会放慢语速，重复几遍重点；有时，我会用夸张的动作和表情来吸引他们的注意力。我发现，虽然他们有着缺陷，但他们对知识的渴望、对生活的热爱却是与正常孩子相同的。

最让我感动的是，当一个孩子通过我的引导，终于理解了课文的意思时，她露出了灿烂的笑容，用那不太流畅的语言对我说："老师，我感受到了春天的气息！"那一刻，我仿佛看到了春天的花朵在她的心中绽放。

这次教学经历让我深深地体会到，特殊学校的小学语文教育不仅是一项责任，更是一种使命。我们需要用更多的耐心、爱心和智慧，去帮助他们跨越障碍，感受生活的美好。

小荷才露尖尖角

——《荷叶圆圆》教学实录

山东省武城县特殊教育中心　于东涛

师：大自然就像魔术师一样，藏着很多美丽的奇妙的宝物，看这是什么？（展示图片）

生：这个是荷叶。

师：仔细观察，荷叶长什么样的？

生1：荷叶是圆的。

生2：荷叶大大的。

生3：荷叶是绿的。

生4：荷叶是圆圆的。

生5：荷叶是绿绿的。

师：刚才你们说的"大大、圆圆、绿绿"这样的词叫作"叠词"，那"荷叶圆的、绿的"好，还是"荷叶圆圆的、绿绿的"好呢？

生："荷叶圆圆的、绿绿的"好。

师：对，"荷叶圆圆的、绿绿的"好。两个圆可以看出荷叶的形状是特别特别的圆，两个绿可以看出荷叶的颜色是特别特别的绿。今天我们就一起学习课文《荷叶圆圆》。

（教师板书课题"荷叶圆圆"，领读课题。学生齐读课题"荷叶圆圆"。）

师：孩子们，跟老师读课文，我们一起去感受夏天池塘的美景。

（师读课文，学生跟读。）

师：现在请孩子们自己读课文，有不认识的字告诉老师。

（生读课文。教师指导。）

师：孩子们，读得非常好，谁能告诉老师，作者眼中的荷叶是什么样子呢？

生：荷叶圆圆的，绿绿的。

师：孩子们，你们能不能学着作者的样子来介绍一下苹果？

生1：苹果圆圆的，红红的。

生2：苹果大大的，圆圆的。

生3：苹果红红的，甜甜的。

师：我们再次读课文，找一找美丽的荷叶引来了哪些小伙伴？

（学生回答，教师随机把图片贴在黑板上。）

生1：小水珠。

生2：小蜻蜓。

生3：小青蛙。

生4：小鱼儿。

师：那谁能把这四个小伙伴连起来说一句完整的话？

生：小水珠，小蜻蜓，小青蛙，小鱼儿。

师：谁还能帮这位同学说得具体一些？

生：荷叶引来了小水珠，小蜻蜓，小青蛙和小鱼儿。

师：非常棒！他还用了一个"和"字。请你们自己再读一遍这个句子。

（学生自由读，教师巡视指导。）

师：它们都把荷叶当什么了？再读一读课文中的句子。谁能说一说它们都把荷叶当成了什么？小水珠把荷叶当成了什么？

生：小水珠把荷叶当成了摇篮。

师：小水珠是怎么说的？

生：小水珠说："荷叶是我的摇篮。"（黑板贴"摇篮"词卡）

师：孩子们，看，这就是摇篮。（出示"摇篮图"）摇篮是给谁用的？

生：婴儿。

师：摇篮是婴儿睡觉的小床，手一推，会摇动，很舒服。跟老师读这个词"摇篮"。（出示字卡）

（学生齐读"摇篮"。）

师：孩子们，跟老师读句子。小水珠说："荷叶是我的摇篮。"

（学生跟老师齐读，指名学生读。）

师：谁来说一说小蜻蜓把荷叶当成了什么？

生：小蜻蜓把荷叶当成了停机坪。

师：小蜻蜓是怎么说的？

生：小蜻蜓说："荷叶是我的停机坪。"（黑板贴"停机坪"词卡）

师：孩子们，看，这就是用来停直升飞机的停机坪。（出示停机坪图）跟老师读这个词"停机坪"。

（学生齐读"停机坪"。）

师：孩子们，跟老师读句子。小蜻蜓说："荷叶是我的停机坪。"

（学生跟老师齐读，学生展示。）

师：孩子们，小青蛙把荷叶当成了什么？

生：小青蛙把荷叶当成歌台。

师：小青蛙是怎么说的？

生：小青蛙说："荷叶是我的歌台。"（黑板贴"歌台"词卡）

师：是的，小青蛙把荷叶当成自己唱歌的舞台。看，这就是舞台。（出示图片）跟老师读这个词"舞台"。（出示字卡）

师：孩子们，跟老师读句子。小青蛙说："荷叶是我的歌台。"

（学生跟老师齐读，指名学生读。）

师：小鱼儿把荷叶当成了什么？

生：小鱼儿把荷叶当成凉伞。

师：小鱼儿是怎么说的？

生：小鱼儿说："荷叶是我的凉伞。"（黑板贴"凉伞"词卡）

师：看，大大的凉伞。（出示图片）跟老师读这个词"凉伞"。

师：孩子们，跟老师读句子。小鱼儿说："荷叶是我的凉伞。"

（学生跟老师齐读，指名学生读。）

师：美丽的荷叶吸引了许多小伙伴，真是一幅生动有趣的画面。让我们美美地读课文。

师：孩子们，你们读得非常棒，老师请你们当小水珠、小蜻蜓、小青蛙和小鱼儿来说一说它们把荷叶当成了什么。

（学生们戴上头饰，配音，分角色在讲台上表演读。学生们做着可爱天真的动作，十分活泼，读出了小水珠、小蜻蜓、小青蛙和小鱼儿们快乐的心情。）

师：这么美的荷叶，还吸引了许多好朋友。它们又把荷叶当成什么了呢。我们来看看。（展示图片）

生1：小鸟说："荷叶是我的运动场。"

生2：小朋友说："荷叶是我的雨伞。"

生3：小兔子说："荷叶是我的凉伞。"

生4：小蚂蚁说："荷叶是我的小桥。"

生5：小蝴蝶说："荷叶是我的停机坪。"

师：同学们，今天我们学习了《荷叶圆圆》这篇课文，你们知道了什么？

生1：知道了荷叶有四个小伙伴：小水珠、小蜻蜓、小青蛙和小鱼儿。

生2：知道了夏天有很多荷叶。

生3：荷叶是小水珠的摇篮。

生4：荷叶是小蜻蜓的停机坪。

生5：荷叶是小青蛙的歌台。

生6：荷叶是小鱼儿的凉伞。

生7：知道了荷叶有很多好朋友。

师：荷叶有那么多的朋友，有那么多的好处，我们能摘它吗？

生1：不能摘荷叶。如果摘了荷叶，小水珠就没有了摇篮，小蜻蜓就没有了停机坪，小青蛙就没有了歌台，小鱼儿就没有了凉伞。

生2：我们也要和荷叶做朋友。

师：对，荷叶，还有大自然中的花草树木，都是我们的朋友。我们要爱护荷叶，做它的好朋友。

【备课手记】

特殊教育，亦有诗意

《荷叶圆圆》是一篇轻快活泼充满童趣的散文诗。教学时重在激起学生的童真与兴趣，学习时注意组织学生情趣读文，进行形式多样的读书活动。注意引导学生理解"摇篮""停机坪"等字词。在理解小水珠的"摇篮"、小蜻蜓的"停机坪"等时，出示真实的"摇篮"等图片，加深学生对字词的理解，使认字和课文学习融为一体。在说话练习中，让学生比较小水珠、小蜻蜓、小青蛙、小鱼儿所说的话，用"……是……"造句，联系到实际生活，学生的印象就更深刻了。

这节课告诉我，大自然这所蓝天下的学校，是孩子们学习求知的得天独厚的课堂。在大自然中，我们能看到郁郁葱葱的原野，碧波荡漾的河水，能听到充满生命力的各种小动物的声音，能触摸到温柔和煦的风，嗅到泥土和花朵的芬芳。引领孩子们走进大自然，能让课堂充满诗意的气息，让知识的传递如同原野牧歌一般优美动人。

入情读古文，此中有深意

——《铁杵成针》教学实录

山东省武城县第七实验小学　刘秀红

师：孩子们，现在我们进行"古诗对对碰"的游戏，老师出上句，大家接下句。"床前明月光——"

生齐声："疑是地上霜。"

师："桃花潭水深千尺——"

生："不及汪伦送我情。"

师："飞流直下三千尺——"

生："疑是银河落九天。"

师："两岸青山相对出——"

生："孤帆一片日边来。"

师：同学们知道这些脍炙人口的诗句都是谁写的吗？对，是诗仙李白。

课件出示：

李白，字太白，号青莲居士，是唐代伟大的浪漫主义诗人。

师：一起读题目，注意"杵"字读音。哪位同学谈一谈你对课题的理解。

生：粗大的铁杵能够磨成细小的针。可是，这能成功吗？

师：下面我们带着这个疑问，一起学习这则寓言。

师：大家自由读课文，读准字音。

（自由阅读，推荐朗读。）

师：注意"还"字的读音。

课件出示：

朝辞白帝彩云间，千里江陵一日还。（李白《早发白帝城》）

秦时明月汉时关，万里长征人未还。（王昌龄《出塞》）

春风又绿江南岸，明月何时照我还。（王安石《泊船瓜洲》）

师：读古文讲究"断句"，有标点的地方当然需要停顿，没有标点符号的地方，也要根据意思，适当停顿，读出文言文之美。借助停顿符，同学们一起来读，读出节奏和韵味。（学生朗读，师指导。）

师：大家知道这个故事的出处吗？（出示《方舆胜览·眉州》图片）宋代祝穆的《方舆胜览》是一部地理书，里面记录了各地的风土人情和传说故事。想不想看看原文是什么样的？（出示铁杵成针原图）想一想，和我们现在的文章有何不同？

生：原文是竖排版的，而且是从右往左，通篇都没有标点符号。

师：敢不敢试着用古代这样的格式读一读？

（生自行读，指名读，师生评价。）

师：配上一曲音乐，效果如何呢？

（配乐齐读，韵味十足。）

师：老师听着听着，仿佛跟着你们一起回到了1000多年前的学堂了，看来，学习文言文的第一把金钥匙——诵读，已经找到啦，接下来我们一起寻找学习文言文的第二把金钥匙——理解。回顾理解文言文意思的方法。

生：借助注释、给字组词、查阅资料、请教他人、借助插图……

（板书：扩、注、联、想。）

师：同学们积累了这么多的方法呀。在《囊萤夜读》中我们学习了扩词法，在文言文里，一个字常就是一个词，有时我们给这个字组一个词，就明白了这个字的意思，看看你能给哪个字组个词。

师：运用扩、注、联、想的方法来理解这则寓言，试着说说每句话的意思。

（请两位同学合作着来说一说文意，提醒补充。）

师：连起来说一说这则文言文的意思，你能做到吗？

（师生共同梳理这则故事的主要内容，随机板书。）

师：故事发生在什么地点？（板书）磨针溪，位于四川省的绵阳市境内，后来还成了著名的旅游景点。故事中的人物是谁？

生：李白，老媪。

师：文中还称呼李白为太白，避免了重复，语言更简洁。下面读出故事的起因、经过、结果。（边梳理边贴文字）古人常说"学，贵有疑"，再来看一看起因、经过、结果，你有什么想问的吗？下面分小组探究。

（小组合作一起解决疑问，汇报。）

师：现在把故事的起因、经过、结果连起来讲故事。

（展示，评价。）

师：小组合作，演一演这个故事。

课件出示：

（1）借助板书，把故事演完整；

（2）融入想象，把故事演生动。

（推荐王牌小演员上台表演，戴上头饰，展现情境。）

师：下面同桌互动，以小记者的身份采访小李白，感受李白的精神。

（交流互动，答记者问。）

师：这是一个传说，历史上的李白是怎么读书的呢？阅读学习单中延学部分，李白给安州的裴长史写的一封信，用我们已学的方法自己去读，你又能读懂什么？

（师生交流，归纳理解文言文的方法。）

师：不管是历史上真正的李白，还是传说故事中的李白都有什么精神？这样的精神激励了一代又一代人，所以就有了人人皆知的一句俗语：只要功夫深，铁杵磨成针。这种精神激励着我们不断前进，就让我们带着这份感动，再次走入这个故事。

（配乐朗读，入情入境。）

师：短短的45个字，藏着无数的画面，含着动人的故事，这篇课文语言凝练，意蕴丰富，这样凝练的文字，我们要把它记在心间。一起来试着背一背。

（学生背诵，有情有味。）

师：这节课我们跟着《铁杵成针》的故事，看到了李白从放弃学业到遇见老婆婆，再到最后完成学业，这一路的经历就是"成长"。（板贴：成长）像这样的古人成长故事还有很多，有些凝练成了我们耳熟能详的成语，课后同学们运用今天所学的方法读一读这些成语小故事，相信同学们能从中汲取更多成长的力量。

【备课手记】

探寻寓言故事中的象征意义

寓言故事，怎么教？首先要对文本有一个准确定位。《铁杵成针》是我国古代一则脍炙人口的故事，这则寓言讲述了一个主角坚持不懈、最终达成目标的励志故事，传达了勤奋、毅力和恒心的重要性，成为中华民族传统文化的一部分。下面我将对《铁杵成针》进行深入的文本解读，剖析其角色定位、主题思想、象征意义，发掘故事文本中的现实意义。

在《铁杵成针》这一故事中，李白的性格特点、动机及成长转变值得我们深入探讨。李白，是故事的主人公，这个好奇、好玩的孩子，对世界充满探索的欲望。他的成长轨迹，在遇见老婆婆后发生了改变。

李白的成长转变体现在他从疑惑到领悟、从平凡到伟大的过程。故事开始时，李白对老婆婆磨铁杵的行为表示不解，甚至觉得荒谬。然而，在老婆婆的启示下，他逐渐认识到，只要有恒心，铁杵也能磨成针。这个认识促使李白在人生道路上发奋学习，最终成为一位伟大的诗人。而老婆婆这一角色在故事中具有鲜明的特点，她坚定、执着，对未来充满信心。她的动机是为了传授智慧，引导李白走向正途。她的出现，如同一位智慧的引路人，为李白的人生指引方向。

故事背景设定在唐朝，描述了李白小时候的一段经历。故事讲述了李白在一次游玩途中，偶然遇见一位老婆婆在石头上磨铁杵。李白好奇地问老婆婆为何要这样做，老婆婆回答说要磨成针。李白不解，认为铁杵如此粗大，怎么可能磨成细小的针呢？老婆婆则坚定地说："只要有恒心，铁杵也能磨成针。"李白深受启发，从此明白了勤奋和毅力的重要性，最终成就非凡。

从性格、动机及成长转变的角度来看，《铁杵成针》这一故事强调了信念、毅力和勤奋在人生道路上的重要性。故事通过李白的成长告诉我们，即使面临困境，只要有坚定的信念、不懈的毅力，以及敢于挑战困难的勇气，就能实现自己的梦想，成就伟大的人生，这传达了凡人通过努力可以成就传奇的观念。同时，故事还强调了人生道路上的智慧、关爱和教导的重要性。老婆婆这一角色，以其智慧和无私奉献，成为李白学习的榜样，引导其在人生道路上做到坚持不懈、滴水石穿。老婆婆对李白的成长启示，使得故事具有更加丰富的内涵。

有人质疑这个故事的真实性，觉得李白不会真的做这样的事情。也有人对铁杵是否能磨成针存疑，认为即使能够成功也是浪费资源。这类似于质疑愚公为何要移山而不是搬家一样，都是不懂寓言这种体裁所致。寓言，是用比喻性的简短故事来寄托意味深长的道理，给人以生活的启示。"铁杵成针"寓意着只要有恒心、毅力和决心，再困难的事情也能成功。从这一角度来看，故事中的铁杵和针具有鲜明的象征性。铁杵代表粗犷、未经雕琢的状态，而针则象征着细腻、精湛的技艺。通过老婆婆磨铁杵成针的过程，我们看到了一种生命的升华，一种从粗糙到精细、从平凡到伟大的转变。

铁杵成针的过程就是一种凤凰涅槃、浴火重生的过程，代表着生命的升华和境界的提高。故事通过对这一过程的描绘，传达了一个人在面对困境时，只要具备坚定的信念、恒心和毅力，就能最终从"困境"中突围，实现自我价值的提升的观念。可见，这则寓言旨在告诉世人这样一个哲理，至于故事是否真实，铁杵磨成针是否浪费资源，理解寓言的体裁特点即可解决，或者，这样的问题可以轻轻放过。

铁杵成针的含义体现在对勤奋、毅力价值观的强调和凸显。这不仅体现在李白从疑惑到领悟、从平凡到伟大的成长过程，也表现在老婆婆坚定信念、无私奉献的智慧光芒。这种精神品质不仅在李白的成长过程中得到了体现，也为读者提供了一种在现实生活中追求成功的人生启迪。

必须指出的是，《铁杵成针》传达了长辈对晚辈的关爱和教导。在追求成功的道路上，不仅要依靠自己的努力，还要学会倾听他人的智慧和建议。这种关爱和教导，使得故事具有更加丰富的内涵，为我们提供了在现实生活中追求成功的精神指引。通过对《铁杵成针》的解读，我们可以更好地理解文本背后的深刻内涵，并将这种精神品质运用到实际生活中，为自己的梦想和目标不懈努力。

综上所述，文本中的角色成长、主题思想、象征意义相互交织，共同构成了《铁杵成针》这一故事的深刻内涵。结合学生的年龄和认知特点，这则寓言应该这样教：在熟读成诵的基础上巧妙搭桥，引导学生感知李白和老婆婆的形象，探究寓言所蕴含的坚韧不拔、持之以恒的精神，深入解读《铁杵成针》这一古老寓言的深层含义：在面对困难和挑战时，只有通过坚持不懈的努力和追求，才能最终达成目标，实现自我超越和成长。该寓言源自中国古代，这一精神在现代社会仍具有一定价值和重要的启示作用，激励孩子们为自己的梦想与目标不懈努力，书写属于自己的生命传奇。

参考文献

［1］吴雪莲.世传文言故事的教学探赜——兼谈《铁杵成针》的文本细读［J］.语文教学与研究，2022（12）.

［2］周晓霞.世传文言故事欲传何意——《铁杵成针》文本解读例谈［J］.小学语文教师，2020（6）.

大雁大雁飞呀飞

——《秋天》教学实录

山东省武城县特殊教育中心　于东涛

师：大自然是一幅美丽的画卷！看这美丽的景色。孩子们，这是哪个季节的景色？（展示秋天的图片）

生：这是秋天的景色。

师：对，美丽的秋天到了，多么美丽的景色呀！这节课我们就一起学习课文《秋天》。

（板书课题"秋天"，领读课题。学生齐读课题。）

师：孩子们，跟老师一起听课文朗读，想一想课文写了秋天哪些景物？

（播放课文朗读视频。学生听课文，小声跟读课文。）

师：课文写了秋天哪些景物？

生1：课文写了树叶。

生2：写了天空、大雁。

师：我们再次读课文，看看课文共有几个自然段？

师：看段落要看每行前面有没有两个空格，每行前面有两个空格的为一个自然段。课文有几个自然段？请同学们标出自然段号。

（学生数开头，标自然段号。）

生：课文有3个自然段。

师：我们看课文第一自然段。请一位同学来朗读。

（A组朗读课文第一自然段。）

师：读得非常棒。孩子们再读课文第一自然段，找一找第一自然段写了秋天的哪些事物？有什么变化？

生1：天气凉了。

生2：树叶黄了。

生3：叶子落了。

生4：叶子从树上落下来。

师：跟老师读这个句子。

（展示句子：天气凉了。学生跟老师齐读。教师指名学生读。）

师：孩子们，看这是天气。跟老师齐读：天气。

（学生跟老师齐读。教师指名学生读。）

师：孩子们，跟老师一起看"气"字的书写视频。

（学生观看视频。A组学生在田字格中书写。B组学生在田字格中描红。教师巡回指导。）

师：孩子们看，这是什么？（展示图片）

生：这是气球的图片。

师：跟老师读——气球，气球。

（学生读。）

师：现在请一名同学上台摸一摸哪一杯水是凉的？

（展示一杯温水和一杯凉水，学生依次上台摸并回答。）

师：刚刚我们通过摸一摸认识了一个新的朋友——"凉"。大家跟老师一起读——"凉"。

（学生跟老师齐读。指名学生读。）

师：孩子们看看，秋天来上学为什么要穿外套？

（展示学生夏天和秋天早上来学校的照片，夏天早上不穿外套，秋天早上要穿外套。）

生：因为天气转凉了

师：好，跟老师读句子：天气凉了。

师：（展示图片）孩子们看，这是什么？有多少片叶子？

生：这是叶子，一片叶子。

师：（展示图片）孩子们看，这是什么？有多少片叶子？

生：这是一片片叶子。

师：对，一片说明数量少，一片片说明数量多。那课文中"一片片"能换成"一片"吗？

生：不能。

师："像"一片片"这样的词语还有哪些？

生1：一朵朵。

生2：一排排。

生3：一只只。

生4：一个个、一棵棵。

师：同学们说得非常好，我们把这些词语送回家好吗？

（学生练习。）

师：跟老师来看一个视频。（播放树叶落下的视频）你们发现了什么？

生：树叶落下来了。

师：现在请同学演示树叶落下。

（学生演示。）

师：刚刚我们认识了新的词语宝宝——落下。（展示词语）跟老师读词语——"落下"。

师：孩子们，我们再次读课文第一自然段。（齐读）

师：请A组同学来读课文的第二自然段。（生读）想一想天空是什么样子的？

生：天空那么高，那么蓝。

师：我们看图片天空高吗？蓝吗？大雁飞到哪里去呢？

生：一群大雁往南飞。

师：大雁是怎么飞的？

生1：一会儿排成个"人"字。

生2：一会儿排成个"一"字。

师：我们看图片，这是大雁排成的"人"字，这是大雁排成的"一"字。孩子们，跟老师一起看大雁南飞的视频。

（学生观看视频。）

师："一会儿……，一会儿……"它表示的是两个动作交替进行。那同学们能不能用"一会儿……，一会儿……"来说个句子。

生1：我一会儿画画，一会儿看书。

生2：我一会儿画画，一会儿写字。

生3：我一会儿写字，一会儿唱歌。

生4：我一会儿写字，一会儿弹钢琴。

生5：我一会儿看书，一会儿写字。

师：同学们说得非常好。想一想，大雁为什么往南飞呢？

生：因为天气凉了。

师：天气变凉了，大雁从北方飞到南方比较暖和的地方。到第二年春天，天气转暖了，大雁再从南方飞回北方来生活。

师：我们再次读课文第二自然段。（齐读）

师：请一位同学来读课文的第三自然段。（生读）想一想：作者连用两个感叹号，表达了什么样的情感？

生1：表达了作者的喜悦之情。

生2：表达了作者喜欢秋天。

师：同学们，我们再次读课文第三自然段。（齐读）

师：看看课文变成这样子了，你还能读下来吗？（蒙层擦出）

出示：

天气（　　　　），树叶（　　　　），一片片叶子（　　　　）。

天空那么（　　　　），那么（　　　　）。一群大雁（　　　　），一会儿
（　　　　），一会儿（　　　　）。

啊！（　　　　）

师：现在难度增大，再试试。

（利用希沃白板的选词填空功能，学生完成填空。）

师：孩子们，秋天很美，你能用课文中的词语或句子说说你眼中的秋天吗？

生1：秋天来了，苹果红了。

生2：秋天来了，菊花开了。

生3：秋天来了，树叶黄了。

生4：秋天是蓝色的。

生5：秋天是收获的季节。

师：同学们，今天我们学习了《秋天》这篇课文，你们知道了什么？

生1：我知道秋天天气凉了。

生2：我知道秋天叶子黄了。

生3：我知道秋天树叶从树上落下来。

生4：我知道秋天的天空高，天空蓝。

生5：秋天大雁往南方飞，秋天非常美。

师：对，秋天非常美，课下同学们去学校和小区找一找秋天美丽的景物，并把它画下来或者拍下来。

【备课手记】

发现美，欣赏美

本节课根据培智学生的认知规律，结合牧式教学理念，把课堂还给学生，让学生自主学习，合作学习，提高学生学习的积极性。在教学过程中，引导学生在朗读中感受和体会秋天的景物特征，通过自读、齐读、师生共读等方式，有效调动学生的学习积极性，让学生在朗读中感受秋天的美丽，激发学生发现美、寻找美的情趣，培养学生爱美的情操。在教学时，我设计了两次说话练习。第一次是学生说出秋天有哪些变化，先引导学生一句句说话，再鼓励学生连起来说一段话，从易到难，循序渐进。第二次说话练习的话题和第一次相同，不同的是要求"用上课文中的词语或句子"说说你眼中的秋天，聚焦在课文中优美词语的迁移运用上。

在教学完成后，我引领学生再次走进大自然，去寻找秋天，感受秋天。由对秋天的感受拓展到对大自然的观察、体验和感受，鼓励学生留心观察，善于积累，从而激发学生对大自然的热爱之情。

特殊孩子，同样拥有能发现美的眼睛和能欣赏美的心灵。多一份爱心，给他们一双梦的翅膀。

从生活中觅寻诗意

——《致老鼠》《爸爸的鼾声》教学实录

山东省武城县老城镇中心小学　朱春英

师：同学们，与诗同行活动开展以来，咱们在诗的海洋中寻觅到了许多五彩斑斓的贝壳，古诗和现代诗有什么不同？

生1：古诗讲究字数、句数，有的还要押韵。

生2：现代诗比较自由、灵活。

师：你们收集的资料真丰富啊！今天老师给大家分享两首小诗，你们会发现诗歌就在我们的生活中。

师：请自由朗读《致老鼠》《爸爸的鼾声》，也可以同桌互读，每人一小节。

（自由读诗，读出停顿、节奏、语音的变化。）

师：女生读《致老鼠》，男生读《爸爸的鼾声》。

师：你最欣赏哪首诗？为什么？

生1：我最欣赏《致老鼠》，因为这首诗把人人都讨厌的老鼠变得非常有趣。

生2：作者写出了和一般人眼里不同的老鼠。

生3：我欣赏《爸爸的鼾声》，作者的想象力太丰富了，充满童真、童趣。

师：只要我们善于发现生活之美，有丰富的想象力，生活中就会处处有诗歌。

（屏幕出示老鼠的图片。）

师：你觉得这只老鼠怎样？

生1：这只老鼠很可爱。

生2：它很活泼、机灵。

屏幕显示：

致老鼠

我喜欢你们——

一双机灵的眼睛，

粉红的耳朵。

虽然爱做坏事，

可我还是喜欢你们。

如果我到了你们的王国，

一定要你们

洗脸、洗手、洗澡、刷牙。

还要教会你们

自己劳动。

做事不要偷偷摸摸。

我还要给你们

介绍个朋友——

它的名字叫猫。

师：这首诗一共有几个小节？每小节都写了什么？

生1：三个小节，第一小节写了它的样子，第二小节是习惯，第三小节给老鼠介绍个朋友叫猫。

生2：第一小节写了总印象，第二小节是生活习惯，第三小节是与猫做朋友。

师：同学们说得都很好，这样是不是更好些？

（一）印象；（二）希望；（三）和谐相处。

师：这首诗写得非常有趣。看第一小节，从哪些方面描写了老鼠？

生1：机灵的眼睛，粉红的耳朵，它的习惯。

生2：眼睛、耳朵、习惯，喜欢他们。

师：同学们观察得很仔细，作者从眼睛、耳朵、习惯、态度等方面描写了老鼠。谁能说一下老鼠的眼睛和耳朵？

生1：眼睛机灵，耳朵粉红。

师：习惯呢？

生2：爱做坏事。

师：那作者对它的态度怎样？

生3：还是喜欢。

师：老鼠爱做坏事，"我"还是喜欢。爸爸的鼾声，"我"听了感觉如何呢？

屏幕显示：

爸爸的鼾声

就像是山上的小火车

它使我想起

美丽的森林

爸爸的鼾声

总是断断续续的

使我担心火车会出了轨

咦

爸爸的鼾声停了

是不是火车到站了

师：作者把爸爸的鼾声比作了什么？为什么？

生：把爸爸的鼾声比作小火车、美丽的森林。

师：你感觉作者是怎样把鼾声和森林联系在一起的呢？

生1：把鼾声和森林里刮风的声音联系在一起。

生2：把鼾声和森林里呼呼的风声联系在一起。

师：你们的联想很丰富。把人和自然景物联系在一起，表达了浓浓的父子之情。

师：同学们，读了这两首诗，你受到了什么启发？

生1：写诗就是写平时生活中的一些事情，就是写生活中的点滴小事。

生2：生活中的小事也可以写成诗。

生3：诗歌离我们并不遥远。

师：我们的生活中处处有诗歌，只要我们有一双慧眼，善于发现，大胆想象，就可以写出有趣的诗。请同学们欣赏诗歌。看这几首诗歌的写作方法。（配乐朗读）

屏幕显示：

献给老师的花

轻轻地走到老师的窗口

她正在作业本上批改

蓝色的字迹像绿色的田野

红色的批语如一簇簇鲜花……

啊

一幅比田野更美的图画

展现在老师的窗下

师：这首诗用了比喻的修辞手法，把什么比喻成什么？

生1：把红色的批语比作一簇簇鲜花。

生2：把蓝色的字迹比作绿色的田野。

生3：把作业本上老师的批语和学生的书写比喻成更美的图画。

师：生活中的万事万物都蕴含着诗意，你发现了吗？捕捉最打动你的一物一景，写一首小诗。不要忘了给你的小诗起一个诗意名字。

（学生写作，教师指导。）

师：写完后，在小组里交流，听听同学的看法，好的地方用波浪线画一画，不恰当的地方小组内再改一改。（交流、修改）

师：小组推荐优秀诗作，咱们共同欣赏。

生1：

雪，

飘飘洒洒，

如寻梦的蝴蝶

翩翩起舞。

落在枝头，

大树披上银装。

铺满田间地头，

浸润农民伯伯的心田。

生1：写得很美，如梦如幻。

生2：把雪的动态美表现出来了。

师：情景交融，运用比喻、拟人的修辞手法把雪如诗如画的美景表现得淋漓尽致。

生2：

如果我变成雨，

我要到干旱的田野去，

让那里的庄稼吸足甘露，

结出饱满的果实。

生：我觉得把"甘露"换成"雨露"更恰当。

师：这样一改，就更有韵味了。同学们写得很有诗意，都成了一个个小诗人了。老师也送给你们一首诗，给你们读一读好吗？

生：（配乐朗读）

我喜欢你们

我喜欢你们——

稚气未脱的脸，

蕴藏着丰富的表情。

高兴时，扮鬼脸；

生气时，噘小嘴；

淘气时，令人火冒三丈。

可我还是喜欢你们——

我可爱的孩子们啊！

师：同学们，诗歌就在我们的身边，今天大家写的诗不能一一在课堂上交流，下课我们张贴在教室里。只要你用心体验生活，今后我们一定能写出更精彩的诗作。老师期待着！

【备课手记】

生活处处皆诗歌

第一次尝试教学诗歌这种类型的语文实践活动，觉得无从下手，于是与其他几位老师共同探讨，不断摸索，一起充盈，构建了"自己动手写诗"这一课。

本课主要是针对小学六年级学生，提高他们对现代儿童诗歌的写作兴趣。《致老鼠》《爸爸的鼾声》这两首诗非常贴近孩子们的生活，我遵循了随心所语的诗意风格，尝试着用"读—仿—创"三步来展现儿童诗歌的教学、创作活动。启发学生，在平淡无奇的生活中，在司空见惯的事物中，努力捕捉灵感，用童心和稚气去看世界，用独特的视角观察生活，开掘情愫美，抒发诗意。给孩子们一个思想飞翔的天空，彰显学生个性。我收到了一个个意外的惊喜，一首首或诗情画意或寥寥几笔的诗歌在他们笔下诞生了，他们个个都扬起笑脸向我示意。实践告诉我们，儿童也可以成为诗人。

　　这一堂诗歌教学课让孩子们有了一些触动，我们的生活中处处有诗歌，只要我们有一颗童心，能够大胆想象，锤炼语言，就可以写出有趣的童诗。因此，把诗歌引进课堂，强化诗教，能找回语文的灵魂。让孩子读诗、赏诗、写诗，就是对他们进行美的教育，因美而真，因美而善，以美育人，在生活中去寻觅诗歌之美……

追月光的人

——《记承天寺夜游》教学实录

山东省武城县特殊教育中心　于东涛

师：一代文豪苏轼，曾被关押在监狱里130天，一生曾被贬17次。尽管如此，他仍然保持着积极乐观的人生态度。今天，我们将通过承天寺的那一缕月光，探索苏轼微妙而复杂的内心世界，与他进行一次心灵的对话。请大家大声朗读这篇文章，注意读准正确的字音和节奏。

（学生自由朗读。）

师：哪位同学来读一下？其他同学认真听，进行评价。

（生1字音准确，节奏感把握得比较好。）

（生2语速有点快，应略微舒缓一些。）

师：请你用舒缓的语气，再读课文。

（生读，师生评价。配乐《高山流水》，师范读。学生齐读。）

师：要想读出课文的韵味，我们还需要疏通文义。大家通过课下注释来讲述这个故事，如果有疑问，可以在小组内进行交流，也可以向全班提出问题，一起解决。

（生自主探究，质疑、解答，复述故事。）

师：同学们已经理解了课文的内容，让我们带着感情齐读课文。想一想，用一句话概括文章的内容，应该如何表述？

生1：讲述了苏轼在承天寺的晚上在庭院里见到了月下美景。

生2：苏轼与张怀民在有月色的晚上在承天寺欣赏美景。

师：他们赏到了怎样的美景呢？

生1：月色皎洁。

生2：竹影斑驳。

生3：在庭院里，月色如水面清澈明亮，竹柏的影子如水中的藻类交错生长随之浮现的美景。

师："庭下如积水空明，水中藻荇交横，盖竹柏影也"，这句话完全没有提及月亮和月光，但它描绘了月光的清澈和空灵，让人感觉就像置身于其中。月光如水般皎洁，照耀在院子里，仿佛一片清澈的湖面。当回头看看，发现这里并不存在任何积水时，才恍然大悟，原来这一切都是由于月光的照射而产生的。我们试着在"盖"前面加上一个语气词来表达这种惊异、恍然大悟的感情。比如，"哦，盖竹柏影也"。

生1：噢，盖竹柏影也。

生2：啊，盖竹柏影也。

生3：咦，盖竹柏影也。

师：挺有感觉。沐浴在这空明澄澈的月色中，苏轼发出了怎样的感慨？

生1：表达了对月光的爱慕。

生2：抒发了作者的自矜、自嘲。

生3：表达了作者对自然生活的向往与欣赏。

师："闲人"是什么意思？

生：清闲的人。

师：文中有哪些能够体现这种清闲的词句？

生：解衣欲睡。月色入户，欣然其行。

师：苏东坡是一位伟大的文学家，22岁时，他便考取了进士，并在朝廷担任重要职务。那么，苏轼是否真的愿意在这里享受宁静清闲的生活？文中的"闲人"二字，折射着一种怎样的心理？

屏幕显示：

"致君尧舜，此事何难"这是苏轼年轻时所作的词，他希望趁年轻之时，将满腹才学报效祖国。"会挽雕弓如满月，西北望，射天狼"这句词写于苏轼任密州知州时，洋溢着苏轼浓烈的报国之志。苏轼因乌台诗案而遭受贬谪，被迫流放至黄州，虽然他有一定的闲的官职，却没有签署公文的权力。这让抱负远大的苏轼感到心有不甘。

生1：自嘲。

生2：无奈。

生3：落寞、悲凉的心理。

师："唉！但少闲人如吾两人者耳。"

（生读，读出自嘲和无奈。）

师："闲人"这个词代表了被贬谪的悲伤和失望的情绪。面对贬谪的遭遇，苏轼依然能欣赏空明澄澈的月色，那"闲人"还可以怎么理解？

生：有闲情雅致的人。

师：此时他有乐观豁达的心情。我们可不可以这样读："但少闲人如吾两人者耳。哈哈！"

（生读，读出自得与达观。）

师：苏轼豁达乐观的处世态度在逆境中显得格外令人敬佩，从他的一生来看，这种情怀始终深深地在于他的心灵深处，让我们一起来看苏轼的人生经历。

屏幕显示：

他曾多次被贬谪，一生踏遍了无数艰难险阻。他曾经不幸陷入牢狱，遭受到朋友的背叛和敌意，看尽了世界上各种不公。在如此艰难的人生旅途中，苏东坡以其豁达乐观的心态，吟出"此心安处是吾家"的诗句。千年后，林语堂在《苏东坡传》中写道："我们所知道的，他一生充满欢笑和歌声，深受其乐，即使面对困难，也能以微笑应对。"当跨越千年面对苏东坡时，你会对他说什么呢？把同桌当成苏轼，进行一场心灵的对话。

生1：谢谢你，教会我到大自然中去放松心情，寻找安慰和寄托，从而使人生变得愉悦可喜。

生2：命运之路布满坎坷。只要心态积极乐观，就能拥有理想人生。

生3：我要像你一样，在逆境中磨炼毅力，在磨难中坚守希望。

生4：我想把普希金的话送给苏轼，与他共勉。

　　　　　假如生活欺骗了你，

　　　　　不要悲伤，不要心急！

　　　　忧郁的日子里须要镇静；

　　　　相信吧，快乐的日子将会来临！

师：苏东坡笑对苦难潇洒人生，就像一轮皎洁的明月，照耀着历史的天空！面对生活中的挑战，我们要多读一读苏轼的诗句，让自己的心灵变得像月光一样清澈，像流水一样空灵。经典常读，明月永恒！

【且教且悟】

走近一个追月光的人

都说"文如其人"，苏轼，这个追逐月光的人，一路遭贬，风尘苦旅，却内心澄澈，心有一轮皎月。如何品读他的千古妙文，感悟他的人格魅力？如果非要说有捷径可走，那就是读一读他的《记承天寺夜游》。

《记承天寺夜游》通过对月夜景色的描绘，展现了作者与友人张怀民的深厚友谊，抒发了苏轼被贬黄州期间的达观心境。本文主题鲜明，意境优美，在艺术手法和意境方面独具特色，堪称古代散文的佳作。文章妙在作者运用细腻笔触，描绘了承天寺夜晚的静态之美，令人陶醉不已。留白里隐含着朋友之间的对话，使得景物描绘与人物情感相互交织，更具表现力和感染力。《记承天寺夜游》一文不仅是对自然美景的赞美，更是对苏轼内心情感的真实写照，展现了他独特的人生哲学和文化情怀，这对生活在现代社会的我们，仍然具有心灵治愈作用。

基于以上解读，在教学中，我注重对学生创新素养的培育，放手让学生自主探究、质疑，鼓励学生畅所欲言，让学生跨越时空与苏东坡对话，这都为学生提供了言说的平台，解放了学生的心灵桎梏，激发了其创新思维，让学生成为课堂和学习的主人。在"创新教育"理念中，教师和学生是学习共同体，课堂则是学生在教师的引领下突破束缚、放飞思维的舞台。

这是一次创新教学的尝试，我已经带领一群孩子向着理想课堂迈进了。这是一条通往青葱牧场的诗意之旅，也是遥远而又充满艰辛的漫漫长途。心怀梦想，且行且思。虽不能至，心向往之！

鸭蛋沁黄，岁月留珠

——《端午的鸭蛋》教学实录

山东省武城县实验中学　刘军英

师：今天我们将要学习一篇散文，与端午有关。端午节的设立相传是为了纪念伟大的爱国主义诗人屈原。你所知道的端午节的风俗有哪些？

生：吃粽子，赛龙舟。

师：今天呀，我们不说屈原，不谈龙舟，我们要去江苏的高邮品一品《端午的鸭蛋》。一枚小小的鸭蛋里究竟装着什么特别的东西，让汪老念念不忘呢？

师：速读课文，根据文章内容，一起为高邮鸭蛋制作一张精美的名片吧。

（学生从名气、历史、色彩、味道、广告词、特别之处等方面制名片，交流展示。）

师：我们请美术课代表在黑板上画一枚高邮鸭蛋，一枚鸭蛋也是对小画家功底的考验呢。画得真好！真是有形有色有味。高邮鸭蛋这么好，都让人垂涎三尺了。那么作为高邮人的汪老先生，是怀着怎样的感情来介绍家乡的特产呢？

生1：喜爱、赞美。

生2：骄傲、自豪。

师：关于汪曾祺与高邮，有这样一段有趣的逸事，一个文学青年曾经对汪曾祺说，高邮古有秦少游，今有汪曾祺。但是汪曾祺微笑着慢慢地说道："不是，秦少游第一，高邮鸭蛋第二，我是第三。"这虽是一席笑谈，但可以看出高邮鸭蛋在汪老心中的地位。文中很多句段都可以看出作者的这种感情，你能找到吗？

生1："他乡咸蛋，我实在瞧不上。""高邮的咸鸭蛋，确实是好。"

生2："《腌蛋》这一条我看后却觉得很亲切，而且'与有荣焉'。"

师：汪老先生对家乡的鸭蛋充满了赞誉，作者仅仅是在赞扬高邮的鸭蛋吗？

生：不是，是在借物抒情。高邮鸭蛋里，有家乡味、故乡情。

师：这么好的鸭蛋，当然吃起来是津津有味。在端午那天，家乡的鸭蛋仅仅只是用来品尝的吗？

生1：不是的。端午那天，鸭蛋增添了一些节日韵味。

生2：挑鸭蛋，挂鸭蛋络子，有节日气息。

生3：还有更好玩的——鸭蛋壳里装萤火虫。

师：我们的祖先有智慧，设置节日是为了给平淡的生活增添一份诗意、一份浪漫，而小孩子是最能创造快乐并且享受快乐的。同学们在文中找一找，挑鸭蛋有什么讲究？

生：一是挑选的鸭蛋颜色是淡青色，二是样子要秀气。

师：挑好的鸭蛋装在络子里，挂到了衣服大襟扣子上。小伙伴们一走一晃，觉得美极了。这胸前的络子里装的仅仅是鸭蛋吗？

生：和鸭蛋一起装下的，还有童年的情趣。小小的一枚鸭蛋，最开始挂在一个络子里面，然后高兴了就可以吃，吃完了还可以玩儿，既是装饰物，又是食品，还是玩具。端午对孩子而言真是幸福而快乐的一天！

师：除此以外，端午那天还有哪些有趣的事情呢？

生1：系百索子，做香角子，贴五毒，贴符。

生2：喝雄黄酒，放黄烟子，吃十二红。

师：想一想，开头所写的这些东西与端午鸭蛋有什么关系？

生：渲染节日的气氛，营造浓郁乡风乡情。

师：这也是作者闲适自由的行文风格的体现，作者行文如同聊天，自然而然中就写出真切感受。

师：鸭蛋本是寻常物，把它置于极富民族特色的背景下，便有了不同寻常的意义和感情色彩。红红的双黄蛋里，装满了对故乡的热爱之情，装满了对故乡情趣的留恋，而包裹它们的外壳，恰恰是对沉淀了千年民俗的眷恋。

师：端午的鸭蛋让我们品味到了思乡情、童年趣、风俗美，而文章独特的语言更是为此锦上添花。细细品读，看似平淡的文字中，有着浓郁的生活滋味。找一找能体现平淡而有味的语言特点的语句。

生："鸭蛋有什么可挑的呢？有！一要挑淡青壳的。鸭蛋壳有白的和淡青的两种。二要挑形状好看的。别说鸭蛋都是一样的，细看却不同。有的样子蠢，有的秀气。"

师：一个普普通通的鸭蛋，在作者笔下居然写得如此别具一格，这是一般人通常不会注意的。仔细一想，却又合情合理，可不是吗？淡青色的蛋壳就比白色蛋壳更有格调，而鸭蛋的形状也确实有蠢和秀气之别。生活中的情趣真是无处不在啊！

生："丝线会掉色，洗脸时沾了水，手腕上就印得红一道绿一道的。"

师：简单的叙述中，端午的情景历历在目，令人回味无穷，难以忘怀。

师：文中有大量方言的使用，同学们找一找文中的方言有哪些？

生1：空头，白嘴，黄烟子，麻雷子。

生2：炮仗，一笔虎……

师：作者不管走到哪里都记得家乡的语言，表明了对家乡的深深眷念，不变的乡音令人倍感亲切。汪曾祺还是一位幽默大师呢，语言风趣，读来令人忍俊不禁。哪些句子让你读了会心一笑？

生："我走的地方不少，所食鸭蛋多矣，但和我家乡的完全不能相比！曾经沧海难为水，他乡咸鸭蛋，我实在瞧不上。"

师：文白夹杂，大词小用。曾经沧海难为水，表现对别处咸鸭蛋的不屑一顾。这种不屑，恰恰是对家乡鸭蛋充满自豪的表现。

生1："双黄鸭蛋味道其实并无特别处，还不就是个鸭蛋！"

生2：语言平淡又幽默，表面看似贬，实则充满自豪之情。其实它本来就不是普通的鸭蛋，这是"我"家乡的鸭蛋呀！

师：也是"我"一生永远回味的鸭蛋。小小的鸭蛋里，寄寓着"我"对童真童趣的追忆、对家乡的深深怀恋，可谓以小见大。

师：汪曾祺的散文，往往着眼于小叙事，平淡质朴，娓娓道来，如话家常。汪曾祺谈到自己在语言上的追求，最大的特点就是"平淡而有味儿"，这在本文中有着鲜明体现。平淡指语言文字朴实无华，不花哨，不曲折。有味则指语言文字有嚼头，有韵味、有妙味、玩味、风味、韵味、情味、趣味，有回味，有醇味，有隽味。

师：汪曾祺用他那生花妙笔提高了高邮品位，使得高邮名扬天下。现在我们来说一说咱们的家乡。家乡的风俗中，你印象最深的是什么？

生1：春节贴年画、放鞭炮、吃素饺子，请爷爷奶奶、上供。

生2：二月二龙抬头剃头，吃黄豆、吃沙土炒面团。

生3：我们武城还有一种有500年历史的民间舞蹈艺术——花杠舞。

师：如果要宣传咱们的家乡，你会选择用哪些有特色的东西代言？

生1：扒鸡，郭庄旋饼，古贝春酒。

生1：玻璃钢，黑陶。

师：家乡的景美物丰人朴实，老师写了一首小诗，赞一赞我们的家乡。

屏幕显示：

> 麦浪滔滔瓜果香，
>
> 听风赏荷正相应。
>
> 运河流淌弦歌绕，
>
> 酒醇人美贝州兴。

（齐读诗歌，结束本课。）

【备课手记】

牧韵如歌

这篇散文开篇即描绘了一系列端午节的风俗习惯，如系百索子、做香角子、贴五毒、贴符、喝雄黄酒等，这些传统习俗不仅为"端午的鸭蛋"营造了一个浓厚的文化背景，也流露出了作者对家乡端午文化的深厚情感，汇聚了中华文化的智慧与韵味。对师生来说，这不仅仅是语言学习，更是一种文化传承和精神洗礼。

这里的"鸭蛋"具有多重角色和独特地位：在作者家乡，高邮的咸鸭蛋是端午节的特色食品之一。鸭蛋不仅仅是食物，更是孩子们的玩具、饰品和伙伴。孩子们通过"挂鸭蛋络子""挑好看的鸭蛋""白嘴吃鸭蛋""用鸭蛋壳装萤火虫"等活动，与鸭蛋建立了深厚的情感联系。它不仅代表了家乡的味道，更承载着作者对儿时生活的怀念和对家乡的热爱。

作者对鸭蛋这一载体进行了自然细腻的描绘，使得文章充满了画面感，展现了一种诗意的生活状态和悠然自适的情感态度。我在教学中将浓郁的诗意融入其中，不仅激发了学生的学习热情，更让课堂充满诗意的气息，让知识的传递如同乡村牧歌一般优美动人。

做一个行者

——《从石猴到齐天大圣》教学实录

山东省武城县第一中学　贺秀红

（课前准备：自主阅读《西游记》第1—7回，并做批注。）

一、悟空名号

师：《西游记》第1—7回中，孙悟空的名号有哪些？

生1：美猴王。

生2：齐天大圣。

生3：弼马温。

师：孙悟空这个名字是谁取的呢？

生4：是师父取的，就是菩提祖师。

师：这些名号的先后顺序如何？按照时间先后排列。

生5：美猴王—孙悟空—弼马温—齐天大圣。

师：悟空一出世就叫"美猴王"吗？

生：（纷纷）不是，是只石猴。

师：从一只石猴到齐天大圣。孙悟空的成长历程是怎样的呢？今天，我们一起到原著中去寻找答案。

屏幕显示：

石猴—美猴王—孙悟空—弼马温—齐天大圣

二、快乐美猴王

师：这只石猴的身世是一个传奇。哪位同学能讲一讲"石猴出世"的故事呢？

生1：花果山顶上有一块仙石，有一天，仙石轰然迸裂，惊天动地，就化出了一个石猴。这石猴灵敏聪慧，和群猴一起无忧无虑地玩耍。

师：语言生动，引人入胜。如果用"话说"一词引出故事，讲出韵味，用讲故事的语气吸引听众。那就更精彩啦！

生1：话说花果山顶上有一块仙石，有一天，仙石轰然迸裂，那阵势真是惊天动地，竟化出了一个石猴。这石猴灵敏聪慧，整日和群猴一起无忧无虑地玩耍，好不开心！（师生鼓掌）

师：一只自由自在的石猴，是如何当上猴王的呢？

生2：石猴聪明又勇敢，在水帘洞为群猴找到安家之处，那真是一个好所在。因此，群猴尊他为美猴王。

师：发现水帘洞，展现了一个勇敢、具有探险精神的猴王形象。

屏幕出示：

他的身上，体现了沉积在中国文化深处的石头精神，不甘于做一只普通的猴子，才会有那成功的一跃。（六小龄童）

师：那成功的一跃，成就了一个美猴王。那看似轻轻的一跃中，有勇气、有自信、有冒险精神，还有王者风范！没有什么成功，会像表面上看起来那样轻易！

三、悟空学艺

师：石猴当上猴王，领着群猴过着自由快乐的日子，这段时光就像一个人的美好童年。但他有一颗不满足的心，不满足于此生只当一个猴王，他希望生命永存。于是他孤身游历四海寻求长生不老之术，遇上菩提祖师，得了一个名字叫孙悟空。孙悟空在这里学会了哪些本领？跳读第2回相关片段，小组讨论，菩提祖师门下弟子众多，为什么唯独是孙悟空能够学会这些神通？

生1：他有天赋，有灵性。

生2：尊师重道，诚心学艺。

生3：勤学苦练，下的功夫深。

师：除了这些主观因素，菩提祖师教导有方，精心指点，这是外力作用。

屏幕显示：

天地所生有灵性，

尊师重道心赤诚。

勤学苦练功夫深，

学成本领展神通。

师：菩提祖师不仅传授给孙悟空本领，还给了他一条警告。哪位同学知道？

生4：不要卖弄本领。

师：师父警告悟空有了本领不要卖弄，后来孙悟空因卖弄本领被师父赶走，其实，这是师父在教给孙悟空做人的道理。可惜他那时太年轻了，并没有真正理解菩提祖师话中的深意，于是引出后来一系列的故事。今天老师也给同学们两条忠告：一要努力求知，学有所成；二要保持初心，不要骄傲、卖弄。

四、我是齐天大圣

师：精读孙悟空大闹天宫的故事片段，从他的语言、行为中，你读出一个怎样的孙悟空？

生1：桀骜不驯。

生2：勇于挑战权威。

生3：勇于反抗。

师：他是敢于反抗的英勇形象。"我是齐天大圣"一句，该用什么语气来读？

生4：我是齐天大圣！

师：一个"我"字，突出了孙悟空个性的张扬和强烈的自我意识。这句话前后都可以加句话，比如"我来了！我是齐天大圣！"谁能试一试？

生5：我不是弼马温，我是齐天大圣！

生6：我是齐天大圣，我敢作敢当！

生7：我是齐天大圣，天马行空任我行！

师："我是齐天大圣"一句，可以看作孙悟空的人生宣言。那孙悟空大闹天宫的结局怎样？

生8：被如来佛祖压在山下。

师：孙悟空反抗失败了，成为悲情英雄，他被压五行山下的结局，令人叹息。

五、对话猴哥

师：读了孙悟空的成长故事和他大闹天宫的结局，你想对他说什么？请以"猴哥猴哥，你……"说几句话，表达你此时的心声。

生1：猴哥猴哥，你真勇敢！大闹天宫，你勇于反抗世界的不公平，令对手胆战心惊。

生2：猴哥猴哥，你真了不起！一个跟头十万八千里，一条金箍棒威力无边，火眼金睛，神通广大，让对手闻风丧胆。

生3：猴哥猴哥，你真叛逆！你做事执着有铮铮傲骨，但也有一点自我。

生4：猴哥猴哥，你真叛逆！你就像一个任性的孩子，有些意气用事。被压五行山下，你可曾反思？

师：有赞美，有惋惜，有劝告，也有批评之声，可见同学们从孙悟空身上感受到成长的启迪。后来孙悟空真的做了一个"行者"，一路风餐露宿、降妖除魔，懂得了"行"的真谛。

六、课外延伸

（1）那颗永不满足的心成就了孙悟空，同时也导致了他的失败。被压五行山下，他还有翻身的那一天吗？他的未来还有希望吗？请到原著中去寻找答案。

（2）写一篇《从行者到斗战胜佛》的文章，介绍孙悟空的生平经历、故事传奇，要求涉及《西游记》原著第13—100回中的相关内容，600字以上。

【备课手记】

和学生一起成长

《西游记》是七年级上册第六单元的名著必读篇目，既是一部神魔小说，也是一部"童心之作"。《西游记》充满丰富奇特的想象，其生动离奇的故事、栩栩如生的人物、诙谐幽默的语言，共同构建了一座熠熠生辉的文学殿堂。这部小说博大精深，本课导读选取孙悟空这一形象作为阅读点，引领学生从"成长"的角度解读这一人物，领略我国古典小说的文学魅力。本节课选的是《西游记》第1—7回的相关章节。

七年级的学生对《西游记》并不陌生，对孙悟空这一形象非常熟悉。但因为受到电视剧的影响，学生对《西游记》的理解和原著有些差别，对孙悟空的形象解读不够到位。本课重点引领学生了解相关故事情节，结合原著了解孙悟空这一形象。同时，《西游记》是一部古白话小说，学生读起来有一定的难度。针对以上学情，本课设计主要从两点入手：一是进行阅读方法引导，激发学生阅读经典名著的兴趣，培养学生欣赏文学作品的能力；二是链接生活，让学生对孙悟空这一形象进行深度阅读，学习孙悟空积极进取、永不言败的精神，使学生从中受到有益的启示。

在备课过程之中，我认真地把整部《西游记》读了两遍，并从各处查阅了关于孙悟空的一些资料；进行教学设计时，立足原著，但并不拘泥于对人物的评价与认识，更重要的是，通过化繁为简，变难为易，让学生亲近猴哥，亲近《西游记》，让整节课灵动鲜活起来。

或许，名著阅读本可以不那么高深，学生喜欢，并且能有一些收获，就好。

牧之歌：
流年诗梦

诗者，天地之心也。

——孔子

新草漫生天际绿

——基于学生创新素养培育的"漫写作"范式研究

山东省武城县第一中学　贺秀红

不知从何时起，我们的教育开始变得急功近利。不少教师一味追求课堂大容量、快节奏，令学生手忙脚乱、压力重重，使创新的萌芽被抑制，学生不能自由舒展地成长。这种缺少闲适的教育狭隘而短视，窄化了学生精神成长的空间，使学生失去了灿烂的笑容，失去了热情奔放、意气风发的少年风采。长此以往，学生的求知热情将消磨殆尽，思想之花朵凋零，想象之翼也将不再高翔。时代呼唤闲暇教育、创新教育。在"双减"背景下，我们尝试运用牧式理念进行"漫写作"创新教学实践，力求挣脱传统写作模式的镣铐，让学生在课堂上自由自在地"舞蹈"起来。

一、牧式语文教学理念："漫写作"的源起

"漫写作"源于牧式教学理念，这里的"牧"，取"游牧"之意。在牧式教学理念下，师生成为游牧一族，自由自在地漫游在广阔的原野上，在自己的精神世界里自由驰骋，吟唱出心中的原野牧歌。"漫写作"即由此而来。"漫"，就是不受拘束、率性而为，随着自己的意愿，自由自在。

牧式教学，构建课内外联系、学科间融合、校内外沟通的语文教育体系，引领学生在广阔的生活天地里学习语文，展开体验化的个性读写实践，提高运用祖国语言文字的能力，促进学生思维品质的提升。家园、学校、美丽的大自然和广阔的大千世界，这些无字之书和有字之书，共同形成诗意化教学的一方沃野。从这一角度来说，牧式课堂就是师生与文本、自然、大千世界之间进行感情交流的过程，是一种平等的生命对话。

比知识更重要的是，学生丰富的想象力和不灭的热情。基于牧式理念的"漫写

作"旨在创设一种宽松自由的写作气氛，不再限定条条框框，不再一味地教给孩子写作知识，而是在闲暇时的"漫思""漫笔"中自然融入写作计划和教学指导，使学生忘却压力，抛下重负，在生活情境中自由闲适地享受写作，"漫"出创意的火花，"闲"出动人的篇章。这是摒弃了急功近利思想的一种自然之道。

二、"漫写作"：寻诗访美，激发创意

面对单调无趣的写作命题，学生往往会陷入紧张和压力之中，思维也会陷入停顿。近乎条件反射一般，他们会在文中去编造并不存在的事实，或是说一些空洞无趣的话，这根本谈不上"乐于表达""创意表达"。"漫写作"突破了命题限制，不再由教师一人命题，不再拟定作文意旨，甚至不再限定"文体不限，诗歌除外"的形式，给学生一点闲暇，一方小小天地，使他们的心灵能够自由舒展，能够静思默想、潜心体验，其意义在于增强学生的审美体验，激活其多元思维，激发学生的言语创造力，从而引领他们自由抒写，快乐倾诉，尽情展示自我风采。

（一）漫生诗情

"漫卷诗书喜欲狂""日高人渴漫思茶""漫有高吟力尚狂"……诗人悠悠徐行，漫卷诗书，高声吟诵，思绪舒缓自如，演绎出生活的诗意，方有这些流传千古的精彩华章。而现在的学生，在日复一日的紧张忙碌中，来不及欣赏路边的花花草草，听不到一树蝉鸣，甚至不曾有一丝闲暇遥望星空，全然忘却了大自然的美妙诗意，何来诗情？

语文教育，需要诗意的回归。用诗意的眼光，静看燕子斜飞、陌上花开，方能发现杨柳依依、阳光泼洒中的寻常诗意；用诗意的耳朵，聆听虫的浅唱、树的低吟，方能听懂清风微拂、雨花纷纷的自然韵律；一颗闲适的心，方能嗅到缕缕墨香，感受"白云千载空悠悠"的旷远，体会到"秋水共长天一色"的开阔，悟到"心闲鸥鸟时相近"的和谐。学生天生就是诗人，给他们的心灵松绑，让他们以一颗闲适的心灵感悟人生，方能发现生命中的美好诗意。

学生犹如牧野上一颗颗饱满圆实的种子，只等待萌发的一刻。"漫写作"顺应了学生的这种自然天性，旨在唤醒学生固有的言语生命意识和言语潜能，使他们的言语生命得到积极主动的发挥和张扬。有了"诗性"之光照耀，孩子们将会以一颗诗心感知世界，并学会诗意地栖居在大地之上。

（二）漫生美感

学生要拥有一双慧眼、一颗慧心，方能发现美、欣赏美，进而创造出艺术之

美。漫写作，重在引领学生学会感受、欣赏，获得丰富的审美体验，提升审美品位，涵养高雅情趣和人格。

"漫"中方可得"闲"，"闲"中方可见美。"闲"的古体字中有一扇门，门中见月，这是多么美好的境界！1000多年前的苏轼与张怀民，时间得闲，心情有闲，一起悠然漫步于庭院，发现并定格了那一夜的月色之美。承天寺当年的那一抹月光，美丽千年，犹在绽放生命的风姿和色彩。试想苏轼如果是在科举考场之上写此文，限时写作，心亦有所牵绊，恐怕就写不出如此美妙的月光、如此动人的意境。同样道理，整日行色匆匆的人，就连对美丽的春天也会视而不见，就连对鸟儿的欢唱也会觉得索然无味，又如何能够发现、欣赏身边的美？

"你未看此花时，此花与汝心同归于寂；你来看此花时，则此花颜色一时明白起来，便知此花不在你的心外。"王阳明在《传习录》中如是说。这告诉我们，要拥有一颗发现生活情趣和美感的闲适的心。拥有一颗闲适的心，学生才能在欣赏一草一木时，触摸到那份真实而独特的情感，让一汪心泉潺潺流淌，执笔摹写心中的种种美好，最后欣然挥洒成唯美诗意的文字。可见，"漫写作"自始至终都有生命的在场，像淡紫色的鸢尾花一样清雅芬芳。这不是外在的嫁接和装饰，而是从每一个学生鲜活自由的内在生命中生长、绽放出来的美丽花朵。

（三）漫生创意

创意来自心灵的自由，来自精神舒展、心灵饱满状态下的思维创造，更来自立体化的思维模式。学生富有童心、对生活充满好奇，有着满脑子的奇思妙想。他们心中都有一个沉睡的创造大师，教师要做的就是将其唤醒。

实践证明，和谐快乐的氛围，方能够滋养、萌发创意。一味为写作而写作，心情压抑、精神紧张，此种情况下很难产生创意。散漫时刻，当慢下来、闲下来的时候，思维自由活跃，灵感的火花闪现，随心而语，文思汩汩从笔尖流出，自然而然就会探寻与众不同的表达，调遣起诸多表现手法，且运用自如，游刃有余。灵光一闪，就是创意点点，这远远超过教师灌输写作技巧的生硬教学。

肖川先生说过："理性的顿悟，灵性的生发，需要闲适；心灵的舒展，视界的敞亮，也需要闲适；创意，往往在闲适轻松时翩然而至；情趣，也每每在闲适从容中一展风采。"试想：牛顿如果脚步匆匆，可能都不会注意到苹果的落地，又如何能够由此发现万有引力定律？龚自珍如果每日在官场伏案工作，又怎么会有闲情诗兴大发，一连写出以"己亥杂诗"为题的315首佳作？闲适是"漫写作"的一张名片，而闲适缺席的写作教学，就像风干了的花瓣，失去了生机与活力，有知识而无智慧，会表达而无创意，对学生的精神成长又有何益？

三、基于"漫写作"的创新课堂范式

"漫写作"倡导"多元""多维"，旨在激活写作课堂，引领学生积极观察、感知生活，提高学生的语言表现力和创造力，因而并不追求某一固定的写作课堂模式。在此理念引领下，教师可以自行开发教学资源，探索丰富多彩的创意写作课堂形式。

（一）随心而语

一群孩子，当他们随意聊天的时候，大家你一言，我一语，自由自在，妙语连珠，一个个兴致勃勃、眉飞色舞。随着不断有人加入聊天之中，一个话题接一个话题，真是滔滔不绝，乐此不疲，热烈的气氛一浪高过一浪，全然不觉时间已悄然流逝。这正是语文课堂的理想状态。

由此，我们创设"随心而语"写作方式，开设"聊吧"让学生进行写作，不限主题，不限制体裁、结构，围绕"聊吧"话题而写即可。"聊吧"写作，随意随心，气氛融洽，教师如一只大雁头领，带领群雁一起翱翔于语文这一自由的天空，师生聊得不亦乐乎，欢声笑语不断。偶尔停顿，留下思考的空间，发展了学生的思维能力。偶有争辩，锻炼了口语表达和思辨能力，使学生的思维更加敏捷。在多元认知的撞击下，精彩独到的见解也纷至沓来。随心漫语，学生"无话可写"的困境，自然也就迎刃而解。

聊吧，给孩子们创造了一个倾诉心声的机会，师生一起尽情地聊，聊得开心，聊得尽兴，聊出了兴味与精彩，营造出一片自由言说的原生态的绿色牧野。同时，聊天具有"漫游"的特点，能引领学生从思维固化转为思维发散，碰撞出心灵的火花。学生写出来的文字，因此有了活泼泼的灵气，有了创造和惊喜。

（二）快乐剪影

学生用自己的直观感觉认识并发现这个世界，而各种情境能够直观地模拟出可被感知的世界。做做游戏，读读绘本，或是欣赏漫画、信手涂鸦，通过在写作课上设置各种情境，让学生置身其中，去观察、去体验、去感悟，展开轻松的口语交际，激发他们内心的情感，让他们的思维在"情境"这一空间纵情驰骋，随意舒展。剪取其中最精彩、最动人的镜头进行描写，让情感流泻在纸上，把思考倾注于笔端，学生互评互议，交流碰撞，最后选出佳作通过各种途径进行展示，真正实现了作文课堂"教—学—评"一体化。

正是这种近乎"写作超市"式的开放课堂，使学生沉浸在快乐的世界里，其发散思维便会自由散漫开来，惊奇、欣喜不断涌现，笔随心动，使学生写出美不胜收的生活图景，写出奇思迭出的创意构思，写出酣畅淋漓的生活体验，写出丰富深刻的人文底蕴。作文不再是一种负担，体现着心灵的快乐与自由；写作教学也不再单调，流淌着生命的真实与自然。

快乐剪影，其要诀是"个性""创造""快乐"。短短的情境，剪取的是一个或几个快乐场景，获得的可能是孩子们几十分钟甚至是一生的热爱，燃起的是对写作自发而持久的热情。学生将这些快乐场景收藏心中，通过自身的不断内化，终将其转化成自己的精神血脉。

（三）诗遇上歌

《义务教育语文课程标准（2022年版）》明确提出要学生"尝试诗歌的写作"，诗歌创作回归到语文课堂，这是进行诗教的一个基点。十几岁的少年，朝气蓬勃，诗情洋溢，引领他们吟诗作赋、抒发情志，也顺应了学生的生命天性和言语天性。

诗歌创作，立足课内，关注课外，主要通过两种方式进行：一是在书中漫步，以诗化形式解读文本，小诗朵朵，演绎出诗意课堂；二是引领学生漫步自然，品味漫生活的状态，用一双慧眼看大千世界，唤起他们内心丰富的联想与想象。情之所至，学生通过创作诗歌的形式抒写心声，灵动自由，风格不拘，挥洒出诗情和精彩。"小诗朵朵"，少则几行，多则不限，灵动新颖，自由地表情达意。"古韵新声"，借典雅的古韵抒写自我心声，讲求意境与神韵，对平仄韵律则不做严格要求。文本里有万紫千红，课堂外有万水千山。在这充满灵性的诗意空间里，学生声情并茂地朗诵自己创作的小诗，吟诵声声，诗韵飞扬，营造出浓郁的书香氛围，激发了学生对诗词文化的热爱之情，增强了师生的文化自信。

诗歌具有跳跃性，能够培养学生的形象思维能力，激发他们的想象力、好奇心和创造思维。一个心有诗意的孩子，能够对天地万物做出诗意的观照，并将身边的一景一物点化成诗，即便踏上一条幽径，也会找到一片绿意盈盈、鸟语花香的诗意牧场，点染出诗意人生。

"漫写作"的意义，并不重在对写作技巧的传授，而在于激励、唤醒和鼓舞，让学生在积极的写作活动中不断积淀，感受祖国语言文字之美，在语言建构中激发创新意识，培育核心素养。叶黎明教授说："写作连接的不只是书本的世界，还有我们的精神世界。"把生活世界中一个个美丽、诗意的瞬间带到学生面前，引领他们认识自己、体悟人生，在心灵和精神上自我成长，使他们拥有一个有趣而又自由的灵魂。让学生随性而作，像大自然中的花草树木一样俯仰生姿。不必挨挨挤挤，不必整齐划一，是大树长成的风姿，是小草吐出一抹新绿，是花儿绽放生命芳华。随着时间慢慢沉淀，无论以什么姿态出现，都将呈现出枝叶蓬勃的盎然生机！

参考文献

［1］潘新和.语文：表现与存在［M］.福州：福建人民出版社，2005.

［2］夏丏尊，叶圣陶.文心［M］.北京：生活・读书・新知三联书店，2008.

［3］彭小明，刘亭玉.论写作教学模式建构的策略［J］.语文建设，2015（35）.

［4］朱光潜.谈美书简［M］.南京：江苏凤凰文艺出版社，2019.

牧野漫吟行且歌

——基于牧式理念的"诗遇上歌"创新写作实践

山东省武城县第一中学　贺秀红

　　写作是生命的歌吟，而歌吟中最灵动的方式便是诗歌。徜徉牧野，尽情放歌，这是摒弃急功近利思想后的一种自然之道。在这一理念引领下，教师可自主开发教学资源，探索不同风格的创新写作课堂形式，点燃课堂的温度，激发学生的创造活力，使师生成为"成长共同体"，一起畅游，一路吟唱，诗意栖居，快乐写作，让写作展现出语言表现的多维度，传递出对生活、对文学的热爱之情。

　　我国自古以来一直有着崇诗风尚，以能赋诗填词为雅。早在《毛诗序》中就有"情动于中而形于言"之说，意思是情感在心里激荡，就用诗的语言来表现它。教育呼唤诗意的回归，以往中考写作中多有"体裁不限，诗歌除外"这一规定，诗歌写作曾经一度被边缘化甚至缺失。近年来，随着传统文化的崛起，部编语文教材增加了古诗文比重，旨在将中华诗词传统文化融入文本课程，诗教结合，以诗育人。朱光潜、黎锦熙等前辈，都重视诗歌的写作和诗的教化作用。潘新和教授则认为，诗教应该贯穿于语文学习的全程中，当视作一种"人生"的教育，"诗意"的引领。

一、诗心：陌上花满蹊，触目皆诗意

　　荷尔德林说过：人生的本质是诗意的，人应该诗意地栖居在大地之上。我国是诗的王国，从古老的《诗经》，到唐诗、宋词、元曲的相继繁荣，再到流派纷呈的现代诗崛起，中国诗歌历久弥新，惊艳了时光，温暖了岁月，让华夏这方土地的人们诗意地栖居在大地之上。灿若群星的诗人，浩瀚如海的诗歌，形成中华民族特有的诗歌文化。学生在诗词之中涵泳，浸润精神，涵养诗心，点染出诗意人生。心有诗意，学生便会触目皆诗，即便踏上一条幽径，也会找到一片绿意盈盈、鸟语花香的诗意牧场。

世间万象，皆可入诗；落英芳草，皆可入心。天上有一朵云，便有了"蔚蓝色的天空中，飘着一首诗"的欣悦；校园里的槐花开了，便有了"青青的是你的枝头，悠长的是我的记忆"的情思。夏日来去匆匆，但细心的孩子还是寻到了夏的踪迹："当那一片粉红鹅黄洁白悄然退场，你登上了属于自己的舞台。"小麦花开，有个学生关注到那不起眼的花，专门为它写诗：风起，细碎简白的花，散落一地，仿佛是碎落一地的旧时光……更令人惊喜的是，去年秋收时逢雨，孩子们关注到了农民生活，有的孩子生动描述"我家的玉米是坐着小船回家的"，有的孩子则发出"本是农家丰收季，却因风雨苦不堪"的叹息，字里行间洋溢的家国情怀令人感动。少年情怀总是诗，学生的眼中有诗意，心中有诗情，便能够对天地万物做出诗意的观照，并将身边的一景一物点化成诗，使人生洋溢着空灵、深邃的诗意，为青春打上美丽的底色。

二、诗境：悠悠扬雅韵，灼灼映心田

诗歌的语言简约凝练，富有跳跃性，一字一词都带有强烈的情感色彩。尤其是那些讲究韵律之美的古典诗词，用简单的文字，朗朗上口的韵脚，或是咏物、或是记事、或是抒情，使学生读来朗朗上口，引领学生进入诗的意境之中，使学生在不知不觉中感受到语言之美，受到浓郁诗意的熏染。

诗歌之美，美在意境。用审美的眼光看身边世界，就会发现寻常事物中的不凡之美。心有诗意，一亩心田方会流溢着天光云影。学生是大自然的孩子，诗歌能引领学生亲近自然，沉浸在大自然的怀抱里，在春语、夏花、秋风、冬韵中尽情放歌。他们眼中的一年四季亦各有风韵："雨声沙沙草莹莹，正是春日好风景"，这是学生心中的美丽春日；"一片深深浅浅红，满架蔷薇映日开"，这是夏日里明丽繁华的诗意之景；"雁去声声长空过，满目皆是流云锦"，这是学生点染秋意的传神之笔；"不知何时旭日升？鸟语一声溢出林"，这是冬日里学生对暖阳、对未来的欣喜期盼。

花开灼灼，自由欣悦，流淌在诗中的每一个字眼，流淌在篇章里、语调里，流动出优美典雅的意境。思想的骏马，在广袤的原野纵情奔驰；心灵的翅膀，在蔚蓝的天空自由翱翔。学生吟唱出一曲曲优美的原野牧歌，那便是他们心中所想着的人间愉快、美好情怀。

三、诗思：寻芳天地间，人与花同在

真正的诗，必有哲思。诗歌把草木万物与人生联系起来，上通天理，下至人心，物我相融，字里行间浸润着哲学智慧，闪烁着理性之光芒，引领人们思考人生、宇宙的真谛。

一片落叶，是生命凋落的状态。让学生去捡拾一片落叶，从多角度、多方面对其进行观察，绘其形，状其神，感其韵。有的学生发现枯黄里的那抹绿意盈盈，由此感悟：落叶的颜色呈现出两面性甚至多面性，其实世界上的很多事物，包括人都是如此，要善于发现其美好光明的那一面。有的学生发现这片叶子存在几处残缺，由此感悟：世界上没有一片完美的落叶，正像这个世界并不完美，万物皆有裂痕，有时残缺也是一种美丽。仰视、俯视、近观、远看，这片叶子呈现在人们面前的也会是不同面貌，正如苏轼之看庐山——"横看成岭侧成峰，远近高低各不同"。换个角度，就会有不一样的发现。师生凝望一片落叶，撩起无限思绪，物我浑然一体，产生共情，遇见一片叶子就是遇见了一个生命，与人类平等的生命，人和叶子都是这天地间独一无二的存在。这是人心与自然万物的相通，这是从心中流淌出的自然诗意。在学生笔下，心中淌出的言语似行云流水，妙语天成，具有丰富的哲理意味。其实，不仅是一片叶子，从世间万物身上，我们都能看自我，看众生，引发对生命、对人生、对宇宙的哲思。

四、诗情：昭昭花语处，星河入梦来

少年的心永远属于未来，他们的心灵深处始终涌动着浪漫和激情。他们为了梦想而发奋读书，并从看似枯燥的求知生涯中寻到属于自己的快乐。他们用诗歌来抒发情志，把校园生活写得诗意盎然："窗外流光影斑驳，室内墨笔走龙蛇"，如此闲适、激情，而又具有浪漫色彩；"天色破晓露微光，扉页书墨一点香"，这是清晨捧书静读的情景，淡雅的书香气息扑面而来；"旭日初升映窗前，琅琅书声溢校园"，阳光映照，诵读声声，营造出校园的诗情画意、书香氛围；"丝缕星光遥相望，文墨已入胸怀间"，少年夜读，星星相伴，为静夜读书的场景带来几分梦幻……学生有一颗能立足现实光影却为未来而激情跳跃的心，因此有了"少年心事当拿云"的远大志向，有了"扶摇直上九万里"的万丈豪情，其描述的只是生活里的细碎场景，却深深触动了我们心底最幽微最柔软的那个地方。

诗歌的意义就在于，不让现实的单调平凡抑制住心头的梦和远方，而让少年的

精神世界成为一个充满诗意的梦幻王国。学生在诗词的王国中，有了诗，有了梦，于是激励自己去圆梦未来，实现自我的蜕变和成长。花草从大地之上得到生机，各自于阳春烟景中吐露芳菲；学生的生命之花也在绽放，并伴有怡人的美丽芬芳。

朱光潜认为："美和诗的回归，就是人的回归。"潘新和教授，更是崇尚诗意人生、言语人生。既然生活本身就充满了诗意，语文教学怎么能把诗意排斥在外呢？让语文教学回归诗意，回归到人的本性和人的精神、生命，让学生真正感受到创作的尊严与快乐，这正是理想中的语文教学。

每个学生天生就是诗人，他们或朴素或浪漫、或豪放或婉约、或灵动或深邃，教师要做的就是将其唤醒。如果语文教师能够充满诗意情怀，能够用自己的诗意去唤醒学生心中沉睡的诗情，那么美好的诗意之泉就会在孩子们心间潺潺流淌，悠扬的原野牧歌会在学生的心头响起。浸润在诗歌世界中的学生，拥有的是诗意情怀，心中升腾的是文化自信，歌吟的是属于他们自己的生命的诗。如果学生把自己的诗人特质一直保持下去，那么他们的一生都将保持着纯真和诗意，人生也会充满理想主义和浪漫色彩。这正是理想中的"诗意人生"。

参考文献

［1］潘新和.语文：表现与存在［M］.福州：福建人民出版社，2004.

［2］夏丏尊，叶圣陶.文心［M］.北京：生活·读书·新知三联书店，2008.

［3］宗白华.美学散步［M］.上海：上海人民出版社，2020.

把春天写成诗

——诗遇上歌之"春语"篇

山东省武城县第一中学　刘艳敏

师：（播放童声《村居》视频）同学们，刚才这首《村居》大家应该很熟悉，有同学忍不住跟着唱，我们一起来读一读。（齐读《村居》）

师：诗人把春天和自己的情感都写进了诗里，通过诗句我们仿佛能穿越时间和空间，看到千百年前的春景和欣赏春景的人，这就是诗歌的魅力。今天让我们把春天写成诗，虽不一定能超越古人，但或许能惊艳来者。什么是诗？

生：诗是一种文体，能表达诗人的情感。

师：说的和古人讲的一样。古人说：诗言志。（板书：志）

屏幕显示：

诗者，志之所之也，在心为志，发言为诗，情动于中而形于言。

师：春天来了，刘尚华同学在随笔上写了几行字，我们请他来读一读。

屏幕显示：

春天来了

大地，

睁开了眼。

花儿露出笑脸，

天空海蓝一片。

师：这位同学读出了诗人的气质。上周于鑫凯同学送我一朵蒲公英，黄灿灿的，在阳光下笑得灿烂，老师心有所感把它写下来。

屏幕显示：

春天，我把阳光

放在花朵里收藏

花儿嘴角上扬

绽开了脸庞。

师：下面老师给同学们个小测试，看看大家有没有做诗人的潜质。

屏幕显示：

春天是＿＿＿＿＿＿

师：请同学们用一个词来填这个空。

（利用智能大屏互动观点云功能收集答案，学生提交观点，大屏弹幕显示。）

师（读弹幕）：梁佳雪同学说春天是顽皮的孩子，霍思彤同学说春天是精灵，刘新旺同学说春天是奇迹，霍柏松说春天是生命……老师刚读出的句子不正是一首春天的诗？看来同学们都是诗人呢。（出示学生提交详情）看一看这些诗意的句子有什么共同点？

生：语言都比较简练，也很生动，用了修辞手法。

（师板书：简练、生动、修辞。）

师：同学们说得很好，诗的语言要生动简练，要生动使用修辞手法就能做到。下面老师给大家加大难度，我们来做个练习。

屏幕显示：

坡上，坡下

＿＿＿＿＿＿

散落一地

师：今天我们要把春天写成诗，所以老师把题目改了，给大家两个题目：杨花、落花，同学们二选一，把这首诗补充完整，拍照提交。

（发布，生写作。）

师：有同学已经提交，同学们可以在平板上看别人写的诗，给同学点赞。

师：现在大家都提交了，我们一起来欣赏一下同学们的大作，先看谁的？

（生：曲文锐）好，曲文锐同学来读一下你写的诗。

屏幕显示：

落花/坡上/坡下/春天的喜讯/散落一地。

师：曲文锐同学能为大家解读一下这首诗吗？为什么落花是喜讯？

生：因为我觉得，花朵开在枝头的时候已经绽放了它的美丽，完成了它的使命，花落说明要结果，要收获了，所以都是喜讯。

师：你的意思是花开、花落皆是春，都是喜。很精彩！

师：霍思彤同学的点赞最多，我们一起来看一下。

屏幕显示：

杨花/坡上/坡下/天使翅膀的羽毛/散落一地。

师：能给大家解读一下这首诗吗？

生：柳絮的形状和颜色像羽毛。

师：为什么是天使翅膀的羽毛？因为你的心里住着一位天使吧。同学们看刚才这两首小诗都用到了两种写作手法，那就是——

生：联想和想象。

师：插上联想和想象的翅膀，我们眼中的落花就化为喜讯，杨花也变成了天使翅膀上的羽毛，诗也变得更生动了。下面我们来看陈希泽同学的诗。

屏幕显示：

落花/坡上/坡下/被染上颜色的雨点/散落一地。

师：为什么落花是被染上颜色的雨点？

生：因为花的颜色多种多样，纷纷落下的样子让我想到带着希望的雨。

师：陈希泽同学的诗，让老师想到一个词——意境。我们把自己的情感寄托到某种事物上，情感与事物融为一体，营造出一种境界，这就是意境。再读陈希泽的诗，是花给雨染了颜色还是那雨把颜色赋予了花？我们再来看梁兴豪同学写的诗。

屏幕显示：

落花/坡上/坡下/小孩子的微笑/家长的牵挂/散落一地。

生：我觉得那落花就像是孩子的笑，花儿离开大树就像我们离开家长来到学校，是开心的。而大树呢就像家长，孩子离开总是牵挂着的。

师：这样说来，把"家长的牵挂"改为"大树的牵挂"会不会更好？因为诗歌还有一个特点，就是语言要含蓄，（板书：含蓄）含蓄一些更有韵味。我们来看张加行同学的诗。

屏幕显示：

杨花/坡上/坡下/子规啼声/散落一地。

生：看到杨花，我就想到了"杨花落尽子规啼"这句诗，于是就把它写进了自己的诗里。

师：你这算是用典了，给同学们提了个醒，我们不仅可以从视觉的角度写诗，还可以从听觉上着手，运用多角度描写。通过这个练习，我们班又诞生了几位诗人，下面老师给大家加大点难度。

屏幕显示：

我想当一朵迎春花，

让第一缕春风

亲吻我的脸颊，

吻啊，吻

吻出了满城绿叶黄花。

师：这是曲文锐同学随笔上的一首诗，现在我们一起来仿写，拍照提交。

（生写作，教师静静等待。5分钟后，提交完成。）

师：同学们刚在平板上互相看了大家写的诗，同学们觉得谁的诗写得不够好，你可以给他改好。

生：我可以改梁兴豪的诗。

屏幕显示：

我想/我想当一朵蒲公英/让第一缕风载我飞翔/飞啊，飞/飞到角落生根发芽。

生：我想把最后一句改成：飞到海角天涯。

师：你改之后，表达的是你想自由飞翔的心，梁兴豪同学想表达的是飞到某个地方安家。可以看出你俩志向不同，所以我们说诗是用来言志的。我们一起来看一下点赞最高的霍思彤同学的诗。

屏幕显示：

我想/我想当一朵枝头花/眺望整个春天/清风拂袖过，弦音抚琴生/在春天里浸泡/发芽，生长，结果/成为春天的使者。

（师读诗，学生鼓掌。）

师：老师为你感到骄傲，有意境。写诗并不难，（把板书连上线，画成一朵花）用上修辞、联想与想象，再注意语言含蓄简洁生动，把我们心中的志表达出来，你看变成了一朵花，一朵花就是一首诗。同学们，春天忍不住来了，同样忍不住的还有诗和远方。现在春天即将逝去，但带不走的是我们诗意的心。

师：这个世界/总有那么一抹色彩/从未走远/请记住/因为有你/春风十里。

忆夏日芬芳

——诗遇上歌之"夏花"篇

山东省武城县第一中学　曲春晓

一、小诗导入，设置情境

师：（出示夏日图片与小诗）春去秋来，寒来暑往，四季轮回。我们无法阻挡时间的流逝，但是我们可以暂时停下脚步，按下倒退键，去看看我们曾路过的风景。

二、齐读小诗，回忆夏日

（一）找风景

师：刚才我们欣赏了夏日图片，也齐读了小诗，你发现了什么？

生1：我发现这几张图片中都出现了荷叶与荷花。

生2：这几首小诗都是描绘夏天的画面。

师：诗人想到夏天，想到了清雅的荷花与碧绿的荷叶。如果让你想夏天，你最先想到什么？

生3：我想到初夏时候，杨树叶还不是墨绿色，反而像牛油果一样的嫩绿。

生4：夏天的太阳，真的像火球一样毒辣。

生5：夏天的西瓜，用刀一切，它自己直接裂开了，都不用尝，光听那裂开的声音就知道绝对甜。

生6：我想到夏天的雨，我在夏天最盼望下雨。夏天的雨总是雷声先行，看着墨色乌云慢慢聚拢，天空变得越来越低沉。然后是风起来了，看着树枝摇摆的速度加快，我就知道雨很快就到了。

师：同学们描述的夏天，很生动、很形象。

（二）寻颜色

师：大家心中的夏天各有各的可爱，那夏天有颜色吗？如果有，请你用一种颜色来定义夏天。

生1：夏天是绿色的，学校中的杨树、梧桐还有冬青叶子都是绿色的。

生2：我觉得夏天是蓝色的，夏天的天空蓝蓝的，衬得云也是格外的白，大海也是蔚蓝色的。

生3：我也认为夏天是蓝色的，你看我们现在的校服就是蓝色的，下课出教室就是一片蓝色的"海洋"啊。

生4：夏天是金色的，麦子熟了，去地里面看吧，风一吹就是金色的麦浪。

生5：我觉得夏天是彩色的，雨过天晴的彩虹，还有夏天的衣服颜色也很鲜艳，不像冬天大家会穿的黑色一样沉闷。而且，夏天蔬菜和水果的种类和颜色也很丰富。茄子和葡萄是紫色的，西红柿是红色的，黄瓜是绿色的，还有桃是粉色的……

师：如果让老师用一种颜色来定义夏天，那一定是中国红。生如夏花之绚烂，我们都在努力绽放！

（三）品味道

师：在夏天，你最钟爱什么味道？

生1：我最喜欢吃西瓜，特别是放学后回到家，吃一块冰镇西瓜，太舒服了。

生2：我钟爱夏天大雨过后的味道，能闻到青草的香气还有泥土的味道，感觉世界很干净、很清新。

生3：我最钟爱橡胶跑道的味道，尽管这个味道并不好闻。但是，我很热爱跑步，在跑道上，只要跑起来，我感觉我能忘记一切，只朝着一个目标前进就可以了。

生4：我最钟爱凉面的味道，夏天我们家经常吃凉面，有西红柿的卤子，还有黄瓜丝和辣辣的蒜汁，特别解暑，但是在学校吃不到。

师：看来你想念家的味道。

师：每一份味道都是大家夏天的一份独家记忆。现在大家闭上眼睛，回忆你在夏天听过哪些声音？

（四）听声音

师：夏天有哪些声音，你听到了什么？

生1：蝉鸣，蝉隐藏在树叶当中，找不到它的身影，但总能听到嘹亮的叫声。

生2：青蛙的叫声，特别是下雨之后，在池塘边还有深草丛中都能听到。

生3：轰隆隆的雷声和哗啦啦的雨声。

生4：我听到了读书声，越到夏天越临近毕业，能听到对面初三学生的背书声音。

师：老师将大家的畅所欲言整合成一首小诗。

> 如果用颜色来定义夏天，那它是大海的蓝色；
>
> 如果用味道来品尝夏天，那它是雪糕的香甜；
>
> 如果用声音来回忆夏天，那它是清脆的蝉鸣。
>
> 脑海中的夏天，就是如此绚丽多姿。

三、笔下生花，追忆夏天

师：大家看，刚才我们讨论的内容，就构成了一首追忆夏天的小诗。那你能不能也用"如果……如果……如果……"这样的句式，创作出一首追忆夏天的小诗。

屏幕显示：

如果_____

如果_____

如果_____

（学生写作，教师巡视、指导。）

四、大胆展示，分享快乐

师：哪位同学展示下自己的小诗，分享下你的夏日记忆。

生1：我这首小诗的题目是《夏天》，这首诗有我的回忆。（朗读）

夏 天

刘旺

太阳金灿灿，

晴空且无云。

不见荫凉处，

只闻蝉鸣声。

师：夏天的独特回忆！

生2：我的题目是《忆夏》。（朗读）

忆 夏

我想把夏画在纸上，

但纸太小，装不下它。

我便想把它记在心里，

可夏很大，心里也装不下。

最后，我把它留在——

这首诗里。

师：诗中不但有声、有色、有味，更有爱！

生3：我这首诗的题目是《如果》。（朗读）

如 果

如果能回到夏天，我要去寻找蝉的藏身地；

如果能回到夏天，我要去感受沙滩的细腻；

如果能回到夏天，我要去倾听麦田的私语；

如果能回到夏天，我要去抓住时间的脚步；

可是，没有如果。我没有办法回到夏天。

那就，享受当下，期待下一个夏日的到来。

师：这首诗很特别，有回忆，有韵味。让我们珍惜当下，珍惜时间！

师：回望夏天，我们也许有遗憾，但是努力拼搏，会将你所有的遗憾变成未来的铺垫。来日方长，未来可期！

与一片叶子相遇

——诗遇上歌之"秋叶"篇

山东省武城县第一中学　贺秀红

一、叶满课堂

师：秋天来了，校园里、街道上，那满树苍翠的叶子哪儿去了？今天，它和同学们一起来到我们的教室。请同学们举起你手中的叶子。（学生手举叶子）啊！枯叶满课堂，但老师还是感到了生命的气息。

师：一片叶子，你是随手捡起，还是精心挑选的呢？在众多的叶子中，你为什么唯独选取了它？请和身边的同学讲一讲你和这片叶子相遇的故事。谁能与大家分享一下？

生1：一片叶子，在阳光下发出金灿灿的光芒，格外耀眼。就是它了，于是我的这位叶子朋友现在正静静地躺在我的书桌上。

生2：这片叶子中间泛着淡红，向外是浅黄，最外层透出苍翠的绿。冬天了，这个可爱的小精灵，在生命落幕时，仍奉献给这个单调的世界一片色彩斑斓。

生3：我发现你时，你还在空中舞动。我觉得你就是我要寻找的它，于是我伸出手，让你静静地飘落在我的掌心……

生4：中午路过一棵杨树时，一片叶子飘落下来，正好落在我的身边。我捡了起来一看，发现边角已经枯黄，无数的黑斑清晰可见，简直是"惨不忍睹"。可是，这难道不是冬天的它应该有的样子吗？我用双手轻轻捧起这片犹如列夫·托尔斯泰一般的叶子，小心地把它带到我们的教室……

师：多么动人的故事呀！因为你，你手中的这片叶子具有了灵气，洋溢着生命的气息。

二、静观默察

师：世界上没有两片完全相同的叶子，每片叶子都是一个独一无二的生命。观察你手中的这片落叶，你发现了什么？它有什么独特之处？

生1：这是一片干枯的叶子，远看像一把小小蒲扇。

生2：这片火红的叶子，像燃烧的火焰。

师：啊！怒放的生命，点染了这个寂寂冬日。

生3：我的这片叶子仍绿意盈盈，我在众多暗淡的叶子中一眼就发现了它。

生4：叶子卷曲了，干枯了，像一只小船。

生5：这是一颗爱心，是一片叶子对大树妈妈的爱。

生6：这片一半是绿，一半褐色，叶子外面是深褐色，中间透出生命的绿色。

师：一面是萧条沉寂，一面是勃勃生机，那你眼中看到的是哪一面？

生6：我看到的是勃勃生机。

师：其实不仅是一片叶子，我们身边的很多事物，包括人，往往会呈现两面性甚至多面性，我们要善于发现其美好光明的那一面。因为——我心光明。

生7：我的叶子是灰褐色的，叶脉清晰可辨，错落有致，顶部尖尖，就像一座耸立的山峰。

生8：这是一片干枯的叶子，春天的绿色美丽，现在金色的颜色也美丽。

师：绿色，是生命之色。孩子，举一举你手中的叶子，让大家都来感受严冬里的一抹生命的绿色。（生举叶子展示）春天蓬勃，夏日繁华，秋季凋落，严冬沉寂，这是一片叶子的生命历程，也是叶子的宿命。一片叶子，经严寒而不凋。正如我们校园里的那株古槐，历尽半个多世纪的风雨沧桑，仍屹立在我们的校园。

师：现在，从不同的角度，用心凝望一片叶子，你有什么新的发现？

生9：近看，这片叶子并不完整，有几处残缺，影响了叶子之美，正像我们每个人都有缺点。

师：有时残缺也是一种美丽，正如维纳斯的断臂，残缺之美激起人们思绪无限。而存在缺点，也并不影响不完美的我们向着更好的自己迈进。

生10：叶子上有几个小洞，是小虫子留下的痕迹。

师：看这里，还有风化的虫卵。这是哪个可爱的小虫曾经在这片美丽的叶子上安家，留下了生命的印迹？西风起了，叶子落了，不知小虫子一家现在去了哪里？

生11：一片干枯的落叶，叶片上卷，身子也皱了，透出的一点绿色，就像一位沧桑老人，保持着可爱的童心。

师：这片叶子有沧桑感，这是风雨和岁月在一片叶子身上留下的成长足迹。一片叶子能够优雅到老，一个人也是如此。这哪里是一片叶子，这是一个生命，与我们平等的生命。

师：（出示叶子）猜一猜，为什么这片叶子吸引了老师的视线？当时我想，这片叶子一定是努力汲取天地日月之精华，才长得如此阔大、如此独特。一片叶子能够努力成长，何况人呢？我们也应该留下奋力成长的足迹。

生12：那一条一条清晰可见的纹路，那点点黑斑、满目疤痕，是一片叶子生命历程的证明，证明它曾经历了风雨侵蚀、时光洗礼。

师：仰视、俯视、近观、远观，这片叶子呈现在我们面前的是不同的面貌，你会有不一样的发现！

三、触叶听语

师：轻轻抚摩这片叶子，你触摸到了什么？嗅一嗅，你是否闻到了叶子的气息？

（学生抚摩、嗅闻。）

生1：指尖轻轻触到叶子，我感到叶子表面粗糙，失去了光滑润泽。

生2：摩挲着，感触着叶子干枯的躯壳，有岁月感、沧桑感。

生3：不再细腻，失去了生命力。

师：轻轻地，轻轻地，不要伤害到叶子，不要打破我们的诗意气氛。

生3：有着泥土的味道。

生4：有着淡淡的清香的味道。

师：这是一片叶子生命的芬芳。

生5：老师，我把叶子夹在书里，叶子带着一缕墨香。

师：一片叶子，也浸润了书香气呢。

师：侧耳聆听，或许，你还能听到叶子的低低絮语。一片叶子，在向你倾诉着什么呢？请对你身边的同学描述一下。（学生互动）

师：是谁，能够和一片叶子对话，听懂了一片叶子的心语？

生6：虽然现在它枯萎了，但是它也有过春天的勃勃生机。

生7：它可能在说，虽然它暂时落下来了，但它还会努力成长，不负春日，不负韶华。

师：你能用一片叶子的语气来说这句话吗？

生7：虽然我暂时落下来了，但我还会努力成长。

师：让我们向一片叶子致敬！

（屏幕显示冬日未凋、坚守枝头的几片孤零零的叶子，配乐渲染，引导学生凝神遐思。）

师：寂寂冬日里，你也许会注意到，总有那么几片叶子经历了数场秋霜，仍孤零零地挂在树梢。秋风起了，它们本来可以随风而落，却还在高处执着地守望。这至今不肯落幕的顽强的生命，在守望什么？

生8：守望大树妈妈。

生9：希望来年能够再绽放绿色。

师：那是什么时候？

生9：春天。

师：小小的叶子啊！在守望着家园，守望着希望，守望着梦想，守望着诗和远方，守望着一个鸟语花香的春天……

四、落笔成诗

师：一片落叶，引发人们的无限思绪。

屏幕显示：

> 况属高风晚，山山黄叶飞。
>
> 桐叶落，蓼花残。雁声天外寒。

师：古代的文人墨客，把落叶写成了诗。多么美的意境！

屏幕显示：

> 当西风吹过树梢，
>
> 你在空中尽情旋转，
>
> 那是你此生最后的舞蹈。
>
> 落到大地，归于泥土。
>
> 既是死亡，也是重生。
>
> 待来年草长莺飞，
>
> 望君携一抹新绿，
>
> 又上枝头。

师：叶蕾同学，把落叶写成了诗。诗中的落叶是一位舞者。那一抹新绿，让我们联想到一个鸟语花香的春天。

师：一片落叶，撩起思绪无限。古代的文人墨客，把落叶写成了诗；身边的同学，把落叶写成了诗。现在，让我们把对一片叶子的思绪化成笔下的诗行。不要忘了给你的小诗拟一个诗意题目，这样你的它才是一个完整的生命。

（生沉思，动笔写作。师巡视。）

五、咏叶声声

师：六人一组，大声对同学读一读你写的小诗。都来晒一晒，评一评，看谁写的诗歌最精彩？谁笔下的那片叶子最诗意？这是展示自我风采的小小天地！

（晒诗，评诗。）

师：现在，各组推荐一首最精彩的小诗在班上读一读，展一展，好诗共赏。大家都来当听众，这是展现团队力量的个性舞台！

生1：我们组推荐赵欣平的《叶之舞》。（动情朗读）

与风共舞，与树低语。

每一片叶子都在生命的最后一刻，

尽情旋转，尽情燃烧。

凋落，是为了重生；

严冬，孕育着希望。

没有一个季节，能把春天阻挡！

师："共舞""低语"等词，赋予落叶人格化的特征。"旋转""燃烧"等词，则形象展现了叶子在风中舞蹈的画面，意象鲜明。

生2：我们组推荐魏羽曦的《落叶》。（朗读）

晚秋黄蝶纷纷舞，

风过低语化作无。

东风不减当年色，

旧树枝头新叶出。

师：这首小诗用词典雅，古韵古香，在动静相衬之间营造出美好清新的意境。

生3：我们组推荐徐永延的《聆听叶语》。（朗读）

听，一片叶子在讲述着自己的过去。

春天的燕子，

夏天的知了，

都曾经是我童年的玩伴。

西风起了，

知了和我告别，

燕子也悄悄离开，

曾经的绿衣服换成了黄衣服，

同伴们纷纷舞蹈着离开了，

我仍然守在枝头。

严冬来了，

北风呼呼地刮，

我终于舞蹈着离开大树，

静静地在大地上沉睡，

做着一个梦，

梦里有燕子有小草，

有一个生机勃勃的春天。

师：诗中的"生机勃勃"可否用一个更有诗意的词语来代替？

生4：万紫千红。

师：能否换个更有诗意的词语？

生5：鸟语花香。

师：有意境！没有最好，只有更好。我们总能找到更具表现力、更清雅的词。同学们都成了小诗人呢。课下把你的小诗再修改一下，我们发布在文学社公众号"韵禾文学"上。全班同学的诗歌可以编成一本诗集，老师为诗集写序言。我们这本诗集叫什么名字呢？同学们群策群力，一同想出一个精彩又有诗意的题目。

六、余韵不绝

师：有位哲人说过：人，诗意地栖居在大地之上。凝望一片叶子，叶子便有了些许诗意；凝望一朵花，此花在天地间便有了明亮的颜色。孩子们，记得课后把你手中的叶子送回大自然中去。愿我们都拥有一双慧眼，一颗诗心，与一片叶子、一朵花、一株草一起诗意地栖息在大地之上！

冬天是首歌

——诗遇上歌之"冬韵"篇

山东省武城县第一中学　贺秀红

师：正是冰天雪地的冬天，你能用一个词或一句话表达自己对冬天的感受吗？

生1：水瘦山寒。

生2：单调无趣。

生3：一片沉寂。

生4：天空和大地显得冷清，失去了生机与活力。

生5：天寒地冻。

生6：整个世界如坠冰窟，仿佛大地也在颤抖，空气好像也要凝固了。

师：冬天，就像由霜雪凝结而成的一座沉静、庄严的雕塑，引发人们无限遐思。今天，让我们一起去寻找冬天之美。

师：冬天，你的眼睛看到了什么景象？说说你的发现。

生1：窗外树木光秃秃的，好像在告诉大家冬天来了。

生2：曾经生机勃勃的小草，终于在寒风里挣扎不动。有几棵松柏，还如从前一样苍翠，绿意浓浓。

生3：河里结着厚厚的冰，街上的行人越来越少。人们穿着厚厚的冬装，裹着围巾，戴着手套，脸都冻得红扑扑的。我也找出了厚重的羽绒服，穿在身上，显得特别笨拙，唉，这寒冷的季节呀！

生4：严寒遍布世界的每个角落。天空中除了见到几只觅食的麻雀，好像再也见不到别的鸟类，青蛙和蛇等小动物们都躲到舒适的洞穴里睡觉去了。

师：冬天就像一幅浅淡的水墨画。前几天下了一场大雪，画面就不同了吧？

生1：洁白的雪装饰着世界，真是一派气势盎然的景象。用岑参的话说，就是

"忽如一夜春风来，千树万树梨花开"。

生2：洁白的雪花漫天飞舞，悠悠而落，天空和大地全白了，仿佛梦幻般的童话世界。

生3：雪地上，留下一串长长的脚印。瞧，小猫咪也跑到雪地里，留下了一朵朵美丽的梅花。一切都是那么纯净、美丽。

生4：你看窗户上开花了，真美啊，宽的像树叶，细的像小草，我知道这一定是冬姑娘送给大地的惊喜。

生5：道路上，长亭边，古槐下，到处都是雪，可把我们激动坏了。一下课，大家蜂拥来到操场，你追我赶地打起了雪仗，享受着冬天带来的乐趣，校园里欢声笑语一片。

生6：当雾气渐渐地消散时，太阳露出了半个脸蛋，通红通红的，用光和热给大地带来了生机和温暖。

师：真是"红装素裹，分外妖娆"啊。在这寒冷的时节，一轮暖阳为雪景增添了色彩，显得格外亲切、温暖！冬天，并不单调，也不缺少情趣，它变成了一幅五彩斑斓的画面！

师：刚才有同学说冬天"一片沉寂"，那么，冬天有声音吗？你听到了冬天的什么声音？

生1：我听到了北风呼啸的声音，那风吹在身上冷飕飕的。

生2：风吹树叶的声音，还有树叶飘落的声音。

生3：鸟儿们的叫声，在空旷的冬日里格外动听。

生4：雪花轻轻落在大地上的声音。

生5：脚踩在雪上发出的清脆响声，就像跳动的美妙音符。

师：这里有了人的活动。人，也是冬天的一景呢！

生6：早晨来上学时，奶奶嘱咐我："孩子，路上有积雪，可要慢点走，千万不要摔着！"这声音，常在我心头。

生7：我听到了小孩子们的欢声笑语。

生8：听！冬天的校园里，响起琅琅的读书声。这声音飞出了教室，和冬天的美丽景色交融。学子们的心情舒畅极了，读书的声音也更加响亮。

师：在这个美丽的冬天，大自然的声响与人的回声融汇在一起，谱成一首和谐动人的歌！

师：冬天，有着怎样的味道？

生1：捧起一把雪放在嘴里，好像没有什么味道。

师：没有味道，或许恰恰就是雪的味道。

生2：又大又软的烤白薯，又甜又香的味道。

生3：还有冰糖葫芦，酸酸甜甜的味道。

生4：冬天妈妈喜欢做小米粥，颜色亮黄，有着淡淡的清香。

师：冬日有了烟火气息，有着生命温暖的味道。

生5：清爽可口的萝卜、白菜，绵软清淡，咂摸着，味道鲜美。

生6：一家人围坐在一起吃火锅，麻麻辣辣的，一种暖暖的滋味涌上心头。

师：外面天寒地冻，屋内温暖如春。好一个甘醇似酒的冬天！

师：冬天里也有春天般的温暖，你感觉到了吗？让我们来分享一下。

生1：冬日的阳光抚摸着我的脸庞，暖洋洋的。

生2：妈妈为我新做的厚厚的棉被，盖在身上暖暖的，有着阳光的味道。我想妈妈一定是晒过了，不然怎么会这样柔软呢？

生3：清晨来到学校，手和脸都冻得红红的，只见那棵古槐仍然站立在琢玉楼前，在寒风中冲我频频点头，好像在对我早早到来表示赞许。那一刻，我被暖到了……

生4：和朋友手牵手在纷飞的白雪中并肩漫步，轻轻地说着话，天气很冷，心是热的。

生5：一个人在雪地上行走，一不小心滑倒在地，有一双大手把我轻轻扶了起来，原来是一位陌生的叔叔。那一刻，我很感动……

生6：那次上课，我不经意间看了看老师，老师正亲切地望着我。接触到老师那柔和的满怀期待的目光，我心灵中的冰冻悄悄融化了。

师：谁说冬天是严酷无情的呢？冬天的故事里有着你和我，它原来竟是如此温情，就像一杯浓浓的奶茶，有着浓郁的醇香和绵长的温暖。

师：现在，你对冬的感觉如何？这是一个怎样的冬天？

生1：这是五彩缤纷的冬天。

生2：这是生机勃勃的冬天。

生3：这是如诗如画的冬天。

生4：这是甘醇似酒的冬天。

生5：这是美妙动人的冬天。

生6：这是暖意融融的冬天。

师：这几句话组合起来，就是一首诗呢。琼花舞长空，一梅傲雪开。现在，让我们自拟题目，把冬天写成一首小诗，展现你心中的那个冬天！

（学生动笔写作，师巡视、指导，交流展示。）

师：冬天，纯净而多姿，冷寂而热烈，它把一个季节的无限情致，书写成一首首动人的诗。在这简约浑厚的诗行里，最后一个标点是省略号，它正孕育着一个如歌似梦的春天。

轻轻地我走了

——诗遇上歌之"芳草"篇

山东省武城县老城镇中心小学　韩国英

师：今天的阳光真好！孩子们，再过几天，你们就要和我们的校园说再见了。美丽的小学时代，给你留下了什么记忆？在此，我们打开一扇童年的窗口，走进美好童年。

屏幕显示：

童年的窗口

是一棵绿树

是一晃就一地阳光的幻影

和幻影中撒落下的一地珍珠

童年的窗口

是燕子的家

是牧童一吹就吹醉的田野

和笛孔里那一滴浓浓的乡情

师：多么美的童年！多么美的意境！五彩缤纷的童年，像什么呢？

生1：像一个美丽的梦。

生2：像五彩缤纷的肥皂泡。

生3：像一首歌那样美妙。

生4：像一片雪花那样纯净。

生5：像自由自在的小小鸟。

生6：像空中飘浮的云朵。

生7：像一只小船轻轻地摇呀摇。

生8：像一个魔方转呀转。

师：这些比喻太奇妙了，具有诗的意境。你的童年记忆中有哪些趣事乐事呢？和大家分享一下吧。

生1：小时候去田地里逮蝈蝈，逮住了一只，就开心地笑出了声。

生2：村东有几棵桑树，我们爬到上面去摘桑葚吃，紫色的桑葚甜甜的，不一会儿，手和嘴都变紫啦。

生3：我家的台阶高高的，我喜欢从台阶上跳下来，再跳上去，那种冒险又好玩又刺激。

生4：我和几个小伙伴比赛吹泡泡，彩色的泡泡一个个越飞越远，我们的心也仿佛跟着泡泡飞上了天空。

生5：有一次一只小蜜蜂落水了，我忙不迭地用手把它救了上来，可是手上突然就一痛，我疼得哇哇大哭。后来我才知道小蜜蜂意识到危险会蜇人，听说它蜇人后不久就会死去。可能它是误会我要伤害它才动武的。

生6：夏天爸爸带我去河里游泳，我在里面扑腾着水花，就像一条小鱼一样自在。

师：童年的故事就像海边那五颜六色的贝壳，散发着迷人的光泽。谁能形容一下你对童年的感受？

生1：美丽、神奇。

生2：五彩缤纷。

生3：天真烂漫。

生4：快乐幸福。

生5：开心、有趣。

生6：梦幻。

师："梦幻"这个词好浪漫呀！下面是一首小诗，我们来读一读。

屏幕显示：

> 阳光暖洋洋的，
>
> 风儿轻悄悄的。
>
> 调皮的我，
>
> 像蝴蝶一样在院子里飞来飞去。
>
> 嗅嗅花的香气，

摸摸小猫咪的胡子。

小小的院子里，

传来阵阵欢声笑语。

师：你想给这首小诗起个什么名字？

生1：童趣。

生2：童年时光。

生3：美丽的童年。

师：诗美，题目也美。现在打开记忆之门，去寻找最独特的一枚贝壳，去采撷最美丽的那一朵花，写下那些只属于你的童年记忆。

（学生沉思、写作，师巡视指导。）

师：同学们笔下的文字是如此灵动，下面我们来分享一下。

生：我们小组展示胡世岩同学的一首小诗。这首诗语言特别富有诗意，充满童真童趣。（朗读）

一簇火焰

春光照耀下，

我在绿茵上奔跑。

田野里野花朵朵，

荡起天真烂漫的欢笑。

雪花漫舞中，

我在校园里堆起了雪娃娃。

整个世界热闹起来，

焕发着熊熊光焰。

师：这个同学的童年里，有美丽的春光和野花，有飘舞的雪花和校园里的雪娃娃，真美！最后还有燃烧的火焰，暖暖的，有画面感，有了情景交融的意境。多么美丽的童年！现在，自由自在的小学生活即将结束，意味着你们长大了，也要和童年说一声"再见"了。此时，你想对童年说什么？

生1：别了，童年！我会用心把你珍藏。

生2：当我挥着小手向你告别时，流下恋恋不舍的泪水。

生3：童年，你将要去哪儿？我们还能再见吗？

生4：我一路向前奔跑，你正悄悄离我而去。

生5：再见！美丽的泡泡们！再见！我的蝈蝈们！

生6：在玩耍、憧憬中，童年轻轻地走了。

师：孩子们，童年从你们的书声中、笔尖里悄悄溜走了。再过几天，你们将踏上少年的列车，继续远行。让美丽的歌声为你们送别，一起踏上新的人生旅途。

（播放音乐，齐唱《送别》结束。）

【小诗朵朵】

美丽泡泡

刘瑞颖

那又轻又圆的泡泡，

闪着五彩缤纷的光。

一个个欢舞着，

向天空的高处飞去。

我仰头望着泡泡们，

心中充满快乐与惆怅。

门前有条小河

于邦晴

门前有条小河，

鸟语花香，流水潺潺。

春光明媚的春天，

女孩和姐姐在河边捉蝴蝶。

清新的风吹过，

她们笑得一脸灿烂。

忽然，女孩指着不远处：

姐姐，纸船！纸船！

我的暖，一寸长

——诗遇上歌之"风铃"篇

山东省武城县特殊教育中心　于东涛

（课前准备：每个同学在班上选两位同学，写下你想对这两个同学说的话，表达自己的心愿，然后写上同学名字，把纸条折好。教师把学生写的内容浏览、整理。）

师：又是一个阳光明媚的日子。昨天的小纸条上写了什么？是写给谁的呢？现在我们找出两个爱心小天使，把这些可爱的小纸条发下去。有惊喜噢！

（两个学生分发纸条，收到小纸条的学生迫不及待地看内容。全班学生都收到了个数不等的小纸条，脸上绽开笑容。）

师：看到同学们开心的样子，老师也很开心。哪位同学愿意和大家分享你收到的小纸条呢？

生1：（大声读）因为你的口才，所以我欣赏你。还有你的大方、豪爽的性格，使我对你非常敬佩。祝你开开心心，学业有成！

师：我们的小纸条上都没有署名，猜一猜这是谁写给你的呢？

生1：我想可能是徐永奇吧。

（不远处的徐永奇笑着点了点头。）

师：你收到小纸条的那一刻，心情如何？

生1：很感动。我想对徐永奇说一声"谢谢"！

师：相信同学们也被这一幕深深打动了。下面哪位同学继续分享你的小纸条？

生2：（动情地读）感谢我们能够遇见，作为朋友我希望你每天快快乐乐。我向你提个建议好吗？我希望你勇敢一点，遇到困难不要哭泣，我愿意和你一起面对所有困难。

师：猜一猜，是谁这么关心你，这么有担当呢？

生2：我知道肯定是耿晓宇，我伤心的时候，她总是安慰我，给我温暖。

师：真是心有灵犀一点通呀。老师的心中也感到了温暖。

生3：老师，我也想读一读我收到的小纸条。（激动地读）青春如歌，似水流年。愿君不负韶华，奔赴梦想，做一个元气满满的追风少年！

师：孩子，执着梦想，全力以赴，未来将是星辰大海。

生3：谢谢老师！我一眼就认出了小纸条上是您的笔迹，又开心又激动。

…………

师：一个个动人的场景，打动了我们的心灵。你觉得哪个场景最动人？你最想说的话是什么？

生1：两个爱心小天使像接受了重大使命一般，她们轻轻地走到同学身边，拿起纸条依次发给大家。谢谢！我对送我小纸条的一位小天使说。她的脸红扑扑的，挂着灿烂的笑容……

生2：赵永凡开心地读了一张小纸条，那是朋友的真诚祝愿，他一猜就是王琦写的。果然，正是王琦！没想到，王琦收到了一份祝福，又是赵永凡发出的。真是心有灵犀一点通啊！我被他们深深地打动了！

生3：我看了看周围的同学，每个人打开纸条后都会心一笑。接下来，老师便让我们交流一下纸条上的内容。没想到，内容还真是丰富啊！有讲笑话的，博得了大家的一笑；有讲美好愿望和理想的，获得了大家的鼓励；有祝福同学的，让人心中充满了温暖。小小的纸条，仿佛变成了一座爱的桥梁，沟通了每个人的心，传递着每个人的爱。

生4：接到小纸条的那一刻，我被暖到了，继而是震撼。因为我看出，小纸条上的内容，字里行间都充满了悠悠情意。这是真的吗？老师那样忙，还能挤出时间送我一份鼓励、一份信心？我又仔细地观察一笔一画，真的是亲爱的语文老师的笔迹耶。那一刻，我的心中春暖花开。

师：送出一份爱，老师也很开心呢。

生5：今天真是个特别的日子，我收到了爱心小卡片，当我打开阅读、欣赏时，教室外面吹来一阵清新的风，暖暖的，一直吹到了我的心里，就像纸条上的那几行字那样暖心。

师：毕永欣同学说得真有诗意！

生6：什么？这么调皮的我，也会得到爱心小卡片吗？究竟是谁给我写的呢？不管是哪个同学，谢谢你对我的祝福。放心，我会做一名勤奋上进、元气满满的少年，让我们一起加油吧。这是我心中的话，我希望你能听到。

师：这是刘绪遥想对写小纸条的神秘人说的话，老师听了也很感动。

生7：今天我终于收到了期待已久的爱心小卡片。一张来自一个神秘的朋友，另一张我觉得应该来自亲爱的语文老师。朋友写的话，令我很感动；老师对我说的话，激励着我。被人关注的感觉真好！我会好好珍惜、高歌猛进！

师：相信刘春景同学会不负众望！

生8：我望着手中爱心形状的小纸条，虽然是普通的话语，但是我却看到了耀眼的光芒。不用说我已经猜到是谁写给我的了。朋友，谢谢！

师：宫金梁同学从小纸条中看到了"耀眼的光芒"。是呀，爱就是生命中的一束光！孩子们，当你接到小纸条、读到小纸条的那一刻，心中是什么感受？你是如何猜出小纸条是谁写给你的呢？因为有了小纸条，你是否觉得窗外的风景、教室里的老师同学都染上一层色彩了呢？现在我们就以"小纸条的故事"为写作素材，开始写今天的随笔。

（学生动笔写作，教师巡视，个别指导，交流展示。）

师：今天真是快乐的一课！孩子们，这些快乐而温暖的日子，或许有一天你不小心会忘记，但是青春留痕，岁月会永远记得。

馨香一缕，庭院自芬芳

——诗遇上歌之"荷风"篇

山东省武城县第一中学　李晓倩

师："家"是一个多么有温度的词，有家，就有归处。今天就让我们走进"家"，欣赏家中的花草树木，品味家中的酸甜苦辣，感受家中的喜怒哀乐！

（学生们很兴奋，课堂气氛活跃。）

生1：（主动走上讲台，掌声响起）我的一位"家人"，它在我六岁的时候就"离世"了，它陪伴了我整个童年，是我儿时快乐的源泉，它的名字叫"大黑"。

生2：又是一个月圆夜，我痴痴遥望着父母离开的方向。好奇怪，每次都是这轮圆月，一定是因为里面装满了我无尽的思念与不舍，才会将它撑得这么圆。爸爸，妈妈，你们不要太挂念我，我一定会照顾好自己，乖乖等你们回来！

生3：七岁时，我在院中种下了一棵葡萄树，如今它已经长得枝繁叶茂，成了一个大大的葡萄架，但是它一直没有结葡萄，我想它可能在等待，等待一个属于它自己的秋天，就像我一直在等待它结果子一样。

生4："嚓嚓嚓"的声音总在夜晚伴随着起伏的蛙鸣响起。奶奶坐在小板凳上，手中的剪刀在彩纸中穿梭。一把普通的剪刀，一张普通的彩纸，在奶奶手中就有了生命。

师：一张纸，在奶奶手中开出了花，这朵花的名字叫"家"。

生5：我的家是米香味儿的。因为我爱吃蒸米饭，所以妈妈经常做给我吃，那松香软糯的米饭里，有妈妈无言的爱。

生6：偷走妈妈青春的不是岁月，而是我。

（同学们的眼眶渐渐湿润了，课堂安静了许多。）

师：虽然兴楠仅仅说了一句话，但从她的话语中我听出了她对妈妈的那份无尽的感激之情。

生7：亲爱的朋友们，我有一个大大的"家"，除了父母外，还有小狗"点点"、小猫"橙子"、兔兔"伶儿"和"悦儿"，它们都是我的家人，我生长在充满阳光的幸福之家。

生8：我有一双明亮的眼睛，这得感谢我的老妈，家里做鱼的时候，老妈把鱼眼都给我吃了。虽说这个理由有些牵强，但在事实面前，我无力辩驳，老妈的无边的爱，真让我无语。

师：家人无声的爱就饱含在每一个不经意的动作之中。

生1：马上就要到三月了，每年的这个时候，我都特别想回老家，想看看老院中的那棵桃树。春天来了，家中的那棵桃树也会开花吧？是否像去年一样红呢？

生2：我要感谢一个人，虽然他和我没有血缘关系，却胜似亲人，他就是——免费接送我去上舞蹈班的老伯。感谢您，风里雨里，这么多年的呵护。现在您不在了，我再也听不到那声"小丫头"了，但您永远是我的家人。（抽噎的声音）

生3：我是一个嘴馋的人，每次想吃点儿什么，就偷偷到老奶奶的"宝藏"里拿点儿小钱儿。后来我问老奶奶："您知道我拿你的钱吗？""知道呀。"她笑着说。"那你为什么不换个地方？""怕你找不到啊。"那一刻，我心里暖暖的。

生4：院子里的那棵柿子树被砍掉了，只留下了干枯的树根，再也看不到那高挂枝头的红红的柿子了，再也吃不到那甘甜可口的美味了。你是否还能冒出嫩芽，在这个充满希望的春天。

生5：我的妹妹是一个无敌小可爱，总是让你哭笑不得。妹妹，小小的天使，她萌化了我的心。

生6：不知道为什么，家门口的那棵大柳树枯了，可能是它太老了吧。昨天回家，我竟然看到在靠近地面的地方长出了一个小小的芽苞，它是那么小，小得想让你将它抱在怀里。

师：你观察得真仔细，只有用心去看，才能有所感悟。

生7：家有暖男，幸福无边。弟弟是一个超级暖男，每次爸妈批评我的时候，他都挺身而出，无条件地站在我这一边，帮我"挡枪"。

生8：我的童年是一个紫色的梦，那时我常常在那棵大大的梧桐树下捉迷藏、丢沙包、跳皮筋……感谢你，让我的童年充满花香。

生9：又是一年，年过了也就意味着离别。送走父母的那晚我偷偷躲在被窝哭了很久，原来夜是这么的漫长。我常痴痴地凝望南方的夜空，想象他们在外打拼的情形，期待着下一次的相聚。

师：人虽然分开了，但一家人的心仍会紧紧地靠在一起，分别是为了下一次更好地再见。

生1：一碗清粥，就是家的样子。粥的味道，就是家的味道。

生2：夏夜的星空总是浩瀚的，儿时的我，总喜欢躺在父亲的怀里，用稚嫩的声音数着："一颗、两颗、三颗……"数着数着便睡着了。长大后，感觉和父亲的距离远了，有了很多分歧。童年，总是美好的。

生3：盼望着长大，像姐姐一样；盼望着长高，像家中的石榴树一样。小时候，我总是喜欢仰望天空，看空中掠过的小鸟，看如絮的白云悠然地飘来飘去。我是在石榴树下长大的，石榴树见证了我的成长。

生4：我家的大门是木质的，上面有很多大人的铁钉。每次下大雨的时候我都很担心，担心它经不住这风雨。十几年过去了，它的身上早已伤痕累累，大铁钉上也已经长满了锈，但它还是站在那里，守护着我们，守护着这个家。

生5：那棵大杨树在村头，见证了无数的离别和重逢。年年岁岁，它成了无数人思乡的情结。

生6：小时候，每次喝水妈妈都会给我吹几下，虽然只是一个小动作，但这份情却远远重于一杯水。（纷纷鼓掌）

生7：把斜阳糅进心中，把美好藏进怀里。小时候，我总喜欢折几束狗尾巴草，爷爷便会笑着给我做手环。那手环虽不华贵，却别有意味。

师：家，就是一顿顿热腾腾的饭菜，是一个个小得不能再小的动作，是一句句不停重复的话语……家中的悲欢离合，都是我们成长的一部分，有家，我们就是幸福的。

（铃响，很多同学还沉浸在课堂中……）

芃芃其草，灼灼其华

——诗遇上歌之"飞花"篇

山东省武城县第一中学　贺秀红

（课前准备：让学生在院里或田野里寻找野草花，观察花的形状、色彩以及其他特征，查询其名字、用途，选取最喜欢的景色画下来，或者拍照一两张图片。）

师：同学们在田间找到野草花了吗？哪位同学上台展示一下你的图片？

生1：大家好！我拍摄的是风雨之后的一株无名草，草儿青青，挺立在原野之上，叶片上面还有晶莹的露珠呢。

师：风吹草犹劲，雨过自挺直。好一朵野草花！

生2：这粉红色的花是田旋花，在野外的小路边，开得沸沸扬扬，香气四溢。

师：有一种夏天，叫田旋花开。这是一首写田旋花的小诗，一起来读一读。

屏幕显示：

> 纯净而朴素，
>
> 简单而热烈
>
> 站在高高的草秆花茎上
>
> 对着阳光歌唱

生3：我找到了一朵非常扎眼的白色花，于是就俯下身子去看，这朵花真美，我想去抚摸一下，谁知竟触到它茎上的刺，一不小心手被划伤了……

师：以后要当心！小小的花儿，也会用刺保护自己呢。

生4：这是我画的星星草，也叫画眉草。瞧！细小的花朵长在草的顶端，不注意根本发现不了，很多人以为它不开花呢。

师：感谢你的分享！每一株草都会开花。纵然被忽略，也要努力绽放自己，点缀这个美丽的世界。

生5：这是刺儿菜，鲜鲜嫩嫩，绿意盈盈，听奶奶说从前粮食不够，就用这种野菜充饥。据说味道不错，我尝了尝，觉得有点难吃。

师：这草学名叫小蓟，是一种中药材呢，可止血消肿，是田间的"创可贴"。

生6：这是地黄，绿色的叶子间有一个个紫红的小酒杯，真美！

师：酒壶花开映紫霞，风拂茎动吹喇叭。

生7：美丽的蒲公英，寓意着自由和希望！朵朵黄色的花尽情绽放，像……活泼的孩童一样。

师：蒲公英也是绿色食材呢，在饥饿的年代里，它和荠菜、曲曲菜、马齿苋，成为人们的救命草。据说蒲公英还可以美容养颜、滋润皮肤。

生8：我在百度查了，蒲公英、地黄、何首乌、益母草都是中药材，这些野草真是神奇！

生9：它生长在贫瘠的土地上，浑身是刺，却有一个诗意的名字——苍耳。

师：多么顽强的生命力！早在《诗经》中就有"采采卷耳，不盈顷筐"的诗句，营造了唯美的意境。这里的"卷耳"就是苍耳。在这里，老师要叮嘱大家，苍耳、断肠草、龙葵都是有毒的草，千万不要食用呀。

生10：这是路边的狗尾草，它们总是成群聚在一起，当微风拂过时，就像一条条小狗的尾巴在风中飘动。

师：陌上草青青，野花引蝶蜂。走进大自然，与一株草相遇，浪漫了这个美丽的夏日。

屏幕显示：

走在乡野之间，你是如何发现一株草的呢？请以"遇见"为题，用简短的文字，把你感受生命之美的历程记录下来，就成了一首质朴清新的田园诗。

（学生动笔写作，师巡视、指导。）

师：现在每个同学向全组同学大声朗读自己写的文字，大家都来找找亮点，并选出最精彩的一篇，向全班推荐。

（组内交流、分享，进行评议。）

师：哪一组先进行展示？用你们喜欢的方式朗读所推荐的诗，组长代表大家说出推荐理由。

一组：（生1读）

遇见

戚鑫烁

叶纷纷扬扬，潇潇洒洒地飘落在小胡同里。我随着花香、随着清风，正寻找路边的野花、野草。看！一朵野菊花正肆意绽放，开得沸沸扬扬！在一众杂草中，唯有它露出这张扬的姿态，让人能在众多的花花草草中一眼就发现它。兴许它知道我要为它拍照了，立刻摆出楚楚动人的姿态。我轻轻俯下身子，把镜头对准了它，"咔"的一声，一张美妙绝伦的照片就此诞生。我知道，茫茫人海中，其实也有许多像此花一样的人，他们尽情绽放自己的生命，淋漓尽致地放射生命的光芒，最终就在众多的人之中脱颖而出。人亦如花，人世间万物皆同理。

生2：野花开得肆意张扬，富有画面感。最后说"人如此花"，激励人们也如花一般绽放。

师：哪位同学能够用四字词语点评一下？

生3：形象鲜明。

生4：富有哲理。

师：借花写人有意蕴，虚实结合诗意生。

二组：（生7读）

遇见

王宇轩

突然间，这片鲜艳的花朵之中，我发现了一抹非常扎眼的白色。花的颜色非常之浅，但竟白得透亮，有一种超凡脱俗之美，空气中似乎浮动着一丝若有若无的清香。只是非常奇怪，这花的茎竟有刺，一不小心就会被它划伤。我又换了一个光线强的角度凝望它，在这鲜艳的花海之中，它素雅独立的姿态仍然是独一无二的存在。那一刻我怦然心动，想要摘下这朵无名花带回家中。可是，一旦离开了根茎和大地，花儿就会死去。如此美好的生命，我怎么能忍心去伤害它呢？想到这里，伸出的手又悄悄缩了回来。我久久伫立在那花旁边静静凝望，浑然忘却世间的一切……

生8：描绘一朵白色花的高雅姿态，并用鲜艳的花海进一步烘托，让读者感知到了花的美丽。

师：最重要的是，我们读出了这位同学对一朵花的呵护与敬畏之情。想一想，文中有没有表达不妥之处？

生9："伫立"的意思是"久久站立"，语意重复。

生10："花儿就会死去"中的"死去"缺乏味道，可以改为"枯萎而死"。

师：好的诗文，要做到准确通达，富有意蕴和诗意。同学们把自己的作品进行修改、提升，把修改前后的文章对照一下，并和你身边的同学交流，相信你会有更多的收获。

（学生修改、交流，师巡视、指导。）

师：让我们用富有诗意的语言向一株草说句话，并写在黑板上。

生1：生长在荒郊野外，仍顽强成长。

生2：你是大自然的精灵，与天地同在，与日月同辉。

生3：不为谁绽放，也不为谁凋谢。

生4：草色绿无际，郊野自青青。

生5：吸日月之灵秀，凝天地之精华。

生6：快乐自己，芬芳世界。

生7：没有人欣赏，仍蓬勃绽放。

生8：生而自由，只为活出自我风采。

（读写完毕，教师引领学生进行顺序调整、内容增删。）

师：这些精彩语句，经我们调整、组合，就连贯成了一个富有诗意的片段。大家用第一人称"我"，把上面的话连贯成一个整体来读。谁能大声读给老师和同学听？

屏幕显示：

我是大自然的精灵，吸日月之灵秀，凝天地之精华，与天地同在，与日月同辉。生长在荒郊野外，仍顽强成长；没有人欣赏，仍蓬勃绽放。快乐自己，芬芳世界。生而自由，只为活出自我风采……

（学生自由朗读，生7朗读。）

屏幕显示：

"草色绿无际，郊野自青青。"不为谁绽放，也不为谁凋谢。生长在荒郊野外，仍顽强成长；没有人欣赏，仍蓬勃绽放。吸日月之灵秀，凝天地之精华。与天地同在，与日月同辉……

（学生自由朗读，生8、生9轮流朗读。）

师：这就是汉语的神奇魅力！下面同学们分组活动，运用这种方式，把小组内每个同学的话进行组合、排序，化句成诗。

（各组活动，创作、展示，师生评议。）

师：这是一株草的宣言，洋溢着蓬勃的生命力，带给我们生命的启迪。陌上野草花，萋萋复灼灼。这草，这花，这人，这景，都化成了浓郁的诗情，成为我们心底的一抹幽兰、人生的一缕清欢。

牧之道：
曲径通幽

教育的本质意味着，
一棵树摇动另一棵树，
一朵云推动另一朵云，
一个灵魂唤醒另一个灵魂。

——雅斯贝斯

牧养润心，行将致远

——"五育融合"视域下全学科育人创新路径初探

山东省武城县第一中学　贺秀红

　　教育不仅承担着传承文明、启迪智慧的使命，更是实施五育并举的重要载体。在当今教育改革的大背景下，五育联动的教育理念逐渐深入人心，它强调德育、智育、体育、美育、劳育五育融合，全面发展学生的人格，为学生提供更加丰富、多元、全新的学习体验。在这一视野下，如何在教学中贯彻五育并举理念，成为一线教师需要探索的关键问题。从"五育融合"的视角看，全学科育人就是把生命的存在感充分融入学习中去，这本质上是一种"生命教育"。

　　古今中外的教育大家，对于"生命教育"提出了自己的独到见解。卢梭倡导"自然教育"，主张教育要顺应自然本性。杜威认为"教育即生活""教育即生长"，引领学生走入社会参加真实的生活，自然而然地获取知识、涵养美德，才是学生身心成长和获取经验的正当途径。陶行知主张"生活即教育""社会即学校"，强调教育和生活密不可分。朱永新的"生命教育回归生活主场"，更是强化生活和生命的重要性。受这些真知灼见启发，我们践行"自然教育""牧式教育"，在尊重孩子身心发展规律的前提下，营造一片绿意葱茏的天然"牧场"，把学生牧养在大自然的天地里，随时随地从生活中就地取材，创设系列自然而生动的生命课堂；各学科之间互相融通碰撞，构建思维链，创建对话流，浸润心灵，牧式引领，使学生从生活中自然地获得知识、养成美德，启思、益智、怡情、健体，唤起他们对真善美的追求。长此以往，将构建一个个绿意葱茏、花草遍野的生态"牧场"，师生游牧其中，不断激发自身创造力和生命活力。这种牧式教育，指向学生生命的成长。

一、走进牧场，与万物为邻

走出狭隘的教室，奔向广阔的自然天地，营造一片美丽"牧场"，引领孩子们与自然万物一起向阳而生，茁壮成长，迎风沐雨，经历磨砺，走出"生命教育"的关键一步。

自然的天地是广阔的，大自然亦是慷慨的。学生都是大自然的孩子，大自然中的花草树木、鸟兽虫鱼都是他们的"邻居"和"伙伴"，都是与人类平等的生命。从成长的角度看，青春需要朋友、需要倾诉、需要砥砺，有时也需要宁静与孤独。牧式教学把孩子们从教室、课桌的束缚中解放出来，使他们走向心中的一片青葱牧场，与花花草草为邻，与飞虫走兽为友，一同成长，一起探索生命的真谛。万物至美，生命可爱。大自然中的一棵树、一朵花、一株草，都会展现出生命的多彩多姿。孩子们用诗意的眼光观照自然万物，与之对话交流，领略大自然的美丽与神奇，从中感受到生命的种种美好。大自然物象万千，美妙的旋律永不停息。美好的憧憬，绿色的希冀，飞扬的梦想……因为插上了想象和爱的双翼，使得孩子们心中的自然天地更加阔大、更加诗意，充满勃勃生机。

二、游牧其间，探造化奥秘

寻到一片"青葱牧场"，师生便组成了"游牧一族"，徜徉于广阔的牧场之中，一段美妙的游牧之旅开始启程啦！走向何方？心中要有一个宏伟蓝图，认准这一既定目标后，便可进行长远规划，向着梦和远方一路前行，亦可分解成一个个各自独立又相互关联的小的目标，脚踏实地，一步一步推进。在这个行程中，不必有过多的束缚与限制。有时可以独自成行，有时则三五成群；有时可以闲庭信步，有时亦可纵马驰骋。孩子们在大自然中玩耍、游戏、观察、探索，在这个环境中他们看到了花草树木发芽、开花、结果的过程，懂得了世间万物都有自己的时间和节奏，揭开了无数神奇的奥秘。与天地精神往来，丰盈情感，启迪思考，这给了孩子们真实、深刻的体验，促进了其心智的发展，涵养灵秀之气，悟到万物生存的灵性与智慧。这不是空洞强硬的说教，而是让这些道理"活泼泼地展现在自己的生命中"（黄克剑语）。

真实、开放、动态、诗意，这样的牧式教育，各科并举，融通碰撞，虚实相生，摇曳生姿，构建出充满活力、充满创新、充满希望的别样课堂。师生一路探索，一起成长，在智慧自然中纵情驰骋。如同种子发芽、花儿开落、鱼儿游泳、鸟儿飞翔一样自然，这是对生命的尊重与成全，体现了育人的温度与智慧。

三、牧韵悠扬，奏成长乐章

与自然万物和谐共生，牧野放歌，心有回响，这是独属于牧式课堂的心灵欢歌。小诗朵朵，牧韵声声，这一朵朵成长着的随心花絮，这一个个悦动着的美妙音符，如何留下似水流年中的美丽剪影？

随心而语，自然留痕。引领学生把"游牧"期间的所见所闻、种种感触，随笔记录下来，标明时间、天气，不拘字数、体裁，只是简单按照当时情境记录下来，久而久之，就变成了自然真切的具有日记体风格的个人序列随笔。"横看成岭侧成峰"，这些不同角度、不同侧面、不同时期的随笔即录，反映出人与物的种种成长变化，记录保存的是孩子们的独特成长体验和充满生活的气息，创造了孩子们自己的心灵的情境，而这些随笔又成了他们生活本身的一部分，成了营造美好"牧场"书香氛围的一个部分。

自然灵活的教材，诗意动态的教学，使学生的学习环境一天天地鲜活而阔大，体验一天天地深刻而丰盈。没有任何斧凿的痕迹，没有任何人为的束缚，孩子们的心灵和思想在笔尖流转之间自由自在地流淌着，轻轻拨动情感之弦。经过师生共同的书写和整理，这便成了他们自己独特的文学——游牧文学，成为他们自己生命的一部分。牧野放歌，成长留痕，以梦想为舟，扬青春之帆。

四、牧心于野，涵灵秀之气

把孩子们牧养在天地之间，回归自然本心，汲取天地日月之精华，让他们在大自然的美和诗意中涵泳，孕育热爱敬畏之心，涵养灵秀清雅之气。这种牧式教学，让孩子按照其内在的成长规律自然成长，是教育对生命的最好成全。

知识教育，或许让孩子们一时走得快。可生命是独一无二的，唯有生命教育，才能让孩子们走得更远。孩子是天使，有着纯净美好的心灵，他们对大自然的花花草草最能产生共情。心灵的想象空间是无限延伸的，你想象不到孩子们的小小脑瓜，会创造出怎样的惊喜，怎样的一个美好境界。牧式理念下的全学科育人体系，具有创造性、高阶性的特征，指向人的生命发展和审美境界，让学生潜在的美好特质可以尽可能地展现出来，学生犹如一粒蓬蓬勃勃的饱满的种子，不断成长为最好的自己。他们和天地万物一起对话，一起自然健美地成长，充满爱和欣喜，充满智慧和创意，从而以少年的一颗诗心观照世界万物，为青春赋能，为成长鼓劲，这正是教育最好的模样。

牧式教育理念下的教学创新方式多样，不仅仅局限于单一模式。"牧场"的设置也不仅仅局限于室外自然，也可以通过听音乐、读童话、看绘本、赏图画等活动，抓住教学契机，不断生成、创造、演绎教学中的种种精彩。最关键的是，其自然而然地发生，而且与各科知识、现实生活密切相关，牧野育心，培育学生的创新素养和高阶思维。

每个孩子都有其成长规律，作为师者，我们不能将自己的意志强加于孩子，我们能够做到的，就是让孩子按照其内在的成长规律自然地成长，这将是一个孩子最大的幸福！我们强调自然教育的强大性，就是因为它遵从了人脑在自然规律中的发育和发展。当然，"五育"融通的深入推进还要做到以文化人、以美育人。文化是更深沉、更持久的育人力量。只有涵育学生的"昭昭文心"，才能真正做到培根铸魂、启智润心。

做一名有爱心、有智慧的生命牧者，放眼四周，俯下身子，把呵护心灵、塑造灵魂的责任扛在肩上，记在心头；有不倦的脚踪，有睿智的眼光，有爱的心肠，有丰富的智慧，一路践行，担当起这太阳底下神圣庄严的使命。

参考文献

［1］潘新和.语文：表现与存在［M］.福州：福建人民出版社，2005.

［2］夏丏尊，叶圣陶.文心［M］.北京：生活·读书·新知三联书店，2008.

［3］朱光潜.谈美书简［M］.南京：江苏凤凰文艺出版社，2019.

［4］潘新和.语文：回望与沉思［M］.上海：华东师范大学出版社，2019.

立体多元，共融共创

——全学科习作创新案例研究与思考

山东省武城县第七实验小学　刘秀红

习作案例研究，作为一种教学研究方法，在全学科领域的应用日益广泛。全学科习作创新案例研究以真实的教育教学场景为依托，通过对各学科习作案例的深入剖析，旨在揭示教育教学规律，为教育改革和实践提供有力支撑。

一、全学科习作创新案例研究的意义与价值

全学科习作案例研究具有重要的意义与价值。通过对其的深入研究和实践，可以推动教育改革与发展，提升教师教学能力和学生综合素质。

（1）深化教育教学改革。通过对不同学科习作案例的比较和分析，可以发现各学科在教学方法、教学内容、教学评价等方面的共性和特性，为教育教学改革提供理论依据和实践参考，促进跨学科交流与合作，推动写作教学模式不断创新。

（2）提升教师教学能力。通过对学科习作案例的深入解读，教师可以从中汲取教学智慧和经验，创新自己的教学手段和方法，不断完善全学科写作教学体系，丰富学生习作的素材，激发学生习作的兴趣，提高学生表情达意的习作欲望。

（3）培育学生综合素质。通过对案例的学习和分析，促进学生在写作的过程中，学会运用不同学科的知识和方法，培养自身的跨学科思维和实践能力，提高自己的综合素养和创新能力，为全面发展奠定坚实基础。

要进行全学科习作案例研究，首先需要解决的问题是如何有效地收集和筛选学科习作案例。可以采用以下方法与策略。

（1）建立多元化案例来源渠道。可以通过网络搜索、图书馆查阅、教师之间交流与合作等方式，广泛收集各学科的随笔案例。还可以通过教育机构、专业研究部

门等途径，获取系统性的第一手案例资料。

（2）制定严格的案例筛选标准。根据案例研究目的和需求，设定案例筛选的具体指标，例如案例的代表性、典型性、创新性等，通过专家评审、小组讨论等方法，确保所选案例符合研究的要求。

（3）注重对案例进行整理归类。对收集到的习作案例，要进行分类整理，形成系统化的案例库。针对不同学科、不同年级、不同教学内容等方面的案例，分别进行分析和研究，以提高研究的针对性和实用性。

二、全学科习作案例的分析与解读：理论框架与实践视角

在全学科习作案例研究中，分析与解读学科习作案例是至关重要的环节。这一环节旨在运用理论框架和实践视角，深入剖析教学案例中的教育教学过程，挖掘其理论内涵和应用价值，为教育改革和实践提供有益借鉴。我们需要构建一个系统的理论框架，以指导案例分析。在分析与解读学科习作案例时，我们需要注意以下几点。

（1）案例的典型性和代表性：所选教学案例应具有典型性和代表性，能够反映当前全学科习作教学领域的问题和需求。

（2）案例的多样性和丰富性：所选案例应涵盖不同学科、年级、教育水平、文化背景等诸多方面，以保证研究结果的普遍性和适用性。

（3）案例分析的深度和广度：分析典型案例时，要充分挖掘案例中的诸多教学细节，从多个角度进行剖析，以确保研究结果的准确性和全面性。

（4）案例研究与实证研究相结合：在分析案例的基础上，通过实证研究验证案例分析结果，以提高研究结论的可靠性和权威性。

（5）注重案例的跨学科比较：通过比较不同学科的随笔案例，发现教育教学规律的共性和特性，为教学实践和教育改革提供参考。

（6）关注教育创新和实践成果：从所选案例中总结教育教学创新理论，不断优化完善实践成果，为提高教育教学质量提供借鉴。

三、案例比较与实证研究：全学科习作的共性与特性

在全学科习作案例研究中，对不同案例进行比较与实证分析也是至关重要的环节。通过对多个学科习作案例的横向与纵向比较，我们可以揭示全学科习作的共性与特性，进一步丰富教育教学理论体系，为实践提供有力支撑。以下是全学科习作

教学一个创新案例。

多学科融合实践活动——"未来城市"模型制作与展示

（一）任务设计

学生需融合数学、物理、地理等学科的知识，构建一个"未来城市"模型。

（二）实施过程

（1）组织"头脑风暴"活动，讨论未来城市的特征和功能。

（2）学生利用数学知识对模型进行规划和设计，如比例尺、空间布局等。

（3）学生利用物理和地理知识解决实际问题，如能源供应、环境保护等。

（4）学生合作制作模型，并准备展示报告。

（5）学科教师共同指导，提供跨学科知识的整合和应用建议。

（三）效果评估

学生模型制作精美，展示报告内容丰富。学生表示通过此活动，提高了自己的跨学科知识的应用能力，培养了团队合作和解决问题的能力。以上案例展示了全学科习作教学的创新实践，通过跨学科整合和多学科融合的方式，打破了传统学科教学的界限，整合语文、数学、科学、艺术等多个学科的知识，促进了对学生跨学科思维的培养和综合素质的提升。

在比较和实证分析过程中，要充分关注案例中的教育教学细节，在案例比较的基础上，发现不同学科习作案例之间的相互联系和借鉴意义，从多个角度进行剖析，全面深入地了解全学科习作的共性与特性，以确保研究结果的准确性和全面性。根据研究目的和需求，合理选择量化或质性研究方法，确保实证研究的科学性和有效性，为教育教学创新提供参考。

四、案例中的教学创新与学生成长：启示与借鉴

通过深入剖析案例，我们可以从中汲取教学智慧，推动教育教学改革，并为学生提供更加个性化和有效的教育方式，从中我们获得几点有益启示。

（1）教学创新源于对教学规律的深入剖析。教师在教学过程中应关注学生的实际需求，不断积极探索，调整和创新教学方法，以激发学生的学习兴趣和潜能。例如，通过项目式学习、合作学习等方式，引导学生主动探究和实践，提高学生的综合素质。

（2）学生的个体成长需要教师实施个性化教育。在全学科习作案例中，我们发现教师在教学过程中注重因材施教，关注个体差异，关注学生的个性发展，有助于

提高学生的学习效果。教师应充分了解学生的兴趣、特长和需求，制定有针对性的教学策略，引导学生发挥创新潜能，实现全面发展。

（3）对教育资源的整合利用有利于教学创新。案例研究中，发现如果教师能够充分利用校内外资源，拓宽学生的学习渠道，其教学质量就能更高。例如，运用现代信息技术手段，搭建线上线下相结合的教学平台，促进跨学科交流与合作，为学生提供更加丰富的学习资源。

（4）教师专业化发展能够推动教学的创新。在全学科习作案例中，教师通过不断学习和实践，提高自身教育教学能力，为学生提供更好的教育引领，这是学生成长的关键。教师应积极参加专业培训、交流与合作，分享教学经验，提高教育教学水平。

五、结论：全学科习作案例研究对教育改革与实践的推动作用

全学科习作案例研究作为一种研究方法，对于推动教育改革和实践具有深远意义。通过对各学科习作案例的深入剖析，我们不仅可以发现教育教学规律，还可以为教育改革和实践提供有力支撑。

（1）促进知识的跨学科整合。全学科习作鼓励将不同学科的知识进行融合与整合，促进跨学科交流与合作，形成综合性的学习成果。通过研究各学科习作案例，教师可以加强跨学科间的联系，共享教育资源，实现教育教学优势互补，从而提高教育教学质量。

（2）培育学生创新能力素养。全学科习作鼓励学生从多个角度、多个层面去思考问题，提出新颖的观点和解决方案。这种创新性的学习方式能够激发学生的创新思维和创造力，培养他们的想象力和创新精神，使他们保持对知识的热情和好奇心。

（3）提高学生生活实践能力。全学科习作注重对学生的实践能力和动手能力的培养。通过完成综合性的学习任务，学生需要将理论知识与实际操作相结合，从而提高他们的实践能力和解决问题的能力。这种实践性的学习方式有助于学生更好地理解知识的应用场景和价值，为将来的工作和生活做好准备。

（4）培养学生自主学习能力。全学科习作鼓励学生自主学习、自主探索和自主创作。在完成任务的过程中，学生需要自行查阅资料、分析和思考问题，并选择合适的解决方案。这种自主学习的方式能够培养学生的独立思考能力和自主学习能力，为他们今后的学习和工作奠定坚实的基础。

（5）优化完善教育评价体系。通过对案例中教学过程和成果的全面分析，我们

可以发现现有评价体系的不足。实现读法、写法、评法的融会贯通及真正意义上的听说读写结合，进而推动教育评价整个体系的完善，使之更加符合教育教学目标和学生发展需求，这是目前急于解决的难题。

（6）推动教育教学改革创新。全学科习作为教育教学的创新和发展提供了新的思路和方法。它鼓励教师打破传统的教学观念和模式，探索新的教学方法和手段，为学生提供更为丰富和有趣的学习体验，同时，也促进了学校与社会的联系和合作，为教育教学的发展注入了新的活力。

全学科习作作为一种创新的教育教学方法，对教育教学的推动作用不容忽视。它打破了传统学科教学的界限，促进了知识的整合与运用，为学生提供了更为广阔的学习空间和更为丰富的学习体验。通过对案例的深入研究和实践，我们可以不断探索和完善教育教学规律，为提升教育事业的发展贡献力量。在未来的研究中，我们将继续挖掘全学科习作案例的研究价值，为教育改革与实践提供更多有益的借鉴和启示。

参考文献

［1］田永凤.跨学科习作教学的实践探索［J］.基础教育参考，2019（23）.

［2］萧铭珊.跨学科背景下习作教学实践案例与思考［J］.读与写（教师），2021（9）.

基于人，归于人
——《与你为邻》牧式教学创新案例

山东省武城县第一中学　贺秀红

【设计理念】

在牧式教育理念中，师生是学习共同体，共同组成游牧一族，游牧在广阔青葱的生态"牧场"，一同寻找水草丰美的宜居之所，欣赏神奇秀丽的别样风景，歌咏美丽的大自然和那些与自己的心灵相契相知的生命，获得丰富的"生活资料"和真切独特的生命体验，从而形成崇尚自然、敬畏自然以及与大自然和谐共生的生活理念，借此激发孩子们的探索、协作和创新精神。

传统课堂是教师指定教学资源，牧式课堂则是师生一起开发"自然牧场"。步入牧式课堂，你会发现一切都变得简单起来。教师只需引领孩子们进入一个个"牧场"，这一刻，学生就成为自主学习的主角。不必刻意安排学生去做什么，不必具体设计课堂上如何去讲，亦不需要依赖多媒体手段。学生只需随心而语，随笔记录他们自己的成长痕迹。随笔日常化，形式灵活，可长可短，记下的是师生游牧于野的历程，抒发的是对成长、对生命的真切感悟。随笔写作不需要专门指导，所谓的种种技巧，往往不如内心灵感的迸发。天长日久，由短而长，积少成多，短小随笔会变成洋洋万言，转化为考场上的尽情挥洒，真情洋溢，诗意盎然，这都是学生心灵世界的歌。

传统课堂案例应该展示"教""学"艺术，这一课，却仅仅展现了寥寥数个教师的谈话引导和学生的精彩随笔，教师的授课过程却全然不见。整个过程只是突出了两个字——对话。用心对话，一切就都变得简单。随笔即是对话，是学生与自然、与同学、与自我、与教师之间的心灵对话。之所以用如此多的篇幅展示学生的随笔，是因为随笔能够体现孩子们在自然中探索成长的历程，是一场寻真求美的精神之旅，他们与自然万物融为一体、和谐共生，这不正是古人所崇尚的"天人合一"吗？

当然，小小的奖励和惊喜也是必要的。几句赞赏的话，作品的展示发表，小小书签、心形贺卡等小礼物，都会激发学生的探索与创造热情。传统课堂是整齐划一的，牧式课堂则是个性飞扬的。这样的课堂活力四射，不再是教师在教室里单向授课，而是师生共同演绎求知、成长的精彩。这正是牧式教育的宗旨：让生命一直在场。

与你为邻，为师，为友，亦为家人，这富有创造力的牧野之旅，短则几天，长则一两周到几个月，甚至持续长达几年时间。现选取其中的三个课段，以展现具有牧式风格的创意课堂风致。

【教学花絮】

No.1　遇见，与你相识

（一）谈话导入

春天到了，课间在校园里走一走，寻找一位特殊的"邻居"，这位近邻以后将陪伴你一路成长。它可以是一棵树、一朵花，或是一株小小的草，你遇见了什么？在众多的花草树木之中，你为什么独独选择了它做"邻居"？它生长在什么地方？周围环境怎么样？你是如何发现它的？它长什么样子？当你与它初相识，心头有什么感觉？把你的所见所感随笔记录下来，就是一段真实的记忆，一曲美妙的心灵之歌。

设计意图：漫步美丽的大自然，这是牧式教育中的第一步——营造牧场。你遇见了谁？这里有一个放手让学生自由寻找的过程，亦有一个观察、比较、描绘、审美的心理活动过程。它长什么样子？看似浅显的问题，却能够引导学生从高矮、形态、色彩等诸多方面入手，展开联想和想象，融入自我的主观色彩。它生长在什么地方？则是引领孩子们关注"它"的成长环境，既是引导孩子们注意观察，为此次随笔写作提供素材，又让学生关注"它"的生存环境，初步思考万物与环境、人与自然的关系，为下面将要进行的系列活动开展做铺垫。

（二）随笔展示

我终于找到了你

尹紫涵

我在校园里走来走去找朋友，其间我还看到了好几个同学，他们也是"寻友者"，都在寻找自己的朋友呢。我走了一圈又一圈，在一棵棵树、一朵朵花、一株株草中，终于找到了你。在一个拐角处，我看到了长在绿树上的洁白的花，好生独特。原来你竟在这儿啊！虽然表面上看你和那些花花草草好像都一样，但我却觉得咱们是"心有灵犀"。嗨，是你吗？我的选择就是你——一朵洁白的花。

原来你在这里呢

马雨晨

让我悄悄告诉你，这棵枫树就在餐厅前的花圃旁边，旁边有一个大大的空隙，里面有着一棵大大的枫树，特别的高。你是校园中唯一一棵生长在角落里的大树，你的样子真独特！在这满是绿色和花香的校园，真是有点格格不入。你是黯淡的、忧郁的、孤独的，而别的树呢，它们是彩色的、快乐的、热闹的。校园里有那么多美丽的树，我究竟为什么选择了你呢？可能是因为你的独一无二，也许是因为我感觉你和我有眼缘。此后能够和你一起成长，我真是心花怒放。我和你有个约定，在这个鸟语花香的春天……

你的样子，真美！

管晴

致我的小棠棠：我终于找到你了，原来你在这儿呢。教室窗前，你的样子是那样朴实无华，比起周围的那些树木，你略显矮小，你奇特的外形真有趣。知道吗？其实咱俩是有共同点的，你的身高不是很出众，枝叶略显参差不齐，其实我也一样呢。现在有了你，我便有了知心朋友。现在你只是零星地开了几朵小花，但我坚信，以后你一定可以开出更多漂亮美丽的花朵。小海棠，有你这样一个邻居，我真开心。我们一起努力长高高吧。一起成长、开花，你说好不好？

设计意图：立足"教—学—评"一体化，构建牧式"智慧""诗意""开放"的高效课堂。随笔由师生共同点评，展现亮点，及时反馈，引导解决学生学习和生活中的问题，教学环节层层推进。设置随笔展示环节，选取不同内容、不同风格的随笔片段（极少改动，保持原文灵秀之气），在学生之间交流分享。随笔展示，这是关注学生心灵成长、随时为成长添加助力的一方平台。

（三）且教且悟

教，是为了不教。这节课做到了。

此时，校园即是牧场，孩子们行走于校园之间，在众多的花草树木中寻找，发现与众不同的风景，发现与自己的心灵相契相知的生命。从表面看，学生有的寻找美丽，有的寻找平凡，有的寻找清雅，但其实寻找的是美好的诗意，是独特的个性，是精神的知己，也是冥冥之中的缘分，这些都是独一无二的存在，正如每一个孩子一样。一句"它长什么样子"，激发了孩子们活跃的思维，他们漫步在校园不断寻找，细细观察，孩子们笔下的花草树木，高低参差，色彩斑斓，可谓姿态万千，引发无尽美好的遐思，营造了一个物我合一的诗意氛围。

No.2　交游，与你相知

（一）谈话引领

现在你有了一位近邻，每天都去看看它，看看它有什么变化？现在的它是否长大、长高一点儿了呢？你对你的"邻居"了解多少？它什么时候休息，什么时候生长？"它"什么时候开花，什么时候结果？为什么同样一棵树上，不同方位的叶子颜色会有所不同？为什么同样环境中的花草，花朵凋谢了小草却依然在顽强生长？美丽的海棠花不见了，它化作了什么？蒲公英变成小小伞兵飞走了，它飞去了哪里？

当你与它相遇，会发生怎样的故事？它教会了你什么？此时，你正准备为它做点什么？是为它在风中建筑一座坚固"城堡"，还是在雨中为它撑起一把小伞？或者，你能够在它身边轻声鼓励它、安慰它："假如生活欺骗了你，不要悲伤，不要心急""风雨中这点痛算什么，至少心中还有梦"。你猜，它能听懂吗？

清晨，"它"怎样迎接朝阳？傍晚，"它"怎样送走落日？风来的时候，"它"是怎样随风而舞，轻轻絮语？雨来的时候，"它"是怎样挺身沐浴，汲取生命的甘露？你读懂"它"向阳而生的喜悦了吗？你读出"它"迎风沐雨的豪气了吗？其实这多像意气风发、青春洋溢的你。把"它"蓬勃生长的样子拍摄下来或是画下来，定格这一幕幕动人的场景。随心而语，记录你和"它"的故事，记录你们共同的成长足迹。

设计意图："横看成岭侧成峰，远近高低各不同。"师生徜徉牧场之间，引领孩子们从多角度、多方位、多侧面观察、思考、探索，随笔记录那景、那事、那人、那情。不难发现，引言中隐藏着丰富的信息，熔语文、生物、地理、美术等诸多学科为一炉，以德润心，五育并举。但，拥有一颗慧心的孩子方能解开言语和自然的双重密码，纵情驰骋在这片越来越广阔、越来越壮美的牧场之中。

（二）随笔展示

求索篇

王紫如

我的朋友枯萎了，没错，就是网购的那些薰衣草种子。我和霍煊怡把它种在一个花盆里精心呵护，见它还不萌芽，就去问客服为什么还没长出来。客服说可能是浇水过多的原因。我们很伤心。因为爱它，呵护它，我们几乎天天让它喝水，盼着它快快发芽，这怎么反而害了它呢？我不死心，想着再等等。我不信，我还是希望它可以长出来，会开出美丽的花。

（后续：薰衣草最终也没有发芽，我在网上查资料才知道，薰衣草喜欢干旱的环境和疏松的土壤。如果想呵护它成长，首先应该了解它的习性。我现在懂得了这个道理。没想到，有时候爱也可能是一种伤害。）

成长篇

商国鹏

哦，我的朋友，我又来看你了，你好像又长高了一些。一阵风拂过，卷走了雨水，滴滴答答的雨从杨树上落下，阳光照在杨树浓密的绿叶上，空气还湿润润的。杨树的树叶好惹人喜爱，我忍不住摘了几片，用一根小针在树叶上刻字——"雨后杨叶"。我要收集不同时节、不同天气的杨树叶，在上面刻上字，把这些叶子制作成标本，以便我日后欣赏其中的妙处。

（教师点评：孩子，如果你不是摘下一片叶子，而是在一边静静欣赏，或是等秋天叶子落了再做书签，再刻名字，还叶子一个完整的"叶生"，是不是会更有诗意呢？其实，有时喜爱并不一定就要独自拥有。比如说让一片叶子自然成长，经历春的新生、夏日繁华、秋天枯落，最后再自然归于一方泥土……）

德行篇

杨希

"这棵杨树是我先发现的，它是我的朋友！""我比你还早呢，我每天看着窗外的它，和它说话，向它问好！我们早就成了好朋友。"女孩和男孩因为窗外的一棵杨树争吵起来。"你别争，你别恼。我是你们俩的好朋友，大家都来做朋友。"白杨树对两个孩子微笑。"好！"男孩和女孩都说。从晨曦到傍晚，杨树挺直身姿绽放青翠。男孩望着它，女孩也痴痴望着它。风来了，白杨摇动着手臂，树叶哗啦啦作响；雨来了，滴答滴答，大自然奏起美妙的乐曲。每片叶子都青翠润泽笑意盈盈。"其实，我不仅是你们两个的朋友，也是这个世界上所有生命的朋友，所有能善待生命的人的朋友。我只有这一身青翠，就把这一身翠绿留在世间，点缀这个美丽的世界吧！"

这是一棵树的生命宣言，男孩和女孩都听懂了。

诗意篇
张世泽

美丽的三色堇，你多像一只只飞舞的蝴蝶。清晨，小鸟依然在你耳边叫你起床；正午，总有清脆的铃声唤你休息；夜晚，总有月亮陪你一起聊天。

又是光芒万丈的一天，阳光透过树叶的缝隙照耀到你的身上暖洋洋的，微风轻轻划过你的脸庞，吹动着你的花瓣。鸟儿啁啾，还有孩子们的欢笑之声。阳光下的你，是那么明媚动人。漂亮的花瓣，迷人的芬芳，当学子们从你身旁走过时，都会停留一刻。瞧，那个男孩又来看你了，他摸摸你的脑瓜说："嗯，又长大了呢。"或许有一天你会枯萎，但你也铁定会重新生长。当春天再一次来临时，你就会让枯树长出新的嫩芽，开出美丽的花。那时，可爱的小燕子也会在空中翩跹起舞……

尚美篇
王英烨

它是一朵小小的蒲公英，我对它的情感就如它的花语一般——无法停留的爱。或许它并不是那么艳丽，也并不是那么秀美，但它是这世间最奇特的花朵。蒲公英还有一个接地气的名字叫婆婆丁，听说它还是一种中药材，能够解除这世间的病痛。啊，假如世上有这么一种花，它把自己的美好留在了这个世界，它用自己的生命解除了你的病痛。难道我们不应该好好感谢它吗？它已化作小小伞兵飞向了空中，我要请求上天也好好爱它。

一颗种子，一阵清风，就能营造一片蒲公英的灿烂。

哲思篇
范梦欣

我是一株古槐，一株挺立在校园的古槐。四季变换，万物多姿，唯有我宁静淡然。这样的情形，我已经历了无数次，所以我知道大自然生生不息的规律。春，我会复苏，再度醒来，我会长出稚嫩的绿芽和香气四溢的花朵；夏，我舒枝展叶，亭亭如盖，荫庇着正在欢笑玩耍的一群孩童；秋，我染了发，变成了一片金黄色，在风中飘呀飘，又美了一度；冬，我在漫天风雪中静静沉睡，外界发生的一切事情我都不曾知晓，幸好有她——一个女孩把冬天的故事讲给我听。因为有我，人们把这里称作"槐园"。我饱读诗书，跟这里的学子们一样聪慧，一样灵秀。我有一个梦想，梦想成为世界上最高最大的一棵古树。世上树木千千万万，人们都说我独一无二。

设计意图：这些不同角度、不同侧面、不同时期的随笔记录，旨在展现意脉流动的诗意课堂，反映出学生与自然万物一同成长的种种发展变化，充满浓郁的生活气息。其价值在于，这不是客观的单纯的记录，其间有一个"我"在，"我"全身心地投身于真实的生活情境之中，不再是课堂和生活的旁观者。孩子们用心灵交流、对话，随心所语，共话成长。

（三）且教且悟

教师的引导具有代入感，方能引领学生沉浸式地进入学习的意境。简简单单的花草树木，简简单单的几句引言，便轻轻拨动了情感之弦，引领孩子们徜徉在蓝天白云之下、茵茵牧场之间。以梦想为舟，扬青春之帆。

这里需要特别指出的是，"五育"不应是五个方面各自独立、相互并行，必须是各因素融为一体、有机贯通，实现由"五育"并举到全学科融通育人的演进。其中可能会涉及多学科知识，有的问题可以查询资料，或是互帮互助解决，有的问题则联系其他学科教师，进行跨学科融通授课。事实上，其中也没有什么精雕细刻的教学环节，教师的引言和点评都是"随机"而发的。有时候甚至是孩子们在给教师上课，他们用一颗童心引导我们去发现和欣赏这个世界的美丽，带来一个个的创意与惊喜。

孩子的聪慧并不在于会背诵多少古诗，能积累多少知识，对生活的真切体验和感悟才是孩子最大的收获，是能够伴其一生的精神之花。这里的随笔即是生活，展现的是生活本身，学生从中悟到的不仅是知识，更是真切的成长体验，这无疑会促进心灵的对话与交流。展示交流精彩随笔，使学生的心灵一天天的鲜活而阔大，思想一天天的厚重而丰盈，精神一天天的饱满而焕发。

NO.3 对话，彼此相通

（一）谈话导入

你的这位特殊"邻居"，它为你带来了什么？你曾经为你的"它"做过什么？现在，你想对它说什么？你的世界，因它而改变。仔细倾听，它是不是也在对你低低絮语?

你的世界，它曾经来过。如果你的朋友因某种原因离去了，你会用什么方式来纪念"它"？你和"它"之间发生了哪些动人的故事？它的短暂一生经历了什么，有过哪些高光时刻？"它"为你、为校园和这个世界留下了什么？你可以再另寻一个"邻居"，或者，你将坚守与"它"的心灵之约，带着对它的无尽追思静静等待，等待下一个春天来临时候的再度相遇，继续你们的故事？

现在，请和你的"邻居"换位，你就是"它"，而"它"成了你。"它"眼中、心中的你是什么样子的呢？你和"它"的故事，这次由"它"来讲，想一想该用怎样的语气来讲这个故事呢？

设计意图：此处的引言，其实就是引导孩子们讲好一个故事，一个关于你和我的独特故事。普普通通的故事并不稀奇，但这是一个孩子与花草树木之间的真情故事，而且这个故事还可以由花花草草来讲，旨在激发孩子们的倾诉热情。"你的世界，它曾经来过"这句话，引导学生思考那些由偶发事件引发的分离，或是有些事物（包括人）注定会暂时或永远逝去的自然规律。欢笑固然宝贵，但生命中那些悲欢离合，那些别离的忧伤、绝望的期待，更能激发孩子们的深切思考与美好向往。

（二）随笔展示

我的名字叫青

王漪梵

"今天她还会不会来看我呢？"我轻声自语。

"她是谁？"我身旁的邻居、那棵杨树问道。

"她呀，是我的一个人类朋友。"

"人和树怎么可能会成为朋友呢？"邻居带着疑问说道。

"这还要感谢她的语文老师哩。老师让班上的孩子们在校园里面找朋友，别的孩子都找到了自己的新伙伴，她因为没有什么进展，就唉声叹气的，正好坐在了我前面的石凳上。是风，风使她发现了被倚靠的我。她抬头看了看我如巨伞一般的头冠、坚韧强壮的臂膀，还有嫩绿润泽的数不清的宝宝，然后向我提出了好友申请，我想多一个朋友真不错，就表示同意了。""人和树，这样的友谊能长久吗？"邻居貌似还有疑问。这个嘛，时间会告诉我们答案。

从那以后，她有时间总是来陪陪我，看看我，看我是不是又长高了，长壮了呢？看我是否变得更加英俊帅气了呢？有时候她还会与我说说话，聊聊天，我自然全部应答，只是她听不懂罢了。渐渐地，她和我成了无话不谈的好友。总想见到那个需要我俯视的女孩，自从她的出现，我的世界里又多了一种色彩——橙色，这是活泼喜悦的象征。

"快看，我的朋友，她在窗口向我们挥手呢。""嗯，确实是一个非常有活力的小姑娘。"我的邻居说道。"人呢，哪里去了？难道今天她放假，就不来看我了吗？"我失望地说。噢，不，她就在那儿，在窗口向着我的方向不停挥手。

她又来看我了，坐在我前面说："朋友啊，你也没有一个名字，显得没有归属感。前几天我们学了一个朋友之间表示爱称的字——'卿'。你呢又有一头绿色的头发，我为你取名为'青'，好不好？我叫'梵'，现在你也有名字了，我们两个就是同一级别的了，完全平等啦。你喜欢吗？""青，这正是我的本色，我好喜欢这个名字。谢啦，我的朋友。"我开心地回答。我是青，从今以后我会一如既往向她，向这个世界，吐露我的一片青翠。

铃声一响，她跑回去上课了。望着她奔向教室的身影，我一直回味着我的名字。青，我的名字叫青……

（教师点评：从"卿"到"青"，多么美丽的字眼！多么富有灵气的联想！蓬蓬勃勃，向阳而生。这哪里是一棵树？明明是一个拥抱着自由、倾吐着芬芳的追风少年！）

我的世界因你而温暖
郭宝辉

一个平平无奇的上午，我正在阳光的哺育下茁壮成长。在这清闲的时光中，你突然出现了。你左顾右盼，好像在寻找着什么。等你转身来到这里时，只见你停下脚步。随后，你颇为风趣地说道："我的朋友，你可真有雅兴，还在这里晒太阳呢！"

从此命运的齿轮开始悄悄转动了。

那之后不久，我就迎来了第一序章。春风飞絮，四月的杨絮如风似雪，我的周围比较空旷，一群可爱的小杨絮们像是找到家一样都涌了上来。"不要打扰我的朋友，它正在生长！"一声怒喝，一只胖乎乎的小手拨开了它们。原来是你啊，我的朋友！再次遇见你，真好！你看起来没有什么变化，此时我却知道了你的心地善良。这难道不是我对你由外表到内心一种认知的变化吗？

繁春的枝芽开始开花了。不知不觉，我的周围松软的泥土中探出一个又一个的小脑瓜。我很欣喜，我真想大声告诉你，告诉这个世界，我也有最亲的家人了！几个日月轮回，你终于来了。我们远远看到飞跑而来的你，个个欣喜，迅速召开了一场家族会议。我们把小手搭到对方的背上，稍稍弯下头，坐成一团，悄声探讨起来。扬土，落地。你终于到了，我们立马转身，昂首挺胸，精神抖擞，大声宣告我们是一家人，是相亲相爱的小草家族。见此，你一时之间有些小震惊，后来你就恍然大悟，显出开心的样子。不过你还是对我情有独钟，为了辨认出我来，你特意做了一个小小标识。你还真是贴心呢，我的朋友！不过，以我为邻，恐怕是要变成与我们小草家族为邻啦！哈哈……

嗡——嗡——除草机开始作怪，割草声近在咫尺。唉！我看到无数的小伙伴们都被重新修理了一番，它们的断裂、呻吟之声，让我骤然感觉有点疼，我希望它们的痛苦能轻点。幸好我们家族许是长得太低了，也许是我们都长在边缘地带，四面八方都被邻居哥哥们保护着，又兴许是除草人大发慈悲也说不定呢！我躲过一劫。这次事件后，你总是第一时间就来看望我们。通过这件事，我读懂了你内心的爱与执着。劫后余生，我深情地望向这片土地，望向我四周的伙伴们，仰望蓝蓝的天，我好像突然又领悟了什么。

一回又一回的看望，一次又一次的等待。一丝丝的光阴流逝，一步步的脚印留痕。世界从未改变，变化的唯有你我。遇见你，真好！我的世界因你而温暖。

（自我点评：我知道，你将努力茁壮成长，我也会不负韶华，不负期许，让我们都成为更好的那个自己。我将用一支笔和一颗心，写就你和我共同的青春。只要我还在，那个你也必将永存心间。我们终将化为天上的星光，但世界将会留下你和我的足迹，永不磨灭！）

设计意图：文学艺术往往动静相衬、虚实相生，营造情景交融、物我合一的境界。同样的一个故事，你和我都来讲一讲，会有怎样的精彩呢？所展示的几篇随笔，已经告诉了我们答案。孩子们眼中的"它"如见如闻，有色彩，有情感，有名字，更带有生命的气息，"它"也会讲故事？颇有意趣的说法使学生一个个跃跃欲试。我和"它"，谁讲的故事更美丽？这次，特意展出了几篇"花语草言"，配有师生点评文字，异彩纷呈的佳作让师生都赞叹不已。刻意去讲写作技巧，要求孩子们仿写照搬，都不如情感的自然流淌来得淋漓尽致。回归自然，让一切都变得简单起来！

（三）教师寄语

或许"它"来世间一回，谁也没有在意过它。因为与你相遇，"它"便成为一个独一无二的生命，带来爱和关注，牵挂与安慰，带来一篇篇的精彩随笔，带来考场上的笔尖流转、文采飞扬，带来对成长、对青春、对生命的诗化哲思。你和"它"共同走过的这段时光，古槐记得，岁月记得，老师也会记得。而你和"它"的故事，仍在继续演绎着，未完待续……

设计意图：曲终意未尽，心底有回声。这节课就是如此。或许每个孩子都要在成长磨砺中不断壮大自己，跟随岁月和自然去寻真求美，去探触更深邃的思想，去追寻更高远的境界，这样方能让精神之树枝繁叶茂，繁华灿烂。

（四）且教且悟

世界好安静啊！孩子们有的望着窗外的白杨，有的凝神沉思，有的面带笑容，笔尖流转，一字一句写下饱含深情的文字……

同样的人和事，你说我讲，会有怎样的情致？编成双语小剧本，或是诗歌与童话，又是怎样的一种别样美呢？欢声笑语、诗韵声声的校园里，有着美丽的花草树木和参差错落的青葱牧场，再加上一群意气风发、神采飞扬的孩子，这是多么美好、多么理想的境界！

卢梭崇尚"自然教育"，主张教育要顺应自然本性。如果你在教学中迷了路，那么，"自然"会指引你回归本心，回归本源。避重就轻，化繁为简，让一切自然而然地发生。

如果可以，真想这样一直继续下去，设计无数个"与你为邻"的生动场景，欣赏无数充满灵性、爱心洋溢的随笔，创造无数个创意和小小惊喜，此乐何极！

追寻科技之光

——《海底两万里》整本书阅读教学案例

山东省武城县实验中学　王汉斌

山东省武城县第四中学　孙立英

【设计依据】

本课主题是"探寻《海底两万里》的科技元素"。《义务教育语文课程标准（2022年版）》："充分发挥跨学科学习的整体育人优势，增强跨学科学习的计划性和目标意识。""要拓展学习资源，增强跨学科学习的综合性和开放性。"根据初中学生的学习基础、成长特点，依据课程标准中"整本书阅读"和"跨学科学习"2个拓展型学习任务群的"学习内容""教学提示"，设计此专题阅读。

【教学过程】

第一学段：立足教材，确定阅读的核心内容

第一课时

（一）阅读教材文本，明确科幻小说的科学性

七年级下册第六单元的课文《带上她的眼睛》（作者：刘慈欣）"阅读提示"明确指出：科幻小说将科学与幻想结合起来，创造出一片奇妙而又合理的想象天地。

屏幕显示：

科幻小说——科学幻想（合理的想象）

合理的想象，基于严谨的科学知识。阅读科幻小说，了解小说涉及的科学知识，是阅读科幻小说的目标之一。

（二）明确专题阅读的主题——探寻《海底两万里》的科技元素

七年级下册第六单元选取探险与科幻方面的文章，目的是激发学生探索自然世

界和科学领域的兴趣与想象力。本单元的"名著导读"篇目《海底两万里》，是达成这一目标的绝佳的名著阅读载体。

屏幕显示：

曾经有人断言："20世纪的一切努力都不过是把凡尔纳的预言变为现实的过程而已。"

可见《海底两万里》一书的作者在科学方面的非凡想象力。因此，在自主设计专题探究"专题：奇幻的海底世界"及教材专题探究"专题一：写航海日记""专题二：尼摩船长小传"的基础上，结合教材"专题三：绘制潜水艇简易图"，明确本专题探究的主题是：探寻《海底两万里》的科技元素。

屏幕显示：

专题探究：探寻《海底两万里》的科技元素

这一主题，既是课内教材学习内容的延伸，也符合《义务教育语文课程标准（2022年版）》中"跨学科学习"之"结合数学、物理、化学、生物学等学科学习"的学习内容。

第二学段：方法引领，有效完成专题阅读任务
第二、三课时

（一）理论先导法

请物理老师或化学老师等理科老师，简要介绍书中涉及的主要的学科知识概念。

初一的学生还没有学习物理、化学等科目，但他们在小学时期学习过一些科学知识，平时生活中对一些科学知识也有所触及，对于老师介绍的简单的科目知识，能够做到一定程度的接受。

（二）浏览法

快速浏览全书，浏览过程中结合老师讲解的物理、化学知识点，圈点标注自我认知的包含科技元素的语句、文段，完成下面表格任务。

因阅读版本不同，为便于下一步的交流、探究，此表尽量详尽、具体。不清楚的项目，如科技知识点、学科等，可请教物理、化学等老师。

（三）探究、归纳法

阅读、分析、探究，梳理相关内容，并归纳出相应结论。

屏幕显示：

（1）《海底两万里》一书所涉及哪一学科的知识较多？

探究结论：《海底两万里》的科技元素中，物理知识占主导地位。

屏幕显示：

（2）《海底两万里》一书涉及的主要物理知识点有哪些？

探究结论：压强，浮力，电力，光的折射等。

第四课时

（四）精读、跳读法

精读有关"鹦鹉螺号"潜水艇的构造及制作原理等科学知识的相关章节、语段，跳读书中其他与杠杆、活塞、密度、压强、浮力、光的折射等科学知识相关的章节、语段，完成下面表格任务。

屏幕显示：

神奇的鹦鹉螺号

形状	动力	常用仪器（常规）（科学）	高出当时科技水平的仪器（幻想）	现在已实现的科技成就

探究表格，得出结论：《海底两万里》的科技元素的强大，足以傲视作者生活的时代的很多科学技术。仅此可见，作者凡尔纳无愧于_____的称号。

第五课时

（五）实践法

结合学校物理实验室的现有条件，选出学生最感兴趣的物理知识，邀请物理老师操作相关实验，学生在老师指导下实施操作。

实验操作，既让学生更加深入地理解《海底两万里》书中的科学知识，又激发学生兴趣，为初二开启物理学习打下基础。

第六课时

（六）写作提升法

在教师的指导下，以语文的笔法，从语文素养提升的角度，写出关于《海底两万里》一书的"追寻科技之光"主题学习的研究报告，也可以写对于整本书或自己感兴趣的某个知识点的研究报告。

建议：可以有所创新，如日记体，写专题阅读日志；记叙文，写阅读探究过程中的趣事；读后感，书写出对《海底两万里》一书科技魅力的赞叹之情；等等。

【综合评价专题阅读任务】

屏幕显示：

专题学习评价量表

评价内容	评价指标	满分	得分
阅读记录	书写端正，无错别字	10	
	规范、详尽	10	
	科技知识点全面	10	
	物理、化学知识分明	10	
	探究结论明确	10	
神奇的鹦鹉螺号	任务完成全面、准确	20	
实验操作	正确、流畅，无失误	10	
研究报告	详尽、准确	10	
	有所创新	10	
总评		100	

【布置作业】

（1）完善创新研究报告。

（2）寻找自己感兴趣的点研读《海底两万里》，做更多小专题探究。

【且行且歌】

《海底两万里》作为一部经典的科幻小说，展现了多学科融合的奇幻色彩。小说融入了丰富的海洋生物学、地质学等科学知识，通过对潜水艇"鹦鹉螺号"的构造、水下环境的描绘以及物理、化学原理的讲解和运用，展示了科学的力量和技术的先进，同时展开了天马行空的想象，充满了神秘和惊奇的色彩。在这部小说中，科学与奇幻并不是互不相干的领域，而是相互融合、相互交织的。科学的描写使得奇幻情节更加真实可信，而奇幻的设定又让科学变得更加有趣和引人入胜。

本课教学，我们把语文与物理学科进行融合，探讨了科技、自由、和平、环保等主题，引发了学生对人类命运和自然环境的深度关注，碰撞出了创新思维的火花。

徜徉在青葱牧场，且歌且行，这一路都是风景。

读经典故事　扬追梦青春

——《西游记》整本书阅读教学案例

山东省夏津第五中学　房岩岩

【设计理念】

义务教育语文课程实施立足于学生的生活经历，营造多元且生动的学习环境，策划具有探索性和激励性的学习情景，从而调动学生的好奇心、激发其丰富的想象能力和强烈的求知欲望，推动他们在学习过程中实现自我驱动、合作交流和深度探究。本节课通过创设学生感兴趣的情景，在任务驱动合作探究中因趣生点，由点增面，由面张本，提升学生的语言表达及思维创新、创造能力，从而激发学生对传统文化的研读兴趣，推动整本书阅读的进程，增强文化自信，让整本书阅读落地生根，开花结果。

【教学过程】

（一）情景导入，激发兴趣

今天，老师收到一份邀请函，来自《中国文艺——向经典致敬》策划部，他们想邀请我们参与第81期的策划项目，同学们能和老师共同完成这个任务吗？

邀请函

尊敬的张老师：

收到您的来信，感谢一路同行。得知您有意担任《西游记》主题策划，现诚邀您和您的学生参与《中国文艺——向经典致敬》第81期共创策划项目。现将任务清单以附件形式发送至您的邮箱，请您于2024年5月1日前将策划内容以

邮件形式发送回王者邮箱。

梦想的实现不是一个人的战斗，而是团队的荣耀。

《中国文艺——向经典致敬》策划部

2023年4月13日

（二）学习活动一：跳读整本书，整体感知孙悟空人物形象

（1）入场测试：各位共创者，孙悟空现在的三个技能名称，不符合4字技能命名规则，且不够贴合原著，请各位共创者从《西游记》原著中挖掘创作灵感，为孙悟空技能改名。

技能_____的动画中出现孙悟空_____的情节/本领/武器，因此我取名为_____。

示例：技能1的动画中出现孙悟空大圣神威的情节，因此我取名为捣毁丹炉。

技能2的动画中出现孙悟空斗战冲锋的本领，因此我取名为筋斗冲锋。

技能3的动画中出现孙悟空天河镇底神珍铁的武器，因此我取名为定海神针。

（2）结合以上对孙悟空技能的了解，我们选了四个形象作为备选方案，小组讨论，说出你认为符合形象的方案，并说明原因。

示例：我觉得方案B更能符合形象要求，因为方案B孙悟空腾空而起，挥棒而出，非常有气势，能表现孙悟空的神通广大，骁勇善战。

（三）学习活动二：精读具体章节，分析孙悟空人物形象。

我们初步从整体上了解到了孙悟空的人物形象，接着我们要为西游"三闯关"设计策划一个副本。那么我们的任务来了。

任务一：副本情节如何选？

西游"三闯关"副本

请以《西游记》原著中情节作为参照，在日常对战模式之外开展闯关副本，预设三个关卡，因此称为"西游'三闯关'副本"。目前，本西游"三闯关"副本设计处在选取《西游记》原著相关情节阶段。原著中带"三"的故事情节，都可作为"三闯关"备选情节。请各位共创者读章回题目，帮小王总结出能够作为副本备选情节的有关章回。

示例：

三打白骨精——第二十七回　尸魔三戏唐三藏　圣僧恨逐美猴王

三调芭蕉扇——第五十九回　唐三藏路阻火焰山　孙行者一调芭蕉扇

　　　　　　　　第六十回　　牛魔王罢战赴华筵　孙行者二调芭蕉扇

　　　　　　　　第六十一回　猪八戒助力败魔王　孙行者三调芭蕉扇

三探无底洞——第八十二回　姹女求阳　　　　　元神护道

　　　　　　　　第八十三回　心猿识得丹头　　　姹女还归本性

任务二："尸魔"大纲如何设？

各位共创人，现欲将"三打白骨精"作为西游"三闯关"副本情节设计原型，请各位共创人精读第二十七回"尸魔三戏唐三藏""圣僧恨逐美猴王"，在文中找出白骨精的"三变"、孙悟空的"三打"、唐三藏的"三逐"、孙悟空的"三求"、猪八戒的"三挑唆"，以第一关为例，完成以下第二关和第三关脚本大纲。

第一关：尸魔一戏唐三藏，孙悟空一打白骨精。

白骨精一变：摇身一变，变成个月貌花容的女儿。

孙悟空一打：掣铁棒，当头就打。唬得个长老用手扯住道："悟空！你走将来打谁？"行者道："他是个妖精，要来骗你哩。"说着，掣铁棒，往妖精劈脸一下。

唐三藏一逐："这猴着然无礼！屡劝不改，无故伤人性命！"……念紧箍咒"……回去罢！……且饶你这一次，再休无礼。"

孙悟空一求："只是不曾报得你的恩哩。……幸师父救吾脱身；若不与你同上西天，显得我'知恩不报非君子，万古千秋作骂名'。"

猪八戒一挑唆：猪八戒气不忿，在旁漏八分儿唆嘴道："哥哥的棍重，走将来试手打他一下，不期就打杀了！怕你念什么紧箍儿咒，故意地使个障眼法儿，变作这等东西，演幌你眼，使不念咒哩。"

任务三：人物语言如何写？

（1）由于原著孙悟空人物语言过长，无法直接运用在游戏内，需要重新为人物编写语言，首先请勾画原文中对孙悟空的人物描写，分析孙悟空的人物形象。

我勾画的是＿＿＿＿一句，运用＿＿＿＿描写，刻画了孙悟空＿＿＿＿的形象。

（要求：小组讨论，按照格式，展示并说明。）

总结概括：孙悟空具有慧眼辨妖魔、疾恶如仇、神通广大、骁勇善战、机智聪明、知恩图报、重情重义却容易冲动、被冤枉有口难辩的形象特点。

（2）结合孙悟空人物形象，编写剧本人物语言。

孙悟空两次识破尸魔伎俩，在猪八戒挑唆下，与唐僧产生嫌隙。在悟空次次恳求下，唐僧答应悟空继续上路，但师徒关系如履薄冰。尸魔贼心不死，扮成老头，开启第三次试探。

尸魔（先贼眉鼠眼，后故作正经）好一个孙悟空，我要提防着他点。

尸魔（快步走向唐僧）小女、老妻不知下落，老汉特来寻看，圣僧可有看见？

孙悟空（眼睛滴溜转，唤出土地，掏出大棒迎头劈下）

猪八戒（拍腿笑）师父不好啦，师兄又把人打死了！行了半路，打死三人，大师兄这是把你的话当成耳旁风哪！

唐僧（滚落下马取纸笔写贬书）猴头快走！我若再与你相见，必坠阿鼻地狱。你这歹人取不得真经，快走罢！

孙悟空（悟空极力争辩，眼看师傅不为所动，恶语相向，无奈之下只能眼中嚅泪，分身四拜唐僧）

示例：①看你这妖怪哪里跑，还敢蒙蔽我师傅。②一日为师终身为父，感谢师父搭救之恩，以后请多多保重！

（四）学习活动三：课堂延伸

《中国文艺》回信

尊敬的共创者们：

　　本次81期共创项目完美收官，"致敬经典"主题共创活动永不止步，以下是接下来节目组策划选题，请任选其一进行创作，期待您的投稿，感谢您一路相伴。

　　（1）经典西游主题之孙悟空，为孙悟空设计多款皮肤、技能、台词、海报等并阐释设计理念。

　　（2）经典西游主题之其他人物，在既有西游英雄的基础上设置对应皮肤，及撰写相关西游故事。

　　（3）其他经典名著主题，请大胆构思四大名著中其他三本名著主题，为人物角色建模，书写人物小传和创作思路，为峡谷增添新成员。

《中国文艺——向经典致敬》策划部

2024年4月14日

【且行且思】

教师要以促进学生核心素养发展为出发点和落脚点，本节课结合学生生活兴趣，延伸出三个作业选项，为学生的发挥创造提供了空间，培养学生的创新思维及审美能力。

取经之路难之又难，师徒四人不曾放弃。学习之路也并非轻而易举，但请看看周围的伙伴。真经不是一人取得，追梦也不是一个人的跋山涉水。愿你心怀孙悟空——敢问路在何方，路就在脚下。

教学的落脚点是核心素养，语文课程标准培养的核心素养是学生在具体语文实践活动中积累并逐步形成的正确价值观。本节课以创设情景为载体，以任务驱动的方式，不断地激发学生的阅读热情，并通过对《西游记》情节、语言的分析感知孙悟空的人物形象。在课堂活动中调动学生对优秀传统文化的研读兴趣，引导学生树立正确学习观念，通过对当代中国文化的多角度观照，体现中国经典自身的博大精深，以及拥抱世界的开阔文化胸襟。

导之有趣，读之有法

——《中国古代寓言》整本书阅读教学案例

山东省夏津县第三实验小学　李悦

【设计理念】

整本书阅读是促进语文核心素养提升的高效途径，尤其是对低年级和中年级的学生来说非常重要。寓言是阅读体系中不可或缺的一部分。在本节教学中，我从整本书的宏观视角入手，以学生在语言方面、阅读方面、逻辑思维方面的提升为目标进行突破。让学生以自主阅读活动为主，引导其通过多种策略进行阅读，理解书中主要内容，重视封面、目录在整本书阅读中的作用，从而激发学生的阅读兴趣，使其在阅读中找到快乐。通过创设情境，使学生在课堂上有一种身临其境的感觉，潜移默化，唤起学生对阅读的兴趣。这样，不仅可以开阔学生的视野，提高学生的核心素养，还对学生的发展起着至关重要的作用。

【教学过程】

板块一：整体感知，了解图书

（一）活跃气氛，激发兴趣

同学们，世界寓言故事有三大起源：古希腊、古印度、古中国。让我们来进行一场寓言故事的探寻之旅，一起走进寓言故事，开启一段探寻之旅吧！你们准备好了吗？我们即将乘坐历史的马车踏上旅途。

（二）回顾旧知，明确主题

1. 联系旧知，提出要求

在出发之前，我们需要完成下面问题，才能获得通关文牒，它可是古代出行必备的证明，我们快来一起猜一猜吧！（出示图片，让学生猜一猜都是哪些故事，接着自然而然地引出中国古代寓言。）在学习中，我们要学习读懂小故事，明白大道理，如果故事中的情节发生在生活中你会怎么做？

2. 明确主题，提出书名

著名儿童文学家严文井爷爷，他对寓言有一个绝妙比喻："寓言是一个魔袋，袋子很小，却能从里面取出很多东西来。"寓言这个魔袋，装进去的是故事，抖出来的是道理，今天就让我们走进《中国古代寓言》这本书。

（三）整体感知，了解图书

1. 阅读封面，了解信息

师：想要在古代游玩可不是随便的，每个人都需要自己的身份证，我们一起来图书上找一找吧！

师：通过封面，我们又能知道什么信息呢？

生：作者、书名、出版社……

师：同学们观察得真仔细，封面就像藏宝图一样，我们可以从中获取很多有用的信息。我们现在有了身份证就可以尽情游玩了！

2. 借助视频，认识作者

师：同学们了解这位作家吗？（预设：不了解）看来我们对这位作家并不熟悉，那让我们一起看一段小视频吧。

3. 浏览目录，了解内容

师：我们再来看看目录，里面的文章题目很多，目录高度浓缩了全书的内容，通过看目录，就可以了解整本书的大概内容。（出示目录）

板块二：巧用策略，感受趣味

（一）巧用预测，感受趣味

同学们听，广播上在播放什么？各位小朋友，欢迎乘坐历史马车"寓言故事探寻号2024"。中华传统文化博大精深，在我国辉煌的文化发展史上，先人们留下了很多精彩的寓言故事，我们将在十分钟后到达远古时期。

1. 提出问题，激发兴趣

第一站："寓言奥斯卡"

师：（出示目录）你对哪个标题最感兴趣？

生：我对《愚公移山》这一标题最感兴趣，愚公是怎么移山的？

生：我对《掩耳盗铃》这一标题感兴趣。

师：这本书就是这样有趣，目录中的题目就很吸引人，我们来猜一猜吧！

2. 巧用预测，全班交流

师：现在想想，愚公是怎样移山的呢？

生1：我觉得他是靠许多人帮助他。

生2：我觉得他是通过自己的努力。

3. 验证预测，增强信心

师：请大家翻到15页，验证一下自己的预测。现在我们知道愚公移山靠的是不怕困难、艰苦奋斗的精神，这座山是我们生活中遇到的困难的象征，我们可以运用自己的聪明才智，坚强的意志，去跨越它、战胜它。

（二）联结生活，感受趣味

1. 联系生活，提出疑惑

第二站："众里寻他千百度"

舞台上正在寻找一个郑国的人，我们看看发生了什么事？有一个故事叫《郑人买履》，他呢，买鞋子时宁愿相信尺码，也不用脚试一试。这则故事告诉我们遇到事情要实事求是，灵活变通。

2. 带入场景，激发兴趣

假如你是《郑人买履》的主人公，你会怎么做？如果你碰巧遇到了这个故事的主人公，你会和他说些什么呢？

（三）联系文本，感悟道理

通过标题和插图，阅读寓言故事，猜出故事内容，再提取重要的信息来讲述故事，最后联系自己的实际生活明白人生的道理。同学们也可以在这本书里找一找身怀绝技的普通人，睿智深邃的思想者，他们都藏在这本书里，需要同学们自己发现！

板块三：对比阅读，总结方法

（一）比较阅读，感受趣味

1. 对比阅读，畅谈发现

第三站："寓意大揭秘"

师：同学们，读《东施效颦》和《邯郸学步》，说说你有什么发现？

生：这两则故事的内容都差不多，都在告诉我们，盲目的模仿只会适得其反。

师：请同学们阅读《纪昌学射》和《心不在马》，再次谈谈你的发现。

生：这两则故事的内容是不一样的，但都告诉我们同样的道理，《纪昌学射》从积极方面教导我们干任何事都要勇于吃苦，善于学习，集中精力干好一件事，

《心不在马》从另外一个角度证明了这个道理。

师：寓言很奇妙，内容相似，道理可相同，内容相反，道理也可相同。

2. 运用方法，寓言归类

书中还有哪些类似的寓言故事？同桌之间比一比。

（二）深入生活，巧妙运用

第四站："我是小小调解员"

寓言无处不在，我们不仅要理解它的寓意，还要在日常生活中对其加以运用，请同学们选择两种情境中的其中一个，进行小组讨论，你会用哪个寓言故事来说服别人呢？

情境1：红红从大班就报名了特长班，她想让自己有一项出彩的技能，可舞蹈学了一个月，觉得太难，不想去了，又报名了架子鼓，刚学了一天，感觉太吵了，也不想去了……她很难过，感觉学习一项技能太不容易了。你能来帮帮她吗？

（预设：愚公移山，纪昌学射）

情境2：兵兵学习特别好，曾获得过学校考试第一名，老师和同学都称他为学习小天才，兵兵很得意，经常对同学说："我是全校第一，没人能比得过我。"同学们听了总是笑笑走开，你会用哪个寓言故事来劝劝他呢？

（预设：井底之蛙，夜郎自大）

总结：善读寓言，能辨明是非；善讲寓言，能助人脱困。寓言故事源于生活，也将用于生活，会学会用，才能将古人的智慧传承下去。

板块四：再次激趣，规划阅读

（一）借助表格，拟订计划

第五站："寓言故事我来读"

阅读《中国寓言故事》这本书，需要制订一份阅读计划，做好笔记，让我们来制订读书计划吧！

（二）教师小结，延伸阅读

我们中国的寓言故事，大家耳熟能详，这是古代劳动人民智慧的结晶。《中国古代寓言》是一本故事书，更是一本导游书，能带领大家进行一次知识邀游，除了中国，其他国家也有寓言故事。课后，同学们可以继续阅读《伊索寓言》《拉封丹寓言》，继续打开世界寓言故事的大门。

寓言故事探寻之旅即将结束，我们要坐马车回去了，但我们的奇幻之旅还没有结束，从古代返回我们的城市，继续阅读我们的寓言故事吧！希望你们能学会更多的道理，做一个喜欢生活、善于思考的人！

【且行且悟】

小故事撬动"大智慧"。整本书阅读作为课内阅读的拓展和延伸，具有重要的引领意义。这次寓言探寻之旅，采用激趣、猜想、设境、迁移等多元结合的整本书阅读策略，能使学生掌握正确的阅读方式，深入领悟作品的含义，唤醒他们的学习兴趣，培育他们的语文核心素养，环环相扣，"水到渠成"。

徜徉诗海，泼墨纸生香

——"爱与远方"主题单元教学案例

山东省武城县第二中学　付雅琦

【设计理念】

这一单元计划用一个核心任务（海棠诗刊社举办"和诗以歌诵经典"诗歌文化节，推出"诗海寻贝""为你读诗""下笔有神"活动来驱动学习），使学生在真实的情境中学习欣赏诗歌作品，通过不同形式的朗读活动、诗歌写作，引导他们感受诗歌的魅力，掌握自主阅读诗歌的方法，提高自己的审美情趣和文学修养。

【教学过程】

第一课段：初读诗歌，捕捉感受

（一）学习任务

（1）把握韵律和节奏，掌握诗歌朗读技巧。

（2）涵泳品味，找出典型意象，把握诗歌意蕴，培养诗歌鉴赏能力。

（二）课时安排

3课时。

第一课时：开启诗歌的大门

1. 导入新课

诗歌是一个人的心灵独白。从《诗经》开始的古体诗，到如今的现代诗，都是世代传承的灿烂的诗歌文化。让我们一起用心发现生活中的美好和爱，开启一场诗歌之旅吧！

2. 收集信息

收集诗歌作者的身份、背景，列表格，有效利用所学的知识和教材中的注释、旁批，利用图书馆或者网络媒体等资源，自行收集、整理本单元诗人的基本信息，完成诗歌信息小贴士。

3. 阅读思考

（1）资料助读：意象与意境。

（2）自主演练：根据对意象、意境的学习了解，尝试完成《雨巷》的诗歌卡片。

第二课时：漫步诗歌花园中

1. 畅谈感受

随笔记录下自己的诵读感受。

2. 捕捉意象

再读六首诗歌，结合注释、旁批，尝试通过分析诗歌中的意象，总结意象特点，品悟情感，发现关系。

3. 品析意象，理解异同

（1）品读意象特点。

（2）分析修饰语。

（3）辨知意象的选取。

小结：选用的意象要和抒发的情感一致。抒发情感借助的具体物象在感情色彩和意义指向上，要与情感之间有联结点、相似点，二者之间的情味和色彩要协调。这些意象有各自的特点和内涵，包含着诗人独特的思想情感和精神寄托。

4. 课后学习

选择一首诗歌，分析诗歌的意象，写一段鉴赏文字。

第三课时：采撷最美诗之花

1. 设疑导入

在阅读诗歌时，我们为什么要了解诗人和诗歌的写作背景呢？这对阅读诗歌会起到什么作用呢？

2. 探究学习

（1）结合前面课时完成的任务单，结合诗人简介和写作背景，说说这几首诗歌表达了作者怎样的情感。

（2）小组合作，总结诗歌阅读的方法和策略。

示例：a. 想象画面；b. 创作背景；c. 关注节奏、韵律；d. 批注（感悟、理解、评价、疑惑）；e. 提炼关键词；f. 分析意象；g. 联系同主题作品；h. 陌生化语言。

3. 学以致用

选择一首自己喜欢的诗，任选角度写200字以上的鉴赏评论。

鉴赏角度一：潜入字词。

阅读提示：《沁园春·雪》的"望""惜"；《乡愁》的量词；《你是人间的四月天》的颜色。

鉴赏角度二：发现修辞。

阅读提示：《乡愁》中"邮票""船票""坟墓""海峡"的比喻；《我爱这土地》中的假设。

第二课段：实践探究，朗诵比赛

（一）学习任务

（1）通过选诗、初赛、排练，锻炼学生的审美鉴赏以及团队协作能力。

（2）把握诗作的感情基调，通过重音、停连、节奏等传达出诗人的思想感情。

（二）课时安排

2课时。

第一课时：诗歌朗读

1. 教学准备

（1）指导学生制订朗诵比赛方案，推举出主持人、评委、记分员，制定评分细则、确定奖励方案等。

（2）学生自选诗歌进行朗诵练习，注意重音、语气、语调、停连、节奏等标注。

（3）小组内竞赛评比，选出各组参赛选手，进行排练。

（4）筹备工作，布置比赛场地，准备奖品等。

2. 教学过程

（1）教师进行朗诵技法指导并指导学生完成朗诵脚本。

诵读要点：①读准字音，停顿恰当；②节奏缓急适当；③注意重读的词语；④注意朗读的语气、语调；⑤传达出诗歌中的情感。

（2）确定朗诵评价量表。

（3）举行活动。

① 分若干小组做竞赛评比，选出各组最终参赛选手并进行排练，参赛选手提交自己将要朗诵的诗歌以及对应的背景音乐。

② 推选主持人，确定评委、记分员。

③ 老师与各组代表商讨好奖励方案，准备好奖品。

第二课时：寻找最美朗诵人

1. 举行比赛，记录打分

（1）主持人、选手、观众三方有序进行。

（2）将评分表分发给现场评委，根据评分标准进行打分并记录。

2. 现场交流，总结得失

比赛现场，请选手分享比赛心得，评委和观众上台评价交流，最后教师做简短的总结发言。

3. 颁奖仪式，写下心得

为优胜选手颁奖。同时设置其他奖项，如优秀组织奖、最美点评人等。根据本次活动的方方面面，写下自己的认识或心得体会，300字左右。

第三课段：认知诗歌，尝试创作

（一）学习任务

欣赏诗歌的意境、气韵之美，了解诗歌的语言特点、结构特点，尝试将身边的物象写进诗歌，抒发独特的情感。

（二）课时安排

2课时。

第一课时：认识诗歌，探究写法

1. 情境导入

"诗与远方"永远是我们追寻的梦想。同学们，让我们一起认知诗歌，探究诗歌的写作方法。

2. 研讨探索

小组探究：创作诗歌时，应该从哪几方面着手？

归纳：

（1）形式：音乐美，结构美。

（2）立意：情感美，构思美。

（3）内容：意象美，意境美，想象美。

（4）语言：凝练美。

第二课时：学以致用，尝试创作

1. 直接导入

让我们跟随经典诗歌，创写属于自己的诗歌。

2. 学以致用

（1）好朋友过生日，你想对他（她）说点什么？试着写几句诗，把你的祝福和希望送给朋友。

（2）参照本单元学过的任意一首诗，自己仿作一首。可模仿《我爱这土地》《乡愁》，创作一首同题诗歌；可模仿《你是人间的四月天》《我看》，或者以《你是_____》或《我看》为题，仿写一首表现形式相近的诗歌。

3. 课堂展示

（1）自由创作诗歌，以小组为单位进行交流。

（2）小组内选出一首小诗，群策群力修改完善，全班分享。

4. 课后延伸

讨论评选，选出优秀诗歌做成原创诗歌手抄报，进行展览。

5. 教师寄语

泰戈尔在《流萤集》一书中说："阳光替我打开，世界的大门。爱之光替我打开，世界的宝库。"让诗和爱，成为我们青春旅途中最动人的旋律！

穿越时空，对话人物

——"走近鲁迅"主题单元教学案例

山东省武城县实验小学　孟雪

本课教学设计，见表1。

表1　本课教学设计

人文主题	走近鲁迅
语文要素	1.借助资料，理解主要内容 2.借事写人，表达自己的情感
课标要求	学习任务群：基础型、发展型、拓展型
课时安排	8课时
内容篇目	《少年闰土》《好的故事》《我的伯父鲁迅先生》《有的人》
推荐阅读	《故乡》《野草》

【教学设计】

第一课段：阅读单元导语，激发期待

教学设计如下：

（1）本单元的人文主题是"走近鲁迅"，阅读训练要素是"借助相关资料，理解课文主要内容"，六年级的学生对鲁迅先生以及他所处的时代较为陌生，研究鲁迅的资料又浩如烟海。教师可以简单介绍一下鲁迅先生的文学成就以及生平故事（如弃医从文），作为导入来引起学生对鲁迅先生的好奇和尊重之情。

（2）讨论：这里的相关资料包括哪些方面，如何获取？可以为学生提供一部分与鲁迅相关的资料，供其后续学习时使用，为他们自主查阅资料提供方向。

（3）通读整单元课文，教师出示重点词语，让学生朗读、书写。讲解重点词

语，鲁迅的文章正处于文言文向白话文转变的过程，有些词语学生不易理解，需要老师引导。

<h2 style="text-align:center">第二课段：细读课文，落实阅读要素</h2>

教学设计如下：

1. 整体感知

（1）精读《少年闰土》，通过文中内容说说闰土是一个怎样的孩子。

（2）精读《好的故事》，说说这故事的美丽、幽雅、有趣体现在哪里？

（3）通读《我的伯父鲁迅先生》，想想课文写了关于鲁迅的哪几件事，用小标题的形式概括。

（4）有感情地朗读《有的人》，说一说鲁迅是一个怎样的人。

2. 达成策略

学习《少年闰土》时，可以借助《故乡》的写作背景等资料，更好地把握人物形象。随笔练习，学习写生活瞬间。《好的故事》是一篇比较难理解的散文诗，可以借助课后练习题以及阅读链接中的作品评价，引导学生理解鲁迅先生对美好生活的向往。通过学习《我的伯父鲁迅先生》，学生可以学习"列小标题"概括事件的方法，并结合相关的背景资料理解含义深刻的句子。学习《有的人》，要借助之前学过的课文以及相关资料，体会鲁迅"俯首甘为孺子牛"的无私精神、忧国忧民的爱国情怀。可以把语文园地的"日积月累"部分作为前置学习，继续收集、记诵与鲁迅先生相关的名言警句，感受鲁迅先生的伟大。

<h2 style="text-align:center">第三课段：迁移写法，表达"有你，真好"</h2>

教学设计如下：

（1）认真审题，明确"有你，真好"中的"你"是谁。

（2）紧扣题眼，交流"真好"，为什么觉得好，从哪些事情能体现出好。

（3）回顾单元课文，迁移写法：通过外貌、语言、行动、神态等刻画人物，运用环境描写和抓住典型事例进行描写的方法。

（4）交流互评，分享习作。

<h2 style="text-align:center">第四课段：学习语文园地，归纳整理</h2>

教学设计如下：

（1）细读"交流平台"，总结把握文章主要内容的方法。

（2）学习词句段运用部分，第一道题学习文章题目的妙处，练习为文章拟标题。第二道题目通过词语展开联想并写话。

（3）学习书写提示部分，了解柳公权的书法特点及代表作。

教学过程如下：

走近人间的鲁迅

1. 情境设置

学校将开展"走近鲁迅"的文化长廊创作活动，让我们一起走近人间的鲁迅。

2. 教学过程

（1）设疑导入，激发兴趣

开场白：同学们，今天我们要进入新的学习单元——走近鲁迅。鲁迅原名叫周树人，据说很多学生害怕他。周树人到底是何许人也？他有哪些厉害功夫让学生这么害怕呢？我们今天就一起去揭秘。

（2）互动对话，走近鲁迅

听说大文豪鲁迅建立了一个粉丝群，让我们看看群里都有谁？

群主自我介绍。根据鲁迅相关资料，运用第一人称进行自我介绍，师生对人物的语气、神态进行评价。

群内成员汇报作品。学生自由阅读单元页，找出本单元的人文主题和语文要素。

环节一：阅读文章，填写表格。

通过阅读、填写，明确作品名称、作者和文章的主要内容。

环节二：通读课文，整体感知。

一起走进课文，去了解真正的鲁迅。

环节三：解读意思，指点方法。

师：鲁迅生活的年代距离现在比较久远，那时正是文言文向白话文转变的时期，所以鲁迅的文章多有文白夹杂的现象，现在的人理解起来不太容易，我们一起来找一找那些不懂的词语。

生1：老师，我不理解"家景"这个词语的意思。

师："家景"这个词语确实不好理解，有哪位同学能帮助他一下？

生2：我可以帮助他，之前我在查找鲁迅的资料时，了解到他家之前有人在朝廷做官，因此家庭条件很好，所以我觉得"家景"应该就是指家庭条件。

师：借助资料理解词语意思，这是一个很好的办法。

生3：我不理解"值年"的意思。

生4：我知道，因为课文中告诉了我们"这祭祀，说是三十多年才能轮到一回，所以很郑重"，通过"轮到一回"这个短语，我知道了值年就和我们现在"值日"差不多。

生5：老师，我不理解"泼剌奔进"这个词语的意思。

师：这个词语确实很少读到，我们一起来看看吧，词语出自这一句："大红花一朵朵全被拉长了，这时是泼剌奔进的红锦带。"要想理解这个词语，需要朗读这段文字，还要发挥自己的想象。这里的"泼剌"是形容水声，"奔进"是形容奔涌。大家理解了吗？再边读边想象一下这个画面吧。

3. 分组布置建设鲁迅文化长廊任务

环节一：再读课文。

鲁迅的文章虽然难懂，但通过今天的群内消息，我们已经对文中词语以及历史背景了解清楚，再想读懂文章就不难了。请大家再次朗读课文，感受一个真实的鲁迅吧。

环节二：分组布置。

1组：鲁迅画像、生平；2组：鲁迅作品、风格；

3组：鲁迅形象、情怀；4组：纪念鲁迅的诗文、对联。

【且行且吟】

这是一片广阔而充满活力的牧野。与孩子们一起牧游，一路吟咏，此乐何极。不知不觉之间，我悄然转变了自己的角色，从知识传授者转变为旅途的引领者和促进者。作为一名导游，我与孩子们沉浸于学习的牧野中，引导学生不断前行，去发现、去欣赏、去探索，而不是单纯地传授关于鲁迅其人其文的相关知识。生活中处处是语文，由此我组织孩子们进行跨学科的融通学习，将语文活动与历史、美术、音乐等诸多学科知识相互融通、碰撞，丰富了教学内容和形式，拓宽了学生的知识视野，培育了高阶思维。这一次活动，师生成为学习共同体，一同走进鲁迅先生的世界，与先生进行了一场心灵的对话，深化了对鲁迅其人其文的理解和认识，读出了一个人间鲁迅，一个伟人鲁迅。

牧韵如歌，且行且吟……

天地英雄气，千秋尚凛然

——"走近词中之龙"主题单元教学案例

山东省武城县实验中学　王书跃

【核心任务】

阅读品悟辛弃疾的诗词作品，设置人物专栏，从人生经历、创作背景、创作思想、创作风格等方面对这一形象进行理解、赏析和再创造。

【情境设置】

辛弃疾历经百炼千锤，锻造出铁骨铮铮，化作词中之龙，遨游南宋苍穹。为辛弃疾选择主推人物个性标签，使学生对其有更全面的认知。

【教学设计】

第一课段：设置个性名片

（一）核心任务

查阅资料了解辛弃疾的人生经历，把全班分成8个小组。在组长引领下，各组查阅资料，为辛弃疾设置不同人物名片，梳理部编版教材选入的辛弃疾的作品，为辛弃疾选择适当的主推人物个性标签。让更多网友刷到辛弃疾的主页对其获得更全面的认知。

（二）学习资源

初中辛弃疾的词作：《丑奴儿·书博山道中壁》《破阵子·为陈同甫赋壮词以寄之》《太常引·建康中秋夜为吕叔潜赋》《南乡子·登京口北固亭有怀》。

高中课标两首：《水龙吟·登建康赏心亭》《永遇乐·京口北固亭怀古》。

梁衡所著《把栏杆拍遍》、《百家讲坛》丁国祥所讲《品读辛弃疾》、邓广铭所著《辛弃疾传·辛稼轩年谱》、谢家树所著《辛弃疾传》。

（三）活动准备

小组合作，结合课下注释、辛弃疾的相关资料对辛弃疾的作品进行了解。

（四）活动过程

环节一：为辛弃疾创设名片。

示例：生于宋金乱世，由行伍出身，以武起事，最终以文为业。恰英雄少年，血气方刚，欲为朝廷痛杀贼寇，收复失地，成为尽忠报国、叱咤风云的将军，奈何命运捉弄，南归之后他虽失去钢刀利剑，没有机会奔走沙场，血溅战袍，但紧握着手中羊毫软笔，只将那血泪作墨挥洒宣纸，歌一曲荡气回肠。

环节二：为辛弃疾选择适当的主推人物个性标签，方便大数据对其主页的推送，也方便网友更容易搜索到辛弃疾，并加入辛弃疾的粉丝团。

环节三：在学习资源中，熟读并整理语文教材中的六篇文章。小组合作提取六首词作的相关内容，理解六首作品的情感，通过课内作品做到知人论世。

第二课段：辛弃疾短视频文案欣赏

（一）核心任务

各组选取辛弃疾不同时期的词作配以图文并选取合适的背景音乐，以辛弃疾的名义轮流发布，并持续更新，全班学生作为辛弃疾粉丝，选取其最喜欢的文案品悟其思想情感并在粉丝团中发表热评。

（二）活动过程

环节一：梳理辛弃疾相关资料，整理其人生轨迹，将六篇文章对号入座，感知词中之龙的形成时期。

环节二：结合辛弃疾不同时期的作品及其人生经历，为其作品设置与其当时心境相契合的背景音乐、短视频作品封面，并说明设计理由。

环节三：从辛弃疾作品文案入手，结合注释及相关材料读懂文章的内容及情感。寻找文章中表达情感的关键词句，为辛弃疾的作品设置热门词条，助推辛弃疾作品上热门，使词中之龙腾飞。

第三课段：粉丝团热门作品互动

（一）核心任务

各小组所运营的辛弃疾作品火热推送，获得粉丝团忠实粉的转发评论，作为网络好友、粉丝团成员或者路人粉，你会为他的作品做出哪些赞语？说出你所转发的作品理由是什么？铁杆粉为其作品助力，助推其优秀作品上热门，你会选择哪一作品助其上热门？

（二）活动过程

环节一：粉丝评论环节，作为好友、忠实粉或新晋路人粉，展开思维的碰撞，写下你对辛弃疾作品的评论（对联、诗句等形式均可）。

示例：粉丝互动（见表1）。

表1　粉丝评论

作品	粉丝评论	粉丝评论	粉丝评论
《丑奴儿·书博山道中壁》	越长大越孤单，越长大越忧愁	稼轩之心事，不语鬓已秋	少时难说愁，长大愁难说
《破阵子·为陈同甫赋壮词以寄之》	骑快马，挽劲弓，扬热血，博功名	卫国家前赴后继，诉忠心死而后已	北望，刀剑豪气；南归，笔走龙蛇
《太常引·建康中秋夜为吕叔潜赋》	幼安此词，虽在咏月，更在抒怀，耐人寻味	一生以恢复中原为己任，但残酷现实却使他壮志难酬	铲除月中桂，光芒洒人间
《南乡子·登京口北固亭有怀》	悠悠中原几时有？志向未得泪先流	生子就要做孙权，文武有志好少年	登亭北望，思绪悠悠。怀古伤今，中原未收

环节二：粉丝团刷到辛弃疾的作品，不由得点赞收藏转发，说出你所转发的作品并阐明你转发它的理由。作为辛弃疾的铁杆粉丝，你会助推其哪一作品上热门？

示例：我选择《破阵子·为陈同甫赋壮词以寄之》。这首词多次化用典故，将词中之龙的豪情壮志引入梦境，浮现出烹羊宰牛、拨弦击鼓的军旅生活场景，热血好男儿沙场点兵，自当骑快马、挽劲弓杀敌报国，收复中原，完成大业。这首词快意雄浑，酣畅淋漓，正能印合辛弃疾的报国之志。

环节三：通过对辛弃疾网络账号的建设，让学生真切地感受到了词中之龙的"天地英雄气，千秋尚凛然"。为拉近与辛弃疾的心灵距离，请你与辛弃疾展开"跨越千年的对话"。

千年之前的辛弃疾，胸怀豪情壮志，为国担当，舞动枪剑挥就自己的刚劲一生。

千年之后的我们……

第四课段：为辛弃疾塑造卡通头像

（一）核心任务

若为辛弃疾设置卡通头像，在纶巾、佩剑、书卷等配饰中，你会怎样选择对其加以装扮？请说说你的理由。设置新卡通头像后，账号决定推送一期新作品，若为此次作品配文，你会配什么文案？

（二）活动过程

环节一：借助资料和你已有的对辛弃疾的人物形象认知，为辛弃疾的头像选取装饰打造卡通形象。说出你所选装扮的理由。示例（见表2）：

表2　装扮辛弃疾

装扮形象	理由
骑马提剑的辛弃疾	纵横沙场，仗剑驰奔，这是幼安七尺男儿的铮铮铁骨
对月饮酒的辛弃疾	招谤背弃，赋闲在家，唯有对月饮酒，聊表愁心
登高远眺的辛弃疾	极目远眺，遥望中原大地，筹划何时收复华夏

环节二：辛弃疾账号更新卡通头像，为其推送该条动态，你会配何文案？

结束语： 舞一剑慷慨悲壮，歌一曲荡气回肠。读辛弃疾词，领略豪迈文风，品幼安为人，感受凌云壮志。幼安忠心日月鉴，豪情不减，真乃人中之杰。辛弃疾壮志撼山河，热血尽挥，可谓词中之龙。英雄远眺，纵将栏杆拍遍也放不下、关不住这比天大、比火热的心。天地英雄气，千秋尚凛然。让我们带着这份豪情，挥洒笔墨，尽情书写自己的热血人生。

古风扬雅意，笔墨寓真情

——"风"之意象主题单元教学案例

山东省武城县第一中学　程晓松

【设计理念】

本主题单元设计的人文主题是"古风扬雅意，笔墨寓真情"，遵循创新的课程理念，以"风"为意象切入点，以促进学生核心素养发展为目标，以阅读与鉴赏、表达与交流等语文实践活动为主线展开主题文化长廊活动，引领学生在活动实践过程中提高自身的语言运用能力、思维创新能力和审美创造能力；增强学生的文化自信，弥补学生在诗歌鉴赏、思辨性阅读、创意表达等方面的不足。本单元教学设计按四时之风、风之雅称、溯风之源、时代新风四个课段来展开，共计10个课时。核心任务是设置开展主题文化长廊活动的真实情境，让学生在真实的情境活动中，以古诗为载体，通过"风"这一意象，品古风古韵，扬时代新风。

【教学过程】

第一课段：四时之风

（一）核心任务

在现实生活中，风作为自然现象，其形态不受四季变化的束缚，始终以一种自由的姿态飘荡于天地之间。因此，在古典诗歌中文人非常喜欢以风为寄托，抒发自己的情感。

请完成诗歌知识卡片，推荐并粘贴在文化长廊板块一。

（二）情境活动

活动一：感四时之风

出示南宋志南《绝句》，学生赏读并探讨问题：有人说"吹面不寒杨柳风"一句中"杨柳风"可以用"和风"代替，你认为合适吗？为什么？

学生探究，点拨引导："吹面不寒杨柳风"一句中"杨柳风"是早春的风，写出了杨柳枝随风荡漾，给人以春风生自杨柳的感觉。用春天具有代表性的事物来代替春风，比用"和风"更有美感，能让诗歌更具风韵、典雅的气质。

活动二：展风之韵味

环节一：各组同学将知识卡片中空白部分补全。

学生依知识卡片一中所列内容，将知识卡片二三四中所列的文体、朝代、作者、背景、特点填写完整。

环节二：每组选一首诗，读出风之韵，拍摄配乐朗读视频。将拍摄视频转换为二维码形式，将二维码粘贴在文化长廊板块一，下附知识卡片。

第二课段：风之雅称

（一）核心任务

归纳总结四季风的雅称，完成展板二——"风之雅称"。

在古时候，文人为自然万物起的雅称真的让人赏心悦目，可以说，他们对汉字的运用让当代的我们自愧不如，让人不禁感叹道，古人对万物的称呼怎么都那么美！就拿我们身边时刻存在的风来说，文人对他们的运用不限于"风"这么单调的名字，而是让名字更加地委婉和诗意。

（二）情境活动

活动一：慧眼识风雅

找出含风的意象并填写到助读卡上，小组展示古人关于风之雅称的经典诗词。

活动二：妙手着诗词

送令狐岫宰恩阳

唐·韦应物

（ ）被草木，江水日夜清。

从来知善政，离别慰友生。

环节一：根据诗意让学生在空格处填意象。

环节二：在"舟""杨柳""水""和风"等词语中选取意象写一首小诗。

第三课段：溯风之源

（一）核心任务

用图文形式绘制风意象变迁史，完成展板三——"溯风之源"。

风从历史深处从容走来，带着一身的沧桑而神情依旧。今天的风无异于古时的风，而古时的风却借助诗歌为我们留下了太多的内容。它伴着历史的脚步一路走来，走过先秦两汉的风神崇拜，跨越了魏晋弥漫的悲风与南朝扑面的清风，目睹了隋唐盛世的风云壮丽，体味了五代的香风迷离。它贮藏历史的隐秘，深谙古人的思想情感和诗意丰盈的心灵世界。今天，就让我们跟着风的脚步，重寻风之源泉……

（二）情境活动

环节一：出示《诗经》中"风"的三种意象，讨论、讲解后得出结论。

明确：《诗经》及其他先秦诗歌中，风的意象有以下几种：风神崇拜观念和民俗心理影响下的风意象；现实生活中客观的风；触动感情的风。进一步引导：从《诗经》以后，风一直是这三个内涵吗？

学生讨论，教师引导学生认识风在历代衍生出的新的内涵。展示《楚辞》中"风"的变化，汉代及魏晋南北朝的"风"的变化。

明确：屈原的《楚辞》充满了浪漫奇特的想象和浓郁的抒情味道，风既有浪漫的神话色彩，又充斥着诗人的悲情属性。汉代以后，风的意象在抒情性及悲情色彩上继承《楚辞》，又增添了时代所特有的乐景转哀情。魏晋南北朝时期在风的意象上，悲情成为主旋律，但因有"建安七子"等人对高洁志趣的追求，风的意象多了一丝高洁。

环节二：用图文形式绘制风意象各朝代变迁史，完成展板三——"溯风之源"。

第四课段：时代新风

（一）核心任务

创作诗歌，制作文化长廊展板四——"时代新风"。

作为延续中华精神的少年，生逢其时，理应重任在肩。作为中华上下5000多年优秀文化的传承者和积淀者，我们终将在新时代背景下乘风破浪，扬帆千里。今天，就让我们踏着风的脚步，展现属于青春的时代新风……

（二）情境活动

活动：作"风"之诗歌，展时代新风

环节一：春夏秋冬四个小组每组选取和风有关的意象进行小诗创作。

环节二：在生活中找寻能体现新时代背景下时代新风的人/事/物，创作一首中国风的新时代的赞歌，将作品张贴在展板四——"时代新风"。

预设：

以杨柳青色调创作诗歌，题写在插画上，推荐展示。

以中国红色调创作诗歌，题写在扇面上，推荐展示。

以孔雀蓝色调创作诗歌，题写在釉面上，推荐展示。

以冬雪白色调创作诗歌，题写在挂件上，推荐展示。

活动小结：将本次活动成果张贴在主题文化长廊上。学生在本次主题文化长廊的真实情境活动中，以古诗为载体，通过"风"这一意象，品古风古韵，扬时代新风。

结束语：历史是时间的沉淀，令人为之思考；历史是文化的流传，令人为之赞叹；历史是一幅画，让我们带着令人为之自豪的杨柳青、中国红、孔雀蓝、冬雪白等多种颜料，给这个伟大的时代增加人文的色彩，书写出属于自己的人生别样风采！

牧之魂：
树人以德

无穷的远方，无数的人们，都和我有关。

——鲁迅

诗意行走　一路歌吟

——牧式理念下鲁迅作品创意教学方法初探

山东省武城县第一中学　贺秀红

单从体裁而论，鲁迅的诗作数量很少，但如果认真细读鲁迅作品，我们就会有一个发现：鲁迅笔下的散文、小说，乃至杂文，这些"非诗"的作品其实都充溢着诗的情韵，有着诗的意境。鲁迅具有诗人的独特气质，这种气质往往在他的作品中流露、展现出来。他不是纯客观地叙写生活，而是从强烈而复杂的情感体验中生发心灵哲思，从丰富深刻的生命审视中构建精神家园，这使得他笔下的文字充满浓郁的抒情色彩。可以说，这些作品是鲁迅内在诗人气质的外在表现，是他用生命写成的"心灵的歌"。读鲁迅作品，就要读懂鲁迅作品中营造的诗意盎然的独特世界。

然而，鲁迅经典以冷峻厚重而著称，学生往往对鲁迅其人其文怀有敬畏之心。按照传统讲课策略，教学势必会从细处深入发掘其思想性，虽然教师讲得细致入微，唯恐有所疏漏，学生却未必能深入领悟，也难触摸到鲁迅的"诗意精神"。面对这一难题，笔者践行"牧式语文"教学理念，运用诗化策略进行突围，通过与学生一起游牧、一起发现的方式，尝试教出诗意与情致，引领学生带着诗情进入文本更深处，吟唱出心中的牧歌。课堂是开放的，学生是活跃的。教师身在学生中间，和他们一起解读、一起歌吟，引领孩子们读得深入一点、厚重一点，从而一同走近鲁迅，读懂他这伟大而深邃的诗意灵魂。诗意，从何处来？现以中小学语文教材中的鲁迅作品为例，感悟鲁迅其人其文的诗意魅力、笔墨情怀。

一、诗意，从写意之景流出

鲁迅作品中的景物描写，笔法简约，墨彩飞扬，犹如写意画一般，生动展现了诗与画融为一体的神韵，字里行间渗透着鲁迅先生的深沉情感，流淌出自然醇厚的诗意。先来欣赏小说《社戏》中描绘看戏途中所见所闻的精彩语句：

> 那声音大概是横笛
>
> 宛转，悠扬
>
> 使我的心也沉静
>
> 然而又自失起来
>
> 觉得要和他弥散在
>
> 含着豆麦蕴藻之香的夜气里

把原文中的语句直接变换成小诗形式，读起来富有诗情画意！从朦胧的月色里，从声响和气味里，从"我"的沉醉之中，展现出充满江南水乡特色的优美画面，构成情景交融的美好意境。引导学生美美地朗读，读出诗情，感受生活在如此美好环境中的孩子们的幸福，感悟"我"对少年时代美好生活的怀想。同样，小说《故乡》中也有多处景物描写，且看回忆中故乡与现实中故乡的不同画风：

> 深蓝的天空中，
>
> 挂着一轮金黄的圆月。
>
> 海边的沙地里，
>
> 都种着一望无际的碧绿的西瓜……
>
> 从篷隙向外一望：
>
> 苍黄的天底下，
>
> 远近横着几个萧索的荒村——
>
> 没有一些活气。

同样是"我"的故乡，前者五彩缤纷、美丽神奇，洋溢着喜悦与希望，令人悠然神往；后者萧条荒凉、凋敝破败，失去生机与活力，令人压抑沉痛，"我"的悲凉之情尽在这飒飒冷风之中。记忆中甜甜暖暖的味道，与现实里低沉悲凉的情感，形成了鲜明对比，这都是从"我"心中发出的诗意咏叹，是"我"矛盾心理的映射，是一个游子对故乡深情而理性的回眸。

二、诗意，从鲜活之人闪现

鲁迅先生用神来之笔刻画人物的音容笑貌，从人物名号、语言动作、内心世界、命运结局等多个角度入手，把人物置于特定的环境中，从全方位、多层次塑造人物形象。细细品读，便会捕捉到那时时闪烁着的诗意火花。

紫色的圆脸，

头戴一顶小毡帽，

颈上套着明晃晃的银项圈，

有着一双红活圆实的手。

他的家在美丽的海边，

心里有着无穷无尽的稀奇的事。

这是《少年闰土》中的那位小英雄，多么健康鲜活的形象！你能感受到这是一个自由舒展的生命！一首自然奔放的诗！闰土讲述的故事多么美丽，又是多么富有传奇色彩！这里有高远蔚蓝的天空，海边广阔的沙地，月亮底下还有一位身手矫健、聪明能干的小英雄。少年情怀总是诗。在和少年闰土的心灵交流中，"我"听到了无穷无尽的稀奇的事，看到了大海和远方。这样和谐美好的友谊，不正是一首美丽的诗吗？可是谁能想到，20余年之后，这个自然蓬勃的生命竟然会变成另一种模样：

灰黄的脸

头上一顶破旧的毡帽

终日吹着海风的他

眼睛周围肿得通红

那粗糙的手犹如松树皮

泛起道道裂痕

此时的闰土迟钝麻木到失语，已然失去生命的活力与生机。他犹如一首充满沧桑感的词，读来满是苍凉。岂止闰土，鲁迅先生笔下的人物个个都跃然纸上，如见如闻：长妈妈满床挤满一个"大"字的个性睡姿，像鸟儿一样飞出来的天真的孩童宏儿，那细脚伶仃的奇形怪状的"圆规"，还有孔乙己最后一次在咸亨酒店缓缓离去的那个灰色的背影，都具有强烈的视觉冲击，引发读者无限诗意的想象。

三、诗意，从哲理之思升华

仁厚黑暗的地母呵，

愿在你怀里永安她的魂灵！

这是散文《阿长与〈山海经〉》中的结语，用浓重的笔墨、诗化的赞语直接抒怀，表达鲁迅对阿长深挚的爱与感念，可谓神来之笔。这使鲁迅的文字有了一股气势，足以触动、震撼读者的心灵，言有尽而意无穷。小说《故乡》中的画龙点睛之笔同样富有哲理意味：

希望是本无所谓有/无所谓无的/这正如地上的路/其实地上本没有路/走的人多了/也便成了路。

这里的"路"是一个鲜明意象，构成了诗的意境，给读者带来希望，使文章的意味更加隽永、绵长。钱理群教授曾说，《故乡》是心灵的诗。其实在鲁迅的作品中，这样的诗意可以说俯拾皆是：

真的猛士，

敢于直面惨淡的人生，

敢于正视淋漓的鲜血。

这是怎样的哀痛者和幸福者？

反复咏叹，振聋发聩，这是理性的思索、灵魂的呐喊、情感的叩问，充满对生命、对社会的深刻哲思，有着曲折、深沉的美学风格。原本散文化的文字，变换了排列形式，打开诗歌这扇窗，使读者立刻感受到其中浓郁的诗意，更深入地读懂"我"内心的悲痛、压抑和愤怒，还有永远不灭的希望，从而走近一颗诗意而深邃的心灵。

四、诗意，从艺术之境生发

用一颗诗意的心去解读鲁迅经典，引领学生与作者、文本进行对话，在文本中多走几个来回，方能从中发掘出蓬勃的诗情、动人的力量，并用诗的语言、美的韵律抒发自己的深切感悟。例如，解读小说《故乡》，引导学生用诗意文字抒写一缕乡愁：

乡愁

——我与闰土

小时候

乡愁是高墙上的四角天空

我在这方

闰土在那方

初遇时

乡愁是圆月下碧绿的瓜地

我在这头

闰土在那头

分离后

乡愁是美丽的贝壳和鸟羽

我在贝壳里

闰土在鸟羽上

再见时

乡愁是一层可悲的厚障壁

我在外头

闰土在里头

这里的一缕乡愁，寄寓在四角的天空、几根羽毛、厚厚的障壁和金黄的圆月中，整首诗回环往复，一咏三叹，用排比铺陈的句式，写出乡愁在"我"心头的投影，有着亘古绵长的意绪。或许，我们从中能够领略到鲁迅心头的一抹乡愁。

又如在解读阿Q这一形象时，引领学生进行人物点评：

明明是失败了，

却总是做出完胜姿态。

你低到尘埃里，

却永远把自己当成精神王者。

这种点评是不是具有人生哲理和诗的韵味？由此，课堂焕发出生命活力、蓬勃诗意，唤起学生心头的那份诗情，师生在欣赏、创造中展现出属于自己的精彩。

可以说，鲁迅作品中处处皆诗。他的悲悯、理性，他深沉热切的忧世情怀，他的诗意才情，都渗透到其作品的一字一句之中。我们要做的，是寻找与展现，变换与创新。诗歌具有形式之美，但真正的诗不仅是外在形式，更是对生命的深刻感悟，是从心灵深处发出的歌吟，乃至是作者诗意化了的人生。当内在的诗心外化为灵动优美的文字时，这就是真正的诗。从这一角度来说，读鲁迅之文，亦是读人，读出鲁迅诗意丰盈的生命。

牧式教学倡导自由言说、诗意表达，无论是刻画人物、再现情景，还是诗歌补白、展开想象，都是学生的言语生命萌发、成长的历程。这诗情勃发的课堂，正与鲁迅的诗意生命不期而遇。作为语文教师，就要有一颗诗心，引领学生在鲁迅作品的天地里自由驰骋，与经典碰撞，与鲁迅对话，让孩子们的灵魂渐趋饱满与丰盈，并绽放出诗意的光芒。

以思索之态描摹丰富之世情

——浅谈如何进行鲁迅教学

山东省武城县第六中学　付超

　　鲁迅先生的作品是中学语文教科书中的经典内容，统编中小学语文教材的总主编温儒敏教授曾这样说："鲁迅是近百年来对中国文化及中国人了解最深的思想者，也是最具独立思考和艺术个性的伟大作家，鲁迅已经积淀成为现代最重要的精神资源，所以让中学生接触了解鲁迅，是非常必要的，教材编写必须重视鲁迅。"最新版初中语文教材入选了出自鲁迅先生小说集《呐喊》中的三篇文章——《社戏》《故乡》《孔乙己》，从某种角度上来说，这三篇小说是鲁迅先生以思索之态描摹丰富之世情。有关鲁迅作品的教学应注重培养学生对文学的理解、鉴赏能力和人文素养，下面以小说为例，探讨应该如何进行鲁迅作品创新教学。

一、语文教师讲授鲁迅先生的作品应注意什么

　　许多教师觉得鲁迅先生的小说难以理解，课堂教学不好把握。我个人认为，语文教师应该深入研究初中语文教材中的鲁迅经典作品。教学目标可具体分为以下几点：首先，使学生掌握鲁迅先生小说的基本情节、人物形象和主题思想，提高他们的阅读理解能力；其次，分析鲁迅先生小说的艺术特色，引导学生领略文学的魅力，培养他们的审美情趣；最后，深入挖掘鲁迅先生小说中的人文学意义，帮助学生树立正确的人生观、价值观，提升他们的思想境界。

　　为实现这些目标，教师可采取以下教学策略：一是采用问题驱动法，引导学生主动探究鲁迅小说中的主题内涵和艺术手法；二是充分利用多媒体手段，例如图片、视频等，增强课堂的趣味性和直观性；三是组织课堂讨论，鼓励学生发表自己的见解，提高他们的思辨能力；四是结合现实生活，让学生从鲁迅小说中汲取智

慧，引导他们关注社会现象，培养批判精神。

二、针对初中生认知特点的鲁迅作品教学方法

初中生处于青春期初期，他们的心理和认知特点决定了我们在进行鲁迅小说教学时，需要采用生动、有趣且易于理解的教学方法，注重激发学生的兴趣和好奇心，引导他们主动探索鲁迅小说的奥秘。例如，通过设置悬念，学生在课堂上产生探究欲望，从而提高他们的学习积极性。

鉴于初中生的认知水平，我们在教学过程中要注重化繁为简，将复杂的小说文本分解为易于理解的各个部分。以故事情节为例，可以先让学生了解大致故事脉络，再逐步深入剖析人物性格和主题思想。还可以通过对比分析，让学生在较为熟悉的事物中找到鲁迅小说独特的艺术价值，例如将鲁迅小说与同时期其他文学作品进行比较，让学生更好地领略鲁迅小说的独特魅力。

青少年具有较强的模仿性和表现欲，我们可以充分利用这一特点，组织角色扮演、情景再现等活动，让学生在亲身体验中走进鲁迅小说中的世界。此类活动不仅有助于提高学生的参与度，还能使他们更好地理解鲁迅小说中的人物性格、情感内涵。同时，通过小组合作、讨论辩论等形式，让学生在交流互动中碰撞出思想的火花，提升他们的思辨能力和审美水平。

将鲁迅小说中的文学意义与学生的现实生活相结合，引导学生正确面对生活中的困境，是重中之重。例如，我们可以借助鲁迅小说中的励志人物，让学生学会在逆境中坚持信念，培养他们面对挑战的勇气和信心。针对初中生的心理和认知特点，我们应采用多元化、生动有趣的教学方法，激发学生的学习兴趣，提升他们的文学素养，培育其人文精神。

三、鲁迅作品在初中语文教学中的重要意义

鲁迅先生的小说在初中语文教学中具有重要地位，不仅有助于提高学生的文学素养，还能培养他们的人文精神。为了更好地发挥鲁迅作品在语文教学中的作用，我们从以下几个方面进行了探索。

一是将鲁迅小说融入课程体系。在学校课程设置中，合理安排鲁迅小说的教学课时，确保学生有足够的时间进行学习和探讨。根据鲁迅小说的文学价值和人文意义，将其纳入初中语文课程标准，明确教学目标和内容要求。

二是着力创新教学方法和手段。结合初中生的心理和认知特点，运用多元化、

生动有趣的教学手段，例如多媒体展示、角色扮演、小组讨论等，激发学生的学习兴趣和参与热情。在教学过程中，注重培养学生的阅读理解、审美鉴赏和批判思维能力，使他们在学习鲁迅小说的过程中，能够提升自己的文学素养。

三是重视与其他文学作品联系。通过对比分析，学生更好地理解鲁迅小说的独特价值。例如在教学过程中，可以将鲁迅小说与同一时期的其他文学作品进行比较，引导学生探讨鲁迅小说的艺术特色和思想内涵；鼓励学生参加各类关于鲁迅的随笔写作和比赛活动，加深对鲁迅其人其文的理解，激发学生的创作潜能。

四是强化鲁迅小说与现实生活的联系，也是尤为重要的一点。在教学过程中，教师要善于将鲁迅小说中的人文学意义与学生的现实生活相结合，帮助学生从中汲取智慧，指导他们正确面对生活中的困境。例如，借助鲁迅小说中的鲜明人物，让学生学会在逆境中坚持信念，培养他们面对挑战的勇气和信心。

人物形象是小说及小说教学的核心内容，抓住了人物形象，就抓住了鲁迅小说教学的根本。由此，引领学生品味人物形象，感受鲁迅先生小说作品的主题，领悟其写作手法，鉴赏其语言运用的妙处，找到表现人物性格的特质元素，对其进行深入的聚焦透视，有着极为重要的意义。总之，在初中语文教学中，我们要通过丰富多样的课堂活动，探索有效的教学方法和手段，充分发掘鲁迅小说的文学价值和人文意义，将鲁迅小说融入课程体系，强化其与其他文学作品的联系，注重其与现实生活的结合，培育师生的文学素养和创新精神。

唱给童年的骊歌

——《少年闰土》文本解读

山东省武城县第七实验小学　刘秀红

　　《少年闰土》是鲁迅先生的一篇脍炙人口的文章，节选自小说《故乡》。小说以"我"和闰土的相识、相知、相离为主线，通过对少年闰土的人物塑造，展示了当时中国农村社会的现实面貌，表达了"我"对童年时光的怀念和对故土的深情。少年闰土的形象及文本的叙事手法都具有很高的文学价值，为我们提供了一个深入探讨的视角。

一、闰土形象的分析与解读

　　少年闰土是一个充满活力、好奇、勇敢、聪明的农村少年。他活泼好动，善于观察大自然，对生活充满热情。在与迅哥儿的交往过程中，闰土展现出了他聪明才智的一面，例如他的捕鸟"绝活"，令人深感佩服。少年闰土对自然充满热爱，对捕鸟等活动充满兴趣，代表着一种未受社会影响的纯真生命力。

　　在小说中，闰土的成长与转变经历了几个关键事件。他与"我"共同玩耍，从而建立起深厚的友谊，两个孩子在相互陪伴中共同成长。后来他不得不回家，与"我"分离。最后闰土再次出现在"我"的视野中时，"我"要离开故乡，而他已经变得沉默寡言，成为一个典型的农村基层劳动者。这些事件展现了闰土从童年的纯真、少年的探索到成年的向现实妥协的成长轨迹。虽然闰土后来变了，但他给"我"送豆，不巧取豪夺不属于自己的东西，保持了天性中的本分，反映了他性格中纯朴、善良等美德在现实生活中的磨砺和坚持。在面对生活的困境时，他始终保持着人性中的亮点，保持着对美好生活的向往。这种价值取向在当时的社会中尤为可贵，也为闰土的形象增添了独特魅力。这种精神风貌使得闰土的形象在鲁迅笔下因有了一抹亮色而越发鲜明，也使得这篇小说成了中国现代文学史上的一部经典之作。

二、叙事视角的选择与意义

《少年闰土》的叙事视角独具匠心，以儿童的视角展现了一段真挚的友情，写明了少年闰土的成长历程。鲁迅在这篇小说中，巧妙地运用了第一人称的叙事方式，使得故事具有强烈的真实感和亲切感。这种叙事视角的选择，既有利于拉近读者与文本的距离，也使得少年闰土的形象更加鲜活、立体。

从叙事视角的意义来看，它既体现了"我"对童年时光的怀念，也展现了"我"对故土的深情。以"我"的视角来描绘闰土，使得这个人物形象更加纯真、可爱，同时也使得读者更容易感受到那个时代的美好和现实生活的无奈。这种叙事视角有助于表现"我"对少年闰土成长过程中的关注，以及对闰土这个角色的认同、赞美。

在这种叙事视角的统领下，《少年闰土》呈现出了一个充满童趣和现实冲击的故事。鲁迅通过对闰土的描绘，让读者感受到了那个时代农村少年的生活状态，以及他们在成长过程中所面临的困境和挑战。这种叙事视角不仅凸显了文本的主题思想，还使得读者在阅读过程中能够更加深入地理解鲁迅的创作意图。可见，《少年闰土》的叙事视角的选择具有重要的意义。它为读者提供了一个深入了解少年闰土和那个时代的窗口，通过对叙事视角的分析，我们可以更好地理解文本的价值和意义，进一步领略鲁迅作品的魅力所在。

三、叙事线索的设置与作用

在《少年闰土》中，鲁迅巧妙地设置了叙事线索，使得整个故事紧密连贯，易于读者把握。《少年闰土》的行文脉络是：忆闰土、盼闰土、见闰土、识闰土、别闰土。全文以"我"与闰土的友谊为主线贯穿全文，记叙闰土的关键事件，展现闰土的聪明才智，这条线索使得故事情节更加紧凑，读者可以清晰地看到两个孩子在相互陪伴中共同成长的过程，不仅丰富了闰土的人物形象，也使得故事更加丰富多彩。

从全文看，这一线索在文本中起到了重要作用，有效地推动了故事情节的发展，使得读者能够更好地跟随"我"和闰土的成长历程，对闰土的形象感知更加丰满，对这位农村少年产生深刻的情感共鸣，使得《少年闰土》成为充满情感、故事情节紧凑、主题鲜明的佳作。

四、对主题的深入探讨和剖析

故事以清末民初为时代背景，这是一个社会变革的时期。在这个时期，封建制度逐渐瓦解，外国文明开始传入中国。然而，这种变革对于当时的农村社会来说，无疑是有限的。闰土的生活环境依然封闭、保守，封建观念仍然根深蒂固。在这种背景下，少年闰土勇敢、聪明、自由、鲜活的形象具有了特殊的意义。

《少年闰土》的主题在于，它展现了少年闰土的成长历程，反映了当时农村少年的生活状态。在这个过程中，闰土展现出了勇敢、聪明、自由、充满活力等优秀品质，这些品质在那个时代背景下显得尤为可贵。作者通过闰土的形象，表达了对童年时光的怀念，对故土的深情，以及对那个时代农村少年的关爱。

小说《故乡》中的成年闰土，不再是当年的英雄少年，成年闰土的形象表现揭示了闰土成年后面临的生活困境。在生活的磨炼中，闰土逐渐认识到现实的残酷，他从少年的纯真走向了成年的妥协。这个过程反映了当时中国农村社会的现实面貌，也揭示了封建观念对人们思想的束缚。通过闰土的成长历程，鲁迅向我们展示了一个充满悲剧色彩的时代背景，让我们更加深刻地体会到生活的压迫与无奈。

综上所述，《少年闰土》通过对闰土这一形象的塑造，深刻地反映了当时中国农村社会的现实面貌，表达了鲁迅对童年时光、故土的怀念，对农村少年的成长的关注，以及对农村少年聪明、纯朴品质的赞美之情。文本揭示了封建观念对人们思想的束缚，以及生活困境对闰土成长的冲击，这使得《少年闰土》成为中国现代文学史上的一部经典之作，具有极高的文学价值。

参考文献

[1] 赵尚平.把握故事情节解码人物形象——统编教材六年级上册《少年闰土》备课思考［J］.小学教学参考，2020（31）.

[2] 罗有岩.解读文本细节凸显人物形象——《少年闰土》教材细读与教学建议［J］.云南教育（小学教师），2017（10）.

[3] 李奎艳.用童心构筑经典文本与学生之间的桥梁——《少年闰土》文本解读［J］.小学语文教学，2016（6）.

怎一个"变"字了得

——从"少年闰土"到"成年闰土"形象解读

四川省达州市新世纪学校　孙廷广

鲁迅先生在创作《故乡》时，正值中国封建社会的末期，国家内忧外患，民生疾苦。鲁迅先生对闰土形象的描绘，旨在反映当时社会的腐朽以及人们对未来的迷茫，进而唤起民众觉醒的意识。文章以闰土为主角，揭示了一个时代的悲剧，表达了作者对新一代的期望。本节将围绕《故乡》一文的文化背景与创作意图，对这一经典文本进行解读。

一、角色解读：闰土的性格特点与命运剖析

在《故乡》这一作品中，闰土的性格特点丰富多样，既包括自由自在、聪明能干的一面，也包括对封建礼教的顺从和无奈。这些矛盾因素相互交织，共同塑造了闰土这一复杂多面的角色，使其成为作品中引人深思的人物。

在与"我"的交往中，闰土展现出了对未知世界的好奇心和探索欲望。他能做许多"我"不能做的事情，热衷于讲述各种奇闻逸事，使"我"拓宽了自己的视野。然而，这种小英雄的天性在与现实生活的碰撞中逐渐幻灭，人性的自由在严酷的现实面前显得无力且无奈。后来的他变得沉默寡言、唯唯诺诺，作为一个深受封建礼教影响的成年人，闰土顺从地遵循当时的礼仪，努力使自己符合封建礼教的规范，成了一个迟钝麻木的木偶人。

在当时的社会背景下，闰土的命运充满了悲剧色彩。从某种程度上说，闰土的命运折射出了那个时代许许多多农民共同的悲剧命运。他们在封建社会的压迫下挣扎求生，渴望改变命运，却终究是"寄希望于神灵"，难以摆脱时代的阴影。通过对闰土性格特点与命运的剖析，我们可以体悟到鲁迅先生对封建社会的深刻批判，

以及对年青一代命运的关注。闰土的悲剧命运不仅揭示了封建社会对人们的压迫，还让我们意识到个体在时代命运面前的无力感。这为我们理解那个时代的底层农民提供了一个深刻的思考角度，也使《故乡》这一作品具有了更为丰富的文化内涵。

二、对比：少年闰土与成年闰土的形象变迁

在《故乡》这部作品中，作者鲁迅通过对比少年闰土与成年闰土的形象，展现了社会环境对个体命运的巨大影响。这种影响不只体现在闰土的身上，而是那个时代每一个人的缩影。

少年时期，闰土是一个充满好奇心、求知欲强烈的孩子。他与鲁迅的对话交流，展现了他对未知世界的热情与好奇。随着时间的推移，闰土逐渐陷入了现实的困境。封建礼教对他的束缚，使他开始对生活感到无奈和失望。这种转变不仅体现在他的性格上，也反映在他的生活态度和行为举止上。成年闰土的形象复杂而沉重，在封建社会的残酷压迫下，他饱经沧桑，性格趋于沉默和悲观，曾经的求知欲望和好奇心已经被生活的艰辛磨灭。他在现实生活中苦苦挣扎，试图通过崇拜神灵寻求解脱，却始终无法摆脱命运的残酷。闰土的成年形象，揭示了社会环境对个体命运的深刻影响，以及时代变迁对人性的磨砺。

通过对比少年闰土与成年闰土的形象，我们可以读出鲁迅先生对人们命运的关注和对封建社会的批判。这种对比不仅让我们更加深入地理解闰土这一角色，也使我们意识到社会环境对个体命运的巨大影响，这种影响在当今社会依然具有很强的现实意义。

三、意旨：闰土角色的塑造与主题呈现

在小说中，闰土是一个充满矛盾的人物，他既有着少年的活力与好奇心，又受到封建礼教的束缚，这使得他在面对现实问题时显得无所适从。作者通过对闰土的刻画，表达了对封建社会伦理道德的批判，以及对当时人们命运的关注。通过对少年闰土与成年闰土的形象分析，我们可以更好地理解鲁迅先生的创作意图，以及作品中所蕴含的深刻社会意义。

闰土性格中的矛盾，既体现在他对知识的渴求与现实的无奈，也体现在他对待人生的乐观与悲观。这种矛盾导致了他命运的多舛，最终使其走向悲剧。从一个充满活力的少年，到一个饱经沧桑的中年人，闰土的形象变迁反映出社会环境对个体命运的巨大影响。这种影响不仅体现在闰土的身上，也是那个时代每一个人命运的

写照。在当时背景下，闰土的形象变迁成了一个时代的象征，反映了人们在那个时代面临的困境和挑战。他的命运揭示了封建社会的弊端，警示我们要勇于面对现实，坚持自我，不为世俗观念所束缚。

四、社会意义：闰土形象对当代人们的启示

闰土形象在当代社会仍然具有很强的启示作用。他的命运变迁让我们认识到，时代的发展和个人命运的关系是如此紧密，我们应当珍惜当下的良好环境，抓住机遇，不断提升自我。闰土的经历告诉我们，面对困境时，要有坚定的信念，勇于坚守自我，不被世俗观念左右。

闰土的悲剧命运警示我们要时刻关注社会进步，保证社会公平正义，要努力改变那些不利于个人发展的社会现象，为建设一个更加美好的社会出一份力量。同时，我们要学会在现实世界中寻求平衡，既要追求个人的价值，又要兼顾社会责任，实现自我与社会的和谐发展。闰土的形象启示我们，在面对现实生活中的种种困境时，要保持乐观的心态，坚定信念，勇往直前，战胜人生的困境，努力成为人生的强者。

闰土这一角色不仅具有深刻的文化内涵，还具有强烈的现实意义，对当代人具有重要的启示作用。在当今社会，虽然时代背景发生了巨变，但闰土的命运依然具有很强的现实意义。他的形象启示当代人要勇于面对现实，坚持自我，不被世俗观念束缚。通过对闰土这一角色的解读，我们感受到鲁迅先生对时代和人生的深刻洞察，以及对青年人的关爱和期望。这为我们今后的文学鉴赏和文本解读提供了有益的启示：要关注作品背后的社会历史背景，把握人物性格的复杂性，理解作者的创作意图，从而更好地领略鲁迅文学作品的魅力。

"好的故事"中或许"没有故事"

——《好的故事》文本解读

山东省武城县特殊教育中心　于东涛

鲁迅，作为我国现代文学的奠基人，其散文诗作品在我国文学史上具有重要地位。《好的故事》创作于1925年，描绘了一个梦幻般的美丽、优雅、有趣的故事。作品以江南水乡为背景，运用细腻的笔触描绘景象，通过讲述一个美丽的梦境，表达了作者对美好生活的向往和对现实的失望。作品主题鲜明，意蕴深刻，反映了当时社会矛盾的激化以及人们对美好生活的渴望。本文将从文本的意象、象征、创作风格以及现实主义精神等方面进行探讨，品味其高超的艺术价值。

一、意象鲜明，隐喻着丰富的思想

鲁迅的散文诗创作风格独特，语言优美，韵律感强，其作品既具有散文的随意性，又具有诗歌的韵律感。在《好的故事》中，鲁迅以诗意的语言描绘出江南水乡的美景，运用细腻的笔触描绘景象，以意象丰富、寓意深刻的诗歌语言展现出其内心世界，揭示了现实社会的矛盾和人们对美好生活的向往。

文章通过描绘一个宁静、和谐的梦境，展现了作者对美好生活的向往。在梦中，"我"看到了许多美的人和事，如两岸边的乌柏、新禾、野花、鸡、狗、丛树和枯树等。这些意象构成了一幅美丽的画卷，仿佛是一个与世隔绝的世外桃源。鲁迅凭借丰富的想象力，将抽象的思想情感具象化为具体的景象，表现了对安宁生活的渴望，体现了"我"对理想社会的追求。在《好的故事》中，鲁迅运用"沉痛的微笑""美丽的荒凉"等具有隐喻意义的语句，勾勒出一幅美丽而忧伤的画面，传达出内心的情感，使得作品具有超高的审美价值。

文中的"渔船"这一意象承载了传统与现代的冲突与融合。作为农耕文明的象征，渔船代表着传统的生产方式和生活状态，它缓慢地行驶在水中，承载着人们对美好生活的向往。然而，渔船也将面对着现代文明的冲击，它预示着新的生产方式和生活状态的到来。这种冲突与融合，反映了鲁迅对时代变革的敏锐洞察和对未来发展的深刻思考，以及对时代发展的期许。借助这些意象，鲁迅表达了自己对理想与现实的矛盾感受，这种矛盾感使得作品充满了情感冲突和张力，也让读者深刻感受到鲁迅内心的挣扎和苦闷。通过对比梦境中美好的人和事与醒来后的昏沉夜，凸显梦境与现实的差别，展示了鲁迅内心对理想世界的向往与对现实社会的失望。

二、巧用象征，凝结着深刻的哲思

鲁迅的散文诗富含象征意味，通过深入剖析意象的象征意义，我们可以更好地理解鲁迅的创作意图，这也为我们的文学欣赏提供了全新的视角。在《好的故事》中，鲁迅巧妙地运用了水、船、灯光、桃花等具有象征意义的意象。水，象征着生活的流动性与变动性；船，代表着旅途中的所见所闻；灯光，寓意着希望与光明；桃花，则寄寓着对未来的美好愿景。这些意象在作品中交织在一起，形成了一幅生动而富有象征意义的画面。

在鲁迅的笔下，"昏沉的夜"象征着旧中国的黑暗社会，而"好的故事"则象征着作者对美好未来的憧憬和期待。这种象征手法的运用，使得作品具有更为深刻的内涵和意义。美好梦境与现实社会的对比，表达了鲁迅对当时现实的否定和对理想与未来的向往之情。鲁迅巧妙地运用各种意象，表达了对现实社会的反思和对美好未来的期待。水面上的灯火，如同黑暗中的一抹光明，为困境中的人们带来希望与温暖。在《好的故事》中，这盏灯火显得尤为重要，它不仅是作品的核心意象，更是对美好未来的期待的象征。这盏灯火代表了一种不屈的精神，一种对美好生活的执着追求。鲁迅通过这一意象，表达了对社会进步的期待，同时也揭示了现实社会中的黑暗与压迫。但无论现实多么黑暗，只要有这盏明灯照亮，人们就不会迷失方向，就能找到通往光明的道路。而那两岸的桃花则是另一种富有象征意义的元素。在作品中，桃花盛开，给人们带来生命的气息和美好的愿景。鲁迅以桃花为象征，揭示了人们在面对困境时，依然保持着旺盛的生命力和对美好生活的向往，象征着人们在逆境中依然拥有生机勃勃的活力。这种生命力是民族振兴的基石，也是抵抗黑暗势力的强大动力。在作品中，桃花与水面上的灯火相互映照，形成一种美好的寓意，这是光明与希望、生命力的象征，是国家与民族的希望所在。

三、关注社会，现实与梦境的交织

鲁迅的散文诗以其独特的艺术风格和深刻的社会批判意识，凸显出强烈的现实主义精神。在《好的故事》中，鲁迅以独特的视角展现江南水乡的美景，对此美好背后的社会黑暗，表达出对社会现实的失望和对美好生活的向往。这种对现实生活的深刻反思和批判，体现出鲁迅坚守现实主义精神的决心。他通过描绘生活的点滴细节，展现出社会矛盾的激化以及人们对美好生活的渴望，呼吁人们在时代变革中勇于突破传统的束缚，去追求和拥抱进步的现代文明。

《好的故事》采用了"圆形结构"，从现实到梦境再到现实的循环，形成了一种心境的循环。梦境与回忆的交织，构成一个象征的朦胧世界，这个世界充满美好的想象与体验，就如一个故事，或许发生过，或许前方才会有，又或许这样的美好注定永远都不会存在。世界上真的会有如此美好的故事吗？作者自己也是矛盾的、纠结的、不太确定的，只留下梦醒时分的惆怅。

在鲁迅的散文诗《好的故事》中，意象、象征与深邃的哲思相互交织，共同构建了一幅深邃的艺术画卷，展现了鲁迅独特的艺术魅力和深刻的思想内涵。鲁迅以其独特的审美视角和深厚的文化底蕴，通过各种意象和象征手法，通过细腻的笔触和富有哲理的手法，赋予了作品丰富的内涵和独特的艺术魅力，成功地将他对社会现实的关注和对美好生活的向往融入作品中，展现了作家对美好生活的向往和对社会现实的批判。从《好的故事》中，我们可以窥见鲁迅散文诗的创作魅力以及其在我国现代文学史上的重要地位，这为后世文学创作提供了丰富的借鉴和启示。

鲁迅散文的文本解读策略初探

——以《阿长与〈山海经〉》为例

山东省武城县老城镇中心小学　郭宁

在鲁迅众多的作品中，有一篇文章饱含着温情，充满着童趣，就是《阿长与〈山海经〉》。《阿长与〈山海经〉》是鲁迅先生的一篇回忆性散文，被收录于散文集《朝花夕拾》中。这篇文章通过回忆儿时与家中保姆阿长相处的点滴往事，展现了鲁迅对阿长的深厚情感以及对她人格的肯定和赞颂。《阿长与〈山海经〉》不仅是一篇文学作品，还是对当时社会现实的批判和对劳动人民优秀品质的赞美，启发读者对造成人物命运的社会历史环境进行思考。

就题目而言，分为阿长、《山海经》两个层面。一个是大字不识的女工，一个是经典名著，鲁迅却将二者结合起来，这不仅仅是为了引起读者的好奇，更重要的是这两者都对鲁迅的人生产生了重大的影响，鲁迅对他们都具有特殊的情感。鲁迅对阿长的情感与写作时的历史背景密不可分，他在写这篇文章时正遭受各种敌对势力的迫害，在流亡生涯中思归童年，而长妈妈的温暖热心给鲁迅漂泊的心灵以鼓励和慰藉。由此可见，文章的主题思想包括对劳动人民的深切关怀和尊重，以及对中国传统文化和社会风貌的深刻反映。

文章在第一段就已经告诉读者，"我"只有在憎恶她的生活时才叫她阿长，那么这里就有了一个矛盾，在多年后，鲁迅是带着敬意、感激、怀念之情来回忆长妈妈的，但为什么要用表达憎恶时才会被提起的称呼呢？回忆性散文有两种情感：一种是"当时的我"的情感，另一种是"现在的我"回忆"当时的我"的情感。阿长这一称呼符合鲁迅中年时的口吻，既可以指关爱"我"的长妈妈，又可以指当时灾难深重的普通人民中的一员，由此可见这一人物形象的普遍性。

阿长是鲁迅儿时的保姆，她的形象具有纯朴、善良、富有爱心等特点。尽管她有诸多不足，如迷信、烦琐的规矩等，但她对鲁迅的关爱和教育超越了她的工作职责，显示了她深厚的爱。文章通过几个生动鲜活的细节，刻画了一位纯朴善良但又粗俗迷信的农村妇女形象。尽管阿长没有文化，甚至有几分粗俗，但她心地善良，乐于助人，对生活有着美好希望，热心帮助孩子解决疑难。特别是她记住了小迅哥儿对《山海经》的渴望，并在一次回家省亲时设法买到了这本书，让"我"深感惊讶和感动。小迅哥儿对阿长的态度经历了从不满、抱怨到理解、尊重、感恩的转变。尤其是当阿长为"我"买来了渴望已久的《山海经》时，"我"对她的敬意和感激之情油然而生。阿长的迷信和规矩反映了当时中国乡土社会的特点。她的言行虽然带有时代的局限性，但也体现了那个时代普通人的生活状态和思维方式。文章既展现了阿长的缺点，又满怀深情地描绘了她的优点，使得阿长的形象丰满而立体。鲁迅通过描述阿长的形象和行为，展现了普通劳动者身上的善良、热心和无私，体现了作者对底层人民的人文关怀。文章深刻表达了鲁迅对阿长的复杂情感，既有对她陋习的厌烦，也有对她深深的感激和怀念。这种情感表达使得文章更加真实和感人，反映了鲁迅作为一位伟大作家对人性的深刻洞察和对时代的敏锐感知。

"鲁迅没有专文写过自己的母亲，却写了这篇怀念保姆的文章。"由此可见，阿长在鲁迅心中的地位之高，分量之重。从文章中我们明显可以看出，阿长对于年幼的鲁迅是十分操心的，大年初一教幼年鲁迅学过年的礼节，还教了许多"我"觉得麻烦的规矩，不管这些规矩是否带有落后的愚昧的封建迷信色彩，那些"烦琐的"的"古怪的仪式"实际上就是一个母亲对自己孩子做人做事的严格规范和要求，我们能从中看出阿长给予年幼鲁迅的远高于保姆身份的类似母亲一般的爱。

细细品读，小迅哥儿对于《山海经》无疑是特别喜爱的，刚开始是想问别人，但没有人回答他，后来只能把希望寄托在自己身上，想等自己出去时用压岁钱买，但由于时间问题也作罢了。本以为可能会是个无法实现的遗憾，以为对其说了也无益的阿长却为他买了回来，从小迅哥儿接到书的反应可以看出他是完全被这个突如其来的惊喜惊到了。丰子恺先生在《活着本来单纯》一书中这样说道："天地间最健全的心眼，只是孩子们的所有物，世间事物的真相，只有孩子们最能明确、最完全地见到。"虽然阿长谋死了"我"那隐鼠，还喜欢"切切察察"，还挤得"我"没有地方睡觉，但这些"我"所能记得的她的不好，都在此时，因为这件事而变得可以被原谅了。别人拿小孩的事当小事，可她却放在了心里，不辞辛苦买来，完成了一个孩子的梦。阿长连《山海经》的名字都读错，把书给孩子时还说是"三哼经"，可见她为买书走了多少地方，进了多少书店，遭到过别人多少白眼和嘲笑。

但是，她做到了。对于一个孩子来说，这是怎样的一种伟大。

全文语言平实，处处流露着真情，将读者带入了儿时作者的世界中，令人觉得特别温暖可亲。鲁迅先生在结尾处写道："仁厚黑暗的地母呵，愿在你怀里永安她的魂灵！"在民间传说中，有"天神至尊，地母多福"的说法，地母掌管天地、阴阳、生死、生育，并容纳万物。鲁迅作为一个学过医的人，是不相信世间的鬼神之事的，为何还要祈求地母呢？显然，他是从阿长的角度来考虑的。阿长是一个虔诚的鬼神信奉者。鲁迅先生虽然不信魂灵，但那个时代普通劳动者最大的愿望就是灵魂能得到安息。他是用阿长喜欢的方式来为她祈福，这是鲁迅对阿长的深刻理解和给予她的深情厚爱。因懂得而同情，因深爱而感激。这让我们看到了鲁迅作为一位伟大作家对人性、社会和文化的深刻洞察和独特表达。

发掘文字背后的文化密码

——《阿长与〈山海经〉》的思想内涵与艺术特色

山东省武城县第五中学　王秀芬

对鲁迅散文的文本解读是一个深入且有意蕴的话题。《阿长与〈山海经〉》作为一篇脍炙人口的散文，具有极高的文学价值，展现了鲁迅卓越的文学才华，彰显了中国现代散文的魅力。通过对本文的解读，我们将对鲁迅的创作艺术有更深刻的认识，对作品中的主题思想有更为全面的把握。阿长这一人物与《山海经》一书的内在联系，在于二者皆具有丰富的文化内涵，承载着中华民族的精神血脉。在创新解读的过程中，我们可以从阿长的视角审视《山海经》，从中发现她与当今社会的关联。例如，阿长对待生活的态度以及她与鲁迅之间的深情，都可以看作传统文化在社会中的传承与体现。下面以《阿长与〈山海经〉》一文为例，从以下几个方面对鲁迅经典散文进行深入解读。

一、关注鲁迅散文中展现的思想内涵

鲁迅的散文往往蕴含深刻的思考和批判精神，他通过对人物和事件的描写，反映出社会的种种问题和矛盾。《阿长与〈山海经〉》是鲁迅先生1926年写的一篇回忆性散文，被收录于他的散文集《朝花夕拾》之中。这篇文章通过描写鲁迅先生儿时与保姆阿长的相处，展现了他对阿长情感的变化和深刻的记忆，通过生动刻画阿长的形象，表达了他对劳动人民的深切关怀和尊重，同时也揭示了旧社会习俗的弊端和人性的复杂。真切、朴实的叙述之中，彰显着对往昔生活的难忘、对过往温情的留恋。文章结尾"仁厚黑暗的地母呵，愿在你怀里永安她的魂灵"一句，独立成段，抒情与议论相结合，将对长妈妈的怀念与感激之情推向了极致，有力地凸显了对阿长及儿时岁月的怀念这一主旨。

二、品鉴鲁迅散文的艺术特色

鲁迅的散文语言简练而富有力量，他善于运用比喻、象征等修辞手法，使文章更具表现力和感染力。在《阿长与〈山海经〉》一文中，鲁迅通过生动的细节描写和形象的比喻，使阿长的形象栩栩如生，给读者留下了深刻的印象。细细品读可以发现，文章采用了童年鲁迅与中年鲁迅的双重叙述视角，通过对比展现了鲁迅对阿长情感的复杂性，童年的视角充满了童真和直率，而中年的视角则带有更深的理解和无限感慨。

长妈妈有烦琐的规矩，喜欢告"我"的状，睡觉摆一个"大"字，更可恶的是她谋害了"我"的"隐鼠"，这些在当时幼小的"我"看来，都是不喜欢的，甚至是令人憎恶的，所以这时"我"不再叫她"长妈妈"，而称呼她"阿长"，这在感情的抒发上叫"抑"。长妈妈元旦早晨往"我"的嘴里塞福橘，希望"我"平安健康，这暖人的生活细节，让人感悟到长妈妈的好与善良，对她产生了好感。长妈妈还会讲"长毛"的故事，让"我"陡然对她产生了敬意。而让"我"更感动和佩服的是——她，一个不识字的人，不知跑了多少书店，竟然为"我"买回了《山海经》。正如文中所说"别人不肯做，或不能做的事，她却能够做成功。她确有伟大的神力"。这些饱蘸感情的文字，称为"扬"。文章正是运用先抑后扬的写作手法，将作者对长妈妈的感激与怀念之情抒发得浓烈而感人。

三、发掘鲁迅散文的文化价值

鲁迅的散文不仅是他个人情感的表达，更是对中国传统文化和社会风貌的深刻反映。通过对《阿长与〈山海经〉》的深度解读，我们可以了解到封建社会下劳动人民的生活状态和思想观念，从而更好地理解那个时代的社会风貌和文化内涵。

阿长是鲁迅儿时的保姆，鲁迅对她的态度在文中经历了从"不太佩服"到充满"敬意"的转变。阿长身上的一些行为和信仰，如对新年仪式的重视，对"长毛"故事的讲述，虽然带有迷信色彩，但也反映出她的善良和对"哥儿"的关爱。阿长身上体现了当时中国底层乡土社会成员的文化特征。她的言论和行为，如对"长毛"的描述，虽然荒谬，却也反映了乡土社会的思维模式和生存智慧。

四、注重个性化感悟和体会

阿长是鲁迅先生的保姆，她出身平凡，地位低下，是一位普通的女佣，"阿长"这个名字还是先前家中女佣的名字，她长相不好，黄胖而矮，饶舌多事，做事有烦琐的规矩，但她不拘小节，真诚善良，乐于助人，这令鲁迅先生一生难忘。她既粗俗又善良，既迷信又朴实，既愚昧又有爱。这是一个生活在旧社会底层的劳动妇女，虽然她的经历透露出其在生活中所遭受的种种苦难与轻视，但她在苦难面前是坚忍的、温情的，她对迅哥儿的关爱是最真挚、最无私的，一字不识的她甚至为迅哥儿买来了他期盼已久的《山海经》，这件事使这个底层小人物顿时焕发光彩。因为真实，所以可亲可感；因为鲜活，所以如见如闻。作者用深情而质朴的语言，如话家常般展开叙述，使"阿长"这个形象塑造得更立体与丰满。

文中"我"对阿长的态度经历了从不理解、抱怨到最终的感激和怀念。特别是当阿长为"我"买来了梦寐以求的《山海经》时，"我"对她的看法发生了巨大变化，既表达出"我"的敬意，也展现了阿长对"我"童年成长的重要影响。每个人的阅读体验都是独特的，可以引导学生结合自己的生活经历和思考，对鲁迅的散文进行个性化的解读和阐释。这样不仅能够加深对文本的理解，也能够丰富学生的阅读体验。

这篇散文的主题不仅是对阿长个人的回忆，更是对乡土文化、传统习俗和人性善良的深刻反思。鲁迅通过这篇文章，展现了对底层人民的同情和理解，表达了对传统文化的批判和反思。《阿长与〈山海经〉》一文作为教学材料，不仅能够帮助学生理解鲁迅的文学风格，还能够引导学生学习人物形象的塑造、情感的表达等技法。通过对《阿长与〈山海经〉》的文本解读，我们能够更深入地理解鲁迅的散文创作，以及他对于人性、文化和社会的深刻洞察。这篇文章不仅是鲁迅个人记忆的记录，也是对一个时代的文化社会学密码的解读。不管岁月如何流逝，相信长妈妈会永远活在鲁迅先生心中，成为他一生的怀念，也会成为每位读者心头的一曲记忆之歌。

曲笔呈现状，直言谢恩师

——《藤野先生》直笔与曲笔的艺术张力

山东省武城县明智中学　刘敏

　　《藤野先生》是鲁迅的一篇纪念性回忆散文，作品背景设定在日本，以鲁迅在日本留学时期的生活经历为蓝本。这篇文章以藤野先生的名号直接作为题目，详细描写了藤野先生的外貌、职业、性格特点，介绍了藤野先生对"我"不同寻常的帮助，并表达了对其强烈的怀念与感激之情，可谓"曲笔呈现状，直言谢恩师"。直笔与曲笔，是文学中两种重要的叙事手法，分别代表着直接和间接的叙事方式。在《藤野先生》中，鲁迅多处运用曲笔表达了自己的言外之意，但是面对与藤野先生之间浓厚师生情时，不自觉间直抒胸臆，无处不体现对恩师的感激和怀念之情。文章巧妙地运用直笔与曲笔，为读者展现了一幅丰富多彩的艺术画卷。

　　细观《藤野先生》，全文按照与藤野先生相交的经过记叙，自然地分为三大部分：结识藤野先生之前的情况，结识藤野先生之后的种种，与藤野先生惜别以后的怀念。开头两个自然段写了令作者感到失望的东京见闻——清国留学生的形象滑稽可笑，他们不学无术，不关心国事，令"我"生厌。于是，"我"产生去别的地方看看的念头，后来选择了仙台，得遇藤野先生。第6—36自然段无论是从篇幅比例还是描写重点来看，都是全文的核心。最后两自然段则是对藤野先生的高度评价和深切怀念。其中前半部分鲁迅的语言表达非常奇特，善于用"曲笔"，即语言温婉含蓄，却真实表达了作者的言外之意。例如，对清国留学生的形象刻画，文章不直说"丑态百出"，而是用两个比喻句形容。到仙台后，不说居住环境有多差，自己只说蚊子多，靠近监狱，就可以让读者自行去体会。在后半部分，作者经过"电影事件"和"讲义事件"后，此时已下定决心弃医从文，作为一个革命者直面中国群众的愚昧和落后，有了以身许国的心理准备。内部转折点则是藤野先生对"我"的关心和希望，"小而言之，是为中国；大而言之，是为学术"，这16个字把藤野先生的思想品德和性格特点提升到更高的精神境界，成为一个弱国青年从关注个人感受到担当民族责任的催化剂。即使藤野先生对鲁迅中途辍学改变志愿不理解，但是，对于一位善良正直的日本学者来说，同情和尊重一个"弱国"学生的抱负，实在是难能可贵了。一面是爱国主义的抱负和志向，另一面是对于爱国主义的同情与尊重，这种特殊的师生情，令作者毫不吝啬直接赞美——"在我所认为我师的之中，他是最使我感激，给我鼓励的一个"。

文中刻画藤野先生的形象，多用直笔。直笔，指的是作者直接陈述事实、表达观点、描绘人物和场景的叙事手法。在直笔手法中，作者的情感和观点是显而易见的，读者可以直观地感受到作者的立场和态度。直笔的特点是真实性、客观性和直接性。在《藤野先生》中，鲁迅大量使用了直笔手法，这对情节推动和人物塑造起到了重要作用。例如，对藤野先生的生动描绘，用简洁的白描笔触描绘人物，写藤野先生的外貌、举止、衣着和声调等，通过这些细节来传达藤野先生的性格特征，直接展现了藤野先生的专业素养和精神风貌，有助于塑造这一真实、立体的人物形象。而叙写藤野先生的相关事件，则使作品的情节显得更加真实、紧凑，进一步使读者感受到他严谨的治学态度和关爱学生的品质，使读者对他的敬意油然而生。

曲笔，同样是文学创作中不可或缺的手法，它与直笔在表现形式和审美效果上各有特点。曲笔，是指作者通过隐喻、象征、暗示等手法，曲折地表达自己的观点和情感。直笔注重真实性、客观性和直接性，能让读者强烈直观地感受到作者的情感和观点。而曲笔则更注重含蓄、隐晦和寓意，需要读者去品味、去思考、去揣摩。与直笔相比，曲笔更具思考性和品味性。二者都是为了表现作者的创作意图，塑造生动鲜活的人物形象，推动故事情节的不断发展。

《藤野先生》一文多用"曲折笔法"，作者在叙述时有时不直接表达意思，而是通过暗示、对比、反语等手段来传达更深层次的思想和情感。例如，写"我"记得"水户"和"日暮里"，表达出鲁迅的爱国之情和对家国的忧思。文中所谓"精通时事"的人，实际上是那些熟悉无聊之事的人，所谓"爱国青年"，是指那些受军国主义影响而思想狭隘的日本青年，这实则是对他们的一种讽刺。文中多处使用了反语，表达对某些现象的讽刺和批评。又如通过写留级生的笑谈间接表现藤野先生不拘小节的生活风格，通过写职员们对"我"的"优待"来衬托藤野先生的热情诚恳和无偏见，等等，都可谓"曲笔生花"。

曲笔手法在《藤野先生》一文中的运用，对情节推动和人物塑造具有重要意义。曲笔有助于深化人物性格，使人物形象更加鲜明丰满，使作品意境更加丰富，增强了作品的审美价值，使得文章在表达作者对藤野先生的敬仰和怀念的同时，也深刻反映了作者的思想感情和时代背景，增强了文章的艺术效果和思想深度。

《藤野先生》是一部脍炙人口的散文佳作，其中直笔与曲笔的交错运用，展现了鲁迅高超的叙事能力。直笔使作品具有真实感，让读者对鲁迅的留学经历有深入了解；曲笔则赋予了作品丰富的意境，使人物形象更加立体。直笔与曲笔跌宕生姿，使得《藤野先生》成为散文艺术的瑰宝，而通过对直笔与曲笔的艺术分析，我们更深入地理解了这部作品的文学价值，为文学创作提供了有益启示。鲁迅文章被选入中学教材的篇数最多，不仅因为他是思想的旗手，更因为他是文章大家。本文直笔与曲笔相互补充，共同构建了一幅生动画面，便是鲁迅文章的一大特色。

鲁迅小说作品文本解读方法初探

——以《故乡》为例

山东省武城县第一中学　曲春晓

鲁迅的小说《故乡》，以其独特的艺术风格和深刻的思想内涵，成为中国文学史上的一部佳作。《故乡》以江南水乡为背景，以细腻的笔触描绘了故乡的人物，描绘了一幅生动的乡土画卷。在这幅画卷中，鲁迅深入剖析了人性的复杂和乡土情结的纠结，不仅体现了其对乡土文化的热爱与反思，更蕴含了对人性的探究和对社会的批判。在解读鲁迅的小说时，我们可运用对比手法、心理剖析、文化符号等解读策略，更好地理解鲁迅的创作意图以及对乡土文化的深切反思。

一、策略之一：运用对比技巧分析法，凸显意旨

鲁迅在作品中隐喻和揭示了许多深刻的社会现象和人性弱点，通过对比不同的人物、事件和情节，能够凸显文本意旨，体悟小说的审美价值。

在《故乡》这部作品中，鲁迅巧妙地运用了几组对比。以"我"与闰土、杨二嫂的生活状态和心理变化为例，通过细腻的描绘展现了封建社会等级观念对人性的扭曲。通过对比，鲁迅成功展现了当时社会的不公，激发了读者对现实问题的思考。通过分析，我们可以发现《故乡》所要传达的深层含义：一方面揭示了封建等级观念对人际关系的破坏；另一方面，也表达了"我"对故乡的复杂情感，以及对新世界的探求欲望。这有助于我们理解鲁迅的创作意图，更好地领略鲁迅小说的魅力。

在鲁迅的其他小说作品中，对比手法的运用同样具有重要价值，通过对比不同人物、事件和情节，可以展现社会现象的多样性，丰富文本的情感内涵，突出作品的主题。可见，运用对比分析法解读鲁迅的《故乡》，对于鲁迅小说作品的欣赏具

有重要的意义。对比分析法在小说解读中的运用，为我们提供了一个文学欣赏的视角。

二、策略之二：运用心理描写剖析法，丰富内涵

鲁迅在小说作品中，对人物心理进行了细腻描绘，这为我们提供了探究人物内心世界的通道，使我们能够深入领悟作品的内涵所在。

在《故乡》这部小说中，鲁迅通过对"我"的心理描写，展现了人物在面对故乡现实时的复杂情感。我们可以通过"我"在故事过程中的心理变化，体悟到"我"对故乡的复杂情感以及对新世界的探求与向往。故事伊始，"我"对故乡的美好回忆与现实的萧条冷寂形成了鲜明对比，引发了读者对故乡的感慨。随着故事的发展，"我"在故乡所经历的种种遭遇使内心产生了深刻的痛苦，进而对故乡的人性和社会现象产生了怀疑。通过心理剖析法，我们可以发现鲁迅在《故乡》中所探讨的人性困境。心理分析法有助于我们理解鲁迅的创作意图，《故乡》中的"我"的心理变化，反映了"我"对故乡的热爱与反思，以及对人性的探究。这种心理描写使得作品具有了更深刻的内涵，为我们提供了一个读懂人物内心世界的窗口。

通过对鲁迅小说的心理描写的分析，我们可以更好地领悟作品的艺术价值，深入探究人性的复杂和社会现象的多样性。在此基础上，我们可以探讨鲁迅其他小说的心理解读策略，以期更加全面地解读鲁迅的经典作品，挖掘其丰富的审美价值。

三、策略之三：运用文化符号分析法，读出深意

鲁迅的小说作品中充满了丰富的地域文化符号，这些文化符号成为解读作品的重要线索。

在《故乡》这部作品中，鲁迅以其独特的笔触，描绘了故乡的自然风光、民生百态，体现了故乡独特传统的乡土文化，承载着村民们的淳朴信仰，以及人们对美好生活的向往与期待。通过文化符号解读法，我们可以发现鲁迅在《故乡》中对乡土文化的反思。鲁迅既表达了对乡土文化的热爱，又揭示了其中的陈规陋习。他以这些文化符号为载体，展现了封建观念对人们的束缚，以及传统观念对现代文明的抵触。这让我们看到了鲁迅对乡土文化的批判与反思。文化符号解读法还有助于我们理解鲁迅作品中的人物性格。在《故乡》中，人物的性格特点与其所处地域的文化背景密切相关。例如，闰土和杨二嫂这两个角色，他们的性格特点在很大程度上

受到了故乡文化的影响。通过分析这些文化符号，我们可以更加深入地理解人物的性格形成，进而对作品的主题有更深刻的领悟。

在对鲁迅小说的解读过程中，文化符号解读法为我们提供了一个独特的视角。通过深入剖析这些文化符号，我们可以更好地理解鲁迅的创作意图、作品的艺术价值，以及其所反映的乡土文化特点。这不仅有助于我们全面解读鲁迅的小说，也为文学创作提供了丰富的启示。可见，文化符号解读法是解读鲁迅《故乡》小说的一条重要途径。

综上所述，解读鲁迅的小说文本时，运用对比分析法、心理分析法和文化符号解读法等多种策略，可以更深入地理解作品人性探究、社会批判以及乡土文化反思等多重主题，帮助我们挖掘鲁迅小说中的地域文化特点，感悟鲁迅对人性、社会和现代文明的思考。值得一提的是，在阅读鲁迅小说时，我们在理解作品的基础上，要通过想象和联想，结合自身的知识储备和生活经验，以开放的心态和批判性思维去理解和感受作品，从而进行个性化、多元化的解读，形成独特的阅读体验，并善于将鲁迅的诸多小说作品进行对照，发现作品之间的内在联系和共同特征，从而更全面地品鉴鲁迅小说的创作思想和艺术风格。

参考文献

[1] 刘俐俐.永远的故乡与鲁迅的返乡之路——鲁迅《故乡》的文本分析［J］.中南大学学报（社会科学版），2006（1）.

[2] 陆建华.为了忘却的"怀念"——鲁迅《故乡》的故乡情［J］.安庆师范大学学报（社会科学版），2020，39（2）.

[3] 刘玉凯.《故乡》的"小说学"密码——鲁迅《故乡》艺术设计解析［J］.现代中文学刊，2021（4）.

[4] 马震.精神"故乡"的失落——鲁迅《故乡》解析［J］.佳木斯职业学院学报，2019（1）.

俯首回眸　路在何方

——探寻《故乡》之"变"

山东省武城县第四中学　孙立英

一、导入新课

钱理群先生说："鲁迅的《故乡》更是一首心灵的诗。"这节课让我们一起做诗人，以"变"为题，解读《故乡》这首鲁迅先生创作的心灵之诗。

二、景之"变"

屏幕显示：

速读，探究文中景物描写语段，完成下面的诗歌。

变

记忆中的故乡，

神异又美丽；

二十年后的故乡，

变得萧索又隐晦；

我时时惦念的故乡啊，

身在你的怀抱，

我的心却如此悲凉。

（引导学生赏读景物描写语段，概括景物特点及景物描写的作用。画线处引导学生阅读、思考、交流后呈现。横线上词语不唯一，合乎文本即可。板书：景。）

三、人之"变"

（一）主人公之"变"

（板书：闰土。）

屏幕显示：

研读、探究文中描写主人公闰土的语段，完成下面诗歌（见表1）。

表1　少年闰土与中年闰土的对比

少年闰土	中年闰土
二十年前	二十年后
项带银圈，	头戴破毡帽，
看管西瓜，	苍老贫困
勇猛刺猹的小英雄；	麻木迟钝的木偶人；
滔滔不绝	苦不堪言
教我雪地捕鸟，	因循守旧，
许多新鲜事的小明星；	称我为"老爷"的愚昧者；
你是健康，你是活泼，	你是悲苦，你是无奈，
你是生气勃勃，	你是饱经沧桑，
无忧无虑的乡间生活。	寄望神灵的贫苦农民。
你的自由，	你的巨变，
是我少年时心心向往的期待	是我在故乡时最大的悲怆

（引导学生赏读人物描写语段，分析对比手法，概括人物形象。画线处，引导学生阅读、思考、交流后呈现。横线上词语不唯一，合乎文本即可。板书：人。）

探究：闰土巨变的原因是什么？

表面原因：多子、饥荒、苛税、兵、匪、官、绅。

深层原因：帝国主义侵略、封建社会制度。

思考：闰土活成了一个"木偶人"，除了环境因素，你认为还有别的原因吗？闰土的巨大变化，揭示：

屏幕显示：

帝国主义和封建主义的压榨造成人民沉重的苦难，启发人们不能像闰土那样辛苦麻木地生活，要走新的希望之路。

（板书：主旨。）

（二）陪衬人物杨二嫂之"变"

（板书：杨二嫂。）

屏幕显示：

研读、探究描写杨二嫂的语段，完成下面诗歌。从"西施"到"圆规"见表2。

表2　补充诗歌

记忆中	现实的
二十年前， 你是安分守己的小市民， 终日坐着， 端庄稳重， 是美丽安静的"豆腐西施"	二十年后， 你是贪婪势利的小市侩， 搬弄是非， 自私尖刻， 是细脚伶仃的"圆规"

思考：

（1）杨二嫂由端庄文静的"豆腐西施"变成泼辣自私的"圆规"，原因是什么？

（引导：农村经济衰败、生活的贫困，小市民的势利贪婪，使她发生了这么大的变化。）

（2）作者塑造这个人物形象用意是什么？

① 与主人公闰土形成对比，以她的自私、刻薄衬托闰土的善良、朴实。

② 说明在帝国主义和封建势力的统治下，故乡的日趋破败和城市小市民的日趋贫困。

四、此情不变

"月是故乡明"，无论家乡如何沧桑，鲁迅先生对故乡的爱永恒不变，作为作者代言人的"我"对故乡的爱也就永恒不变。结尾的议论句"希望是本无所谓有，无所谓无的。这正如地上的路；其实地上本没有路，走的人多了，也便成了路"便是"我"对故乡爱的宣言。

"我"希望家乡人过上新生活。请大家说说：

屏幕显示：

一百年过去了，"我"的愿望实现了吗？

学生畅所欲言，思维碰撞。

五、我写"变"

引导：课下阅读相关书籍或询问年长长辈，收集百年前或几十年前生活状况的资料，以"变"为题写一首小诗，抒发对祖国、家乡的热爱之情。可仿照第一单元现代诗歌的体例而写。

阿Q，你是谁！

——诗意化解读《阿Q正传》

山东省武城县第一中学　贺秀红

一、一点思路

《阿Q正传》发表至今整整100年了。这部小说为何如此深入人心？小说中的阿Q是一个什么样的存在？鲁迅当年创作这部小说时，怀着怎样的初衷？这部小说现在还有着怎样的现实意义？种种问题萦绕心头，我突然有了一个想法：在这具有纪念意义的日子里，能否尝试引领初中学生阅读《阿Q正传》，一同接近和触摸这部鲁迅经典？

面对篇幅如此长、内容如此厚重的文章，初中学生是否会感兴趣？是否能读懂？运用什么方法才能让学生读得深入一点，读出一点兴味？思虑再三，我找到了可行的几点理由：一是浅读，深入浅出，简化不必要的内容与环节，在学生可以理解的范围内进行导读点拨，尊重学生的不知情权，引导学生读懂他们能够读懂的地方；二是指导学生读过《朝花夕拾》等经典作品，学生对鲁迅的作品并不陌生，有一定的阅读基础，且具备一定的阅读素养，读懂这部小说并非不可能；三是运用以写促读、读写结合的方式，通过口语言说、书面表达促进学生深度阅读，通过诗歌创作的形式对文本、对人物进行诗化的个性解读，把学生牧养在言语生命的原野上，与鲁迅经典对话，去解读这部博大精深的"旷代文章"。

二、数朵花絮

在导读《阿Q正传》的过程中，有学生的妙语连珠、师生精彩的对话、咬文嚼字的乐趣，也有交流不畅的阻滞、有疑无解的困惑；随手采撷几朵课堂花絮，一同领略鲁迅经典的魅力。

（一）可笑、可怜、可悲、可鄙

师：读了这篇小说，你对阿Q产生了什么印象？为什么？

生1：阿Q明明很穷，却宣扬自己从前"阔"，还说自己的儿子"阔"。他被人家打了，就说什么"被儿子打了"，我觉得他好玩、可笑。

师：阿Q是他的本名吗？他家是哪里？住在哪里？大概多大年龄？做什么工作？家里有什么人？大家快速地查找相关信息，为阿Q填写一份人物简历。

生2：阿Q不是本名，他不知道家是哪里，他连自己姓什么都不知道，大概30岁，没有固定工作，平时打零工，住在土谷祠里，没有家，文中没有提到他有家人。好可怜！

师：可怜的阿Q！他的外貌有何特征？性格上有突出的特征吗？在一群人之中，如何把他辨认出来？

生3：他的头上长着癞疮疤，他说别人还不配，这叫精神胜利法。

师：阿Q就用这种方法，每次都完胜对方。在文中找一找，阿Q是如何一次次在精神上成为赢家的呢？你从中读出了一个怎样的阿Q？

生4：他被人欺负，就自轻自贱，还能由此联想到"状元"也是第一人，真可悲！

师：阿Q是如何对待小D、小尼姑的呢？读到这里，你对阿Q产生什么看法？

生5：阿Q欺负比他更弱的人，有些可恨。

这一环节，尊重学生的初读体验，引领学生立足文本，原汁原味地进行阅读，把阅读当成真正意义上的个性化行为，从人物简历、故事情节中层层深入地解读阿Q的形象。从最初的"好玩""可笑"，到"可怜""可悲"，再到"可憎""可恨"，教师先放后收，由浅入深，通过点拨、造势，使学生对阿Q产生了一个比较全面的印象。这个过程并不仅仅是交流、分享到一个答案，更重要的是营造自主学习的氛围，激发学生积极探究的情感，正如张文质在《生命化教育的责任与梦想》中所说："教育其实就是一种互相寻找、发现，彼此增进理解的过程。"

（二）"乐观"还是"麻木自欺"

生1：阿Q很自尊，很乐观，他看不起别人，每次都能为自己找到胜过他人的理由。活得这么不像样，他还能喝酒、赌钱、调笑，愉快地在土谷祠里酣睡。

师：想一想，这是乐观吗？乐观常常与自信联系在一起，阿Q自信吗？

生2：他说自己是"虫豸"，轻视自己，精神麻木，明显不自信。

师：自信的人能够直面现实，有底气，阿Q有吗？

生3：阿Q躲避现实，不去想办法改变自己的处境，而是直接躺平了，还自己欺骗自己，这是没有底气的表现。

生4：我觉得阿Q一点也不阳光，好像整个人都是扭曲的、灰暗的。

师：岂止阿Q呢？他周围的人，包括他生活的那个世界，给人的感觉都是阴冷的色调，看不见阳光，也看不到希望。真正乐观、自信的人，绝不是阿Q式的自欺欺人，而是直面惨淡的人生和淋漓的鲜血，去改变自己的境遇，去打破那个充斥着黑暗与不公的旧世界。

此环节中，由于学生的年龄与阅历所限，他们于文本对话中出现了误读误解，偏离了文本的价值取向，也违背了鲁迅先生创作这部作品的初衷。教师作为文本阅读的先行者，及时采取了相应的阅读策略，进行点拨、追问，引导学生结合文中阿Q的言行进行个性化阅读，让学生明白阅读要立足文本内容去感悟、理解，而不是跟着自己的感觉走，或是脱离文本自由发挥。在教师的适时引导下，学生与文本进行自由对话，产生了思维的碰撞和阅读的创造。

（三）一个"撩"字见深意

师：鲁迅先生笔下的文字颇有意趣，品一品，哪些词用得有趣呢？

生1："谁知道阿Q采用怒目主义之后，未庄的闲人们便愈喜欢玩笑他。"这里的"怒目主义"有趣，"怒目"，活画出阿Q的神情；"主义"，大词小用。

生2："又仿佛在他头上的是一种高尚的光荣的癞头疮"这一句中，"癞头疮"还有高尚、光荣的吗？鲁迅先生真幽默。

生3："闲人还不完，只撩他，于是终而至于打。"这个被"撩"的人，没想到居然是阿Q。

师：大家可能觉得"撩"字特别具有现代感，其实在1921年12月，鲁迅先生的文中就用到了这个词。"撩"能改为"逗"吗？"只撩他"三字，能看出人们对阿Q的态度如何？

生3："撩"有"撩弄"的意思，不尊重，轻视。"逗"不如"撩"有意蕴。

师：一个"撩"字，便引出了一出出的戏剧事件，便有了阿Q的精神胜利。不知大家发现了吗？阿Q不仅被撩，他有时候也会撩人。

生4：他"撩"赵太爷，被打；"撩"小尼姑，欺负弱者。

师：一群活得无聊的生命，便撩人或被撩，寻求欺负人或被人欺负的刺激，在麻木与愚昧中耗费着本来可贵的生命。多么可悲的人！多么可悲的社会！

此环节引导学生亲近文本本身，触摸文本中的语言，联系语境通过比较、赏析等方法引导学生咀嚼语言文字的精妙，体会鲁迅先生的语言风格。尤其对"撩"字的解读，通过咬文嚼字品味这个词的韵味，启发学生结合特定语境揣摩其"言外之意"，引导学生寻找蕴含丰富的潜台词，通过表面文字感受语言的深层含义，使学生对阿Q与他周围的人乃至当时的社会都有了更深入的认识。一节语文课，应带领学生走进语言文字精微深邃的深处，体会名家经典文字本身的魅力所在。

（四）我们把阿Q写成诗

师：你最想对阿Q说一句什么话？

生1：明明是失败者，却总是做出完胜的姿态。

生2：活得卑微，死得冤屈。

生3：与其没有尊严地活着，不如有价值地死去。

生4：愚昧的人至死不悟，你把精神胜利进行到了最后。

生5：换一副样子生活，可叹没有机会重来。

生6：已经整整100岁的你，因鲁迅先生而不朽！

师：多么诗意的话语！语文，就是这警醒的力量、蓬勃的诗情。现在，让我们把阿Q写成一首诗，用诗的语言、诗的韵律去解读这个不朽的经典形象。

三、余韵缭绕

经典文本和个性人物，是师生进行心灵对话的精神家园。对于鲁迅经典作品中的经典人物，用诗意的形式去解读、去感悟、去深思，将阅读与写作有效整合，将文本和人物诗意化，从而引领学生从多角度进行深度解读、创意表达。从阿Q这一形象引发学生的蓬勃朝气与灵秀之气，这是对经典文本的别样赞美，也是个性阅读、诗意阅读的真正践行。课堂上的点点诗意，是冬日里一抹蓬勃的绿，是原野上的一曲悠扬的牧歌……

处处皆诗，让生命欢歌

——我们的牧式教研之旅

当敲打完最后一个字时，我轻轻放下鼠标，也终于放下了一颗心。

时间的指针悄悄转到2019年5月的一天。我正苦苦思索如何拟定一个创新写作课题，偶然听到一首名为《游牧人》的歌曲，悠扬的旋律打动了我的心灵，那纵马驰骋在蓝天下的诗意令我向往，"游牧"一词令我心有所思，继而怦然心动。师生一起在绿草茵茵的广阔原野上自由游走，吟唱出心中的原野牧歌，这不正是我心中理想的教育境界吗？我突然有了顿悟的感觉。

虽然"游牧式写作创新实践研究"课题最终没有立项，但"牧歌""牧远"等字眼从那以后萦绕在我的心头。其时，我倡导十几个志同道合的老师组成"牧式语文研究团队"，虽然年龄、学段不同，但我们都热爱语文、热爱教育，有着共同的梦想和追求。大家因为语文走到一起，实现了跨地区、跨学段的联合教研，走上一条绿草茵茵、鸟语花香的牧式之旅。我们以"关注生命"为宗旨，以引领学生创作小诗的形式演绎语文之精彩，创设开放、诗意、动态、自由的语文课堂，尽情展现语文的诗意之美、意蕴之美。我们全身心投入其中，默默为彼此提供助力，不曾在意世俗的名利得失。直到现在，看到大家一起研讨时留下的照片，在微信上用心交流时的话语，感觉仍是那样亲切、温暖，满满的都是幸福感。

其时，我们还是由众多语文人组成的教研团队，研究的是"牧式语文"创新课堂。从语文创意读写到跨学科的融合，源于2022年立项的德州市招标课题"基于学生创新素养培育的教师胜任力研究"的推动。德州市教科院岳志国主任指导我们做课题时，启发我们走出"语文"单科，进行跨学科的融通碰撞。能否跨越？如何融通？与其说这是学科的跨越，不如说这其实是进行心灵的突围。感谢岳主任的指引，推动我们成功跃出思想的藩篱，让语文与艺术、数学、英语、生物等诸多学科联动起来，促成牧式教育由语文向全学科育人理念的转变。

及至2023年1月，经德州市教科院组织专家遴选，我们正式成立名师引航工作室。在市教研员徐立人老师引领下，我们的教学研究尝试融入单元整体教学理念，开始进行"简阅读""漫写作"牧式教学研究。

与此同时，刘秀红老师在市教研员范会群老师的指导下进行大单元教学和全学科习作创新写作研究，我们得以学习、应用了范会群老师的全学科习作理念。融各家之所长，凝多家之所思，我们相继打造"诗遇上歌""快乐剪影""开心聊吧""与你为邻"等牧式创新系列课堂。其实，我们团队的教研活动同样具有牧式风格，开放而自由，简约而灵动，将平时的精彩瞬间、体悟反思，用文字随笔记录下来，汇编成校本教材加以应用。每个人都在不断地探索、成长，言语生命之花在师生的心头绽放。

从计划出书到书稿完成，时间已悄然流逝了四个春秋。书中所收录的论文案例，都是平时所作、所写，经多次修改方才定稿。在删删减减之中，时间又悄悄而过。其中有好几个教学案例，名字还是那个名字，也隐约带着原来的模样，但刚刚尝试上这一课时是十多年前，后来历经多次磨课，时至今天，早已不再是当初的那一课了。我们笑称是"十年磨一课"。这些课例同我们一起成长，也为一届又一届的孩子们带来过笑容与快乐。我惊喜地发现：在牧野上自由驰骋的不仅是学生，还有老师自己，我们都是游牧部落中那个快乐的牧者。

因平时有着丰富积累，所以这本小书的成书过程十分自然。本书呈现给大家的，是近几年工作的一份答卷。书中各个板块的谋篇布局大致整齐，但并不刻意追求整齐划一，参差错落，体现了自由灵动的牧式风格。其中"牧之歌""牧之道"两个板块主要由我编辑，"牧之韵""牧之魂"两个板块主要由于东涛老师编辑，"牧之论""牧之思"两个板块主要由刘秀红老师编辑。同时，吴长征老师、于新佳老师、李双金老师分别参与编辑"牧之论""牧之思""牧之韵"等板块。用专业的目光审视，或许有些理论还不够成熟，文字也还有一些稚嫩，甚至难免会出现偏差与纰漏之处。但这是我们团队在专业成长中留下的印迹，我们觉得这项研究有点价值，希望能和各位同人分享交流。在此顺便提一下，还有一些随笔手记，因为尚在探索、完善之中，本书暂时没有收录，希望有机会在下一本书中与大家见面。

徜徉在牧式教学之旅，我们看到无数美丽动人的风景，遇见无数向光而行的朋友，演绎出无数意想不到的精彩。这样的日子快乐而丰盈，感觉我们每一个人都是精神贵族。牧游的时光悠哉乐哉，成书的过程却曲折繁复，时遇困境，但心中始终有那一缕星辉在闪耀，我们终是坚持了下来，只为坚守一个教育人的初心。

我们编订成书的初心是想和同人们一起探讨牧式教学。教育教学和学术研究都需要探讨与争鸣，我们真诚期待着各位老师能够提出批评与建议，使牧式教育的理论更加充实，底蕴更加厚重，诗意更加蓬勃。

绘本《失落的一角》告诉人们：快乐，就是唱着歌一直走在追寻的路上。我们经过长途跋涉，刚刚走完了一段新奇险峭的旅程，还没有来得及停留、休憩，就已背起行囊准备再度出发。心之所向，素履以往；生如逆旅，一苇以航。与牧式教育同在，去遇见更多的同路人，去发现更奇绝的风景，去牧养更饱满更明亮的心灵……

贺秀红

2024年6月12日